日本仏教と庶民信仰

五来　重

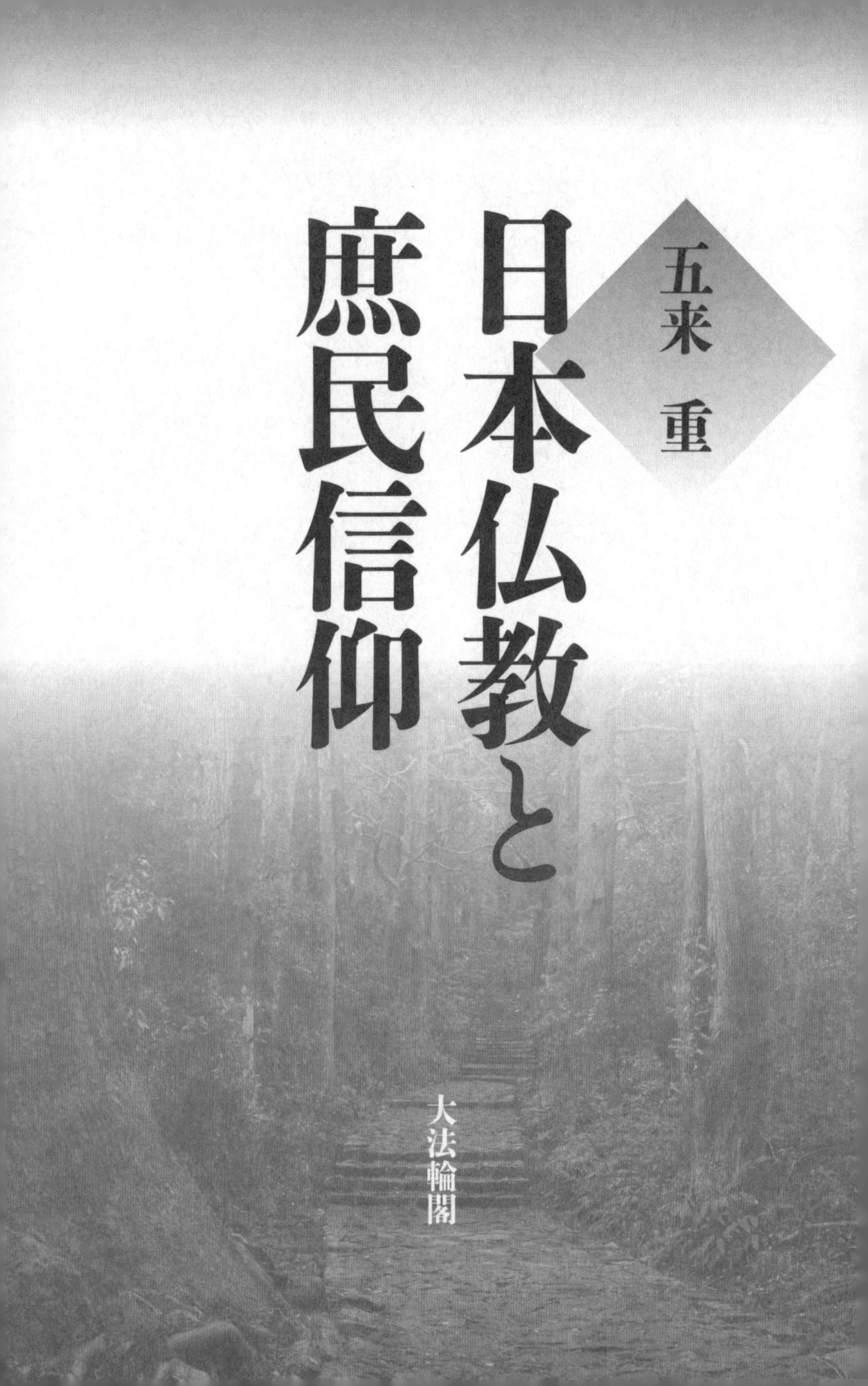

大法輪閣

日本仏教と庶民信仰——目次

装丁・本郷書房

1　関西仏教伝説三十三ヶ所

一　鞍馬の竹伐りと大蛇の閼伽井

　鞍馬寺の六月二十日の蓮花会《れんげえ》は俗に「竹伐《たけき》り」とよばれてしたしまれ、京都の市中より涼しいこの山の九十九折《つづらおり》を、老若男女が陸続と登ってゆく。鞍馬の村人の大僧《おおぞう》仲間が山伏姿で五メートルにあまる太い孟宗竹を、山にこだまする雄たけびとともに、大根でも切るように山刀で伐る。ホッと見物人がため息をつくころ、山伏は伐った竹を持って本坊へ走りこみ、その遅速で近江と丹波の豊凶を占うのである。

　この行事にまつわる伝説は昔、峯延《ぶえん》上人がこの山でひとり護摩の秘法を修しているとき、雌雄二匹の大蛇があらわれ出て上人を一呑みにせんものとおそいかかった。上人は本尊毘沙門天の呪文でその難をのがれたばかりでなく、手に持った宝剣で雄蛇を段々に斬りさいてしまった。

しかし雌蛇の命は助けたので、そのお礼にとこの山に清らかな泉を涌出させたのが、本堂の後の閼伽井《あかい》であるという。このことを記念するために鞍馬の村人は大蛇になぞらえた巨大な孟宗竹を伐るのだというが、どうかんがえても辻褄があわぬところが仏教伝説であり、また庶民的な所以でもある。

この竹伐りにはもと一人の小法師を「よりまし」（尸童）に立てて祈り殺し祈り生かし、これに護法とよぶ神霊をのりうつらせて豊凶の予言をきこうという行事が中心になっていた。竹伐りはそのときの山伏の力くらべのアトラクションにすぎなかったのだが、人の心がさかしくなって、祈り死にもせず、護法もつかなくなると、アトラクションにまことしやかな伝説がついて、豊凶を占うという信仰

京都・鞍馬寺

だけが尾骶骨《びていこつ》のようにのこったのである。

二　東大寺二月堂の若狭井

奈良東大寺の二月堂は大仏殿の横から大鐘楼《しょうろう》をすぎて登ったところにあり、三月堂（法華堂）より一段高い大磐石の上に建っている。毎年三月（もとは旧二月）の一日から十四日まで、俗称「お

水取り」といってしたしまれる修二会《しゅにえ》（修二月会）をいとなむので二月堂とよばれるが、実は十一面観音堂である。芭蕉が「水取りや籠《こも》りの僧の沓《くつ》の音」とよんだ「走りの行法」とか、堂内火の海となる「だったんの妙法」とか、練行衆の上堂に奈良の春の夜空をこがす大松明とかの呼物の多い行事で、関西ではお水取りが済まねばほんとうの春にはならないといわれている。

奈良時代の昔、東大寺開山良弁《ろうべん》僧正の弟子、実忠和尚が、笠置寺の北へ一里ばかりのところで都率天《とそつてん》の内院へ迷いこんでしまった。そこは弥勒菩薩の浄土で、四十九院の摩尼宝殿《まにほうでん》がならんでいるので、和尚はそれを巡礼してあるいた。そのうち都率天の諸天（天部諸尊）が常念観音院にあつまって、十一面観音悔過《けか》法要という苦行によって罪障を懺悔する行法をしているところへ出た。実忠和尚はこの行法の荘厳さ、めずらしさ、美々しさにうたれて、これを人間世界の行法にうつしたいとおもった。そこで諸天にこの願いを申し出ると、諸天の答えるには、この行法には千返の行道が必要だが、都率天の一昼夜は人間界の四百歳にあたるから、とても駄目だろうという。和尚はこれに対して、千返の行道は走っておこなえばできるはずだといって、娑婆世界に帰って「お水取り」（十一面観音悔過法要）をはじめたのだという。

東大寺二月堂のお水取り

ところで、実忠和尚のはじめた行法二七ヶ日のあいだに、日本国中の神々一万三千七百余座を神名帳に記して、法要の座におまねきしたが、若狭の国の遠敷《おにゅう》明神だけが遠敷川の魚釣りに夢中になって遅刻してしまった。そこで明神はそのつぐないとして、二月堂のほとりに清冽な清水（香水《こうずい》という）を涌かすことを約束したのが若狭井《わかさい》である。お水取りは十二日目の深夜にこの若狭井から香水をくみあげる儀式がクライマックスで、これを須弥壇《しゅみだん》の下に一年中置いて病めるものにさずけ医やすのである。

しかしこれはあくまでも伝説であって、ワカサは若水、『万葉集』などにいわれる変若水《おちみず》のことである。修二会は修正会とおなじ行事で、若水をくんで、これを飲むことによって新しい年の新魂《あらたま》をえようとするのであるが、若狭のある寺では「送水の儀」をおこなうほどに誤解されてしまった。

三　当麻寺と中将姫

五月十四日は当麻寺《たいまでら》の二十五菩薩練供養（来迎会《らいごうえ》・迎接会《ごうしょうえ》・迎講《むかえこう》）のおこなわれる日で、近在の農家は「当麻のれんぞ」といって仕事をやすみ、当麻寺にあつまってくる。有名な曼荼羅堂《まんだらどう》から娑婆堂《しゃばどう》（一山堂）までのあいだに橋掛《はしがか》り（引摂橋《いんじょうばし》）をつくり、二十五人の菩薩の面を付けた人々が、中将姫の小さな木像を蓮台にのせて、娑婆堂から曼荼羅堂へはこび、中将姫の往生のありさまを演出する。

当麻寺と中将姫は切っても切れない深い因縁があるのだが、さてその実在性となれば多くの疑問につつまれている。しかし「当麻曼荼羅縁起絵巻」（鎌倉光明寺蔵）をはじめ、「諸寺縁起集」、「古今著聞集」（巻二）「私聚百因縁集」（第七）など、鎌倉時代の文献にあらわれた中将姫伝説は、中世浄土教にいいしれぬ大きな影響をあたえている。伝説の内容はもはや語る必要もないほどに知られているが、横佩《よこはぎ》右大臣豊成卿なるものの娘中将局《つぼね》が深く浄土にあこがれ、称讃浄土経一千巻を写すうちに発心して入道し、法如尼と名をあらためた。そのとき化人《けにん》の比丘尼《びくに》があらわれて、生身《しょうじん》の如来を拝せんとおもうならば、蓮茎千駄をあつめよと命じた。法如尼が化人のおおせのごとくにすると、化人みずから蓮より糸をとって百籰《わく》に巻き、染井でそめてから天女一人をつれて来た。天女はお堂の隅に機《はた》を立て、戌の刻から寅の刻まで一夜のうちに一丈五尺の浄土曼荼羅を織りあげた。すなわち化人は阿弥陀如来の化身であり、天女は観世音菩薩であったというのである。

いうまでもなく現代の科学はもはやこの当麻曼荼羅が蓮糸であることを否定し、絹の綴織《つづれおり》であることを結論づけている。それにもかかわらずこの伝説が日本人の浄土信仰を、きわめて具体的にわかりよく理解させ、ほのぼのとした情感と幻想ではぐくんできた事実は何人も否定することができない。

四　飛雀山と中将姫

横佩右大臣豊成卿の娘、中将姫が入道して当麻寺に入り、当麻曼荼羅の本願主となった話には、なにゆえに中将姫が入道したかという、一篇の物語の成立する余地がのこされていた。これはあまりにも有名な継子《ままこ》いじめ伝説の類型として知られ、謡曲にまでなったが、中将姫が継母の命令で捨てられたという飛雀山《ひばりやま》に二説がある。

謡曲では「大和紀の国の境なる、飛雀山にて失ひ申せとの仰にて候ふ程に」とあるが、一説は紀州湯浅町糸我《いとが》の日張山得生寺であり、他の一説は大和宇陀郡菟田野町宇賀志《うだのうかし》の日張山青蓮寺である。したがって謡曲の方はこれを折衷して「大和紀の国の境」とやったうたがいがある。青蓮寺の縁起では中将姫五歳のとき生母に死別し、継母照夜《てるよ》の前に毒殺されようとするのを乳母とともにこの寺に隠れた。のちに実父豊成卿が遊猟のついでにこの地に来てゆくりなくも親子対面になるが、十六歳で皇后に召されようとする。

しかし、中将姫は入道の志かたく、これを辞退して書置をのこしたまま寺を出て、七里の山坂を越えて当麻寺に来た。しかし当麻寺は男僧の寺だからとことわられ、門前の老尼の庵に泊まった。ところがこの老尼が実は当麻寺金堂の本尊弥勒仏であったことがわかり、それより大願を発して生身の弥陀を拝したいと願い、やがて当麻曼荼羅が織られることになる。

紀州の得生寺の方には中将姫の木像や、その写経と称するもの、乳母の供養塔などまでそろいすぎているのであるが、伝説は伝説でよいのではないかとおもうし、この両寺ともに婦人病の薬草を多く産し、婦人薬中将湯などの名もこのようなところからおこったらしいのである。

五　吉野蔵王堂の蛙跳び

七月七日は吉野蔵王堂《ざおうどう》（金峯山《きんぷせん》寺）の蓮花会で、近畿各地の山伏があつまって、役行者《えんのぎょうじゃ》ゆかりの大和高田市の蓮池からとった蓮花を、蔵王権現や大峯山上ヶ岳にいたる拝所拝所に奉献する。この日、吉野山の村人は大蛙に扮した若者を輿《こし》にのせて、せまい山上の道を練りまわり、やがて山下から登って来た蓮花の一行を迎えに出る。そしてその夜あの宏壮な蔵王堂の中で蓮花会の法要がはじまると、この大蛙は後堂《うしろどう》から四つんばいで跳びながら本尊の前にすすみ出て、衆僧に追われて退散する。この行事ももとは山伏がこの大蛙をかこんで、心経や錫杖《しゃくじょう》の音で祈り殺し、祈り生かす行事であった（『滑稽雑談』）。すなわち大蛙は「よりまし」（尸童）で、護法《ごほう》の憑いたエクスタシーの中で予言や託宣をしたのである。

吉野蔵王堂（金峯山寺）

しかしこの護法憑けの験力《げんりき》が近代山伏から失われると、蛙跳びの次のような伝説だけがのこるようになる。昔、一人の高慢な山伏が吉野大峯山中で、蔵王権現の威神力などというものは、わしの法力にくらべたら物の数ではないわいと大法螺《おおぼら》をふいたものである。すると一羽の鷲があらわれて、この山伏を中空高くさらい上げ、「鷲の窟《いわや》」に飛び去った。これを見た役行者が山伏を大蛙の姿に変えて窟から脱出させた。そこで蓮花会には大蛙が仏前に跳び出して本尊を礼拝するのだと説いて、蛙が追われるのを無視した話になる。

元来、蓮花会というのは仏教的芸能をともなう法会で、竹生島蓮花会のように舞楽や田楽や催馬楽《さいばら》がおこなわれる。舞楽には動物のぬいぐるみを着て動物に扮しておどる「褌脱舞《こんだつまい》」というものがあり、催馬楽の「力なき蛙」は蛙の褌脱舞ではないかという説がある。すると吉野蔵王堂の蛙跳びは修験道の護法憑けと蓮花会舞楽の褌脱舞がごっちゃになって、伝説化したものという合理的解釈が成り立つわけである。

六　蟹満寺の蟹

南山城相楽郡の綺田《かばた》にある蟹満寺《かにまんじ》は国鉄奈良線の玉水駅から南一キロの地点にある名刹で、もとは光明山懺悔堂《こうみょうせんさんげどう》ともよばれた。すなわち東大寺の念仏聖《ひじり》のあつまる光明山別所の一部だった寺である。ここは『日本霊異記』（中）や『今昔物語』（十六）あるいは『古今著聞集』などにまでのせられた蟹の報恩伝説で有名である。

昔、七歳にして観音経を読誦し、十二歳にして法華経を習いおぼえた一少女があった。ある日村の牧童に焼いて食べられようとする蟹を、いくばくかの金で買ってはなしてやった。一方少女の父もまたなさけ深い人で、蛇にのまれようとする蛙を助けたが、そのとき冗談のつもりで、私の娘をやるから蛙を許してやれと約束してしまった。その夜から蛇は毎夜娘の聟《むこ》になろうと、五位の姿で訪れるのであったが、戸を閉じて入れなかった。とうとう蛇はおこって娘を隠していた土蔵をこわしはじめた。その家鳴り震動はすさまじいものであったが、やがて小半刻ばかりたつと静かになって娘は無事であった。娘にきくといよいよ蛇にのまれようとする段になって、何千何万ともしれぬ蟹があらわれて蛇におそいかかり、蛇をずたずたに噛みちぎったのだという。これは観音の加護もさることながら、助けた蟹の恩がえしであった。

娘の父母は蛇の屍骸を埋めて寺を建て、経を写してその霊を供養したのが蟹満寺である。『今昔物語』はこの寺を世の人「紙幡《かばた》寺」というのはこの由来を知らぬからだとむすんでいるが、やはり千本幟祈願のように紙幡を立てて蛇の霊をまつるところから出た名称であろう。蟹の報恩伝説はほかにもたくさんあって、蟹のトーテム信仰が古代にあったかとおもわれるが、産室にはよく蟹があらわれるものだから、これを掃くので宮廷の掃部司を「かにもりづかさ」すなわち「かもんづかさ」と読むのだといわれている。

七　長谷寺と藁稭長者

大和の長谷寺はまことに霊験の多い観音霊場である。この霊験をうけようと平安時代の昔から、京の貴賤老若男女は長谷詣をするのであったが、その中の一つに藁稭長者《わらしべ》の伝説が伝えられている。

京に父母妻子知友も財産もない天涯孤独の男があって、もう生きる希望もないから、長谷の観音様の前で餓死でもしよう、もし自分にすこしの運でもあれば観音様は何かお助けを下さるだろうと、食物も持たずに長谷まで行って観音の宝前に三七日のお籠《こも》りをした。ここで餓死されては寺の厄介だと寺僧は追い出そうとするが、いかな動こうともせぬ。いまでいえばハンストだが、このころは断食の参籠《さんろう》ということもあったのであろう。ところが死にもせずに満願の日の暁の霊夢に、下向《げこう》の道で何でもよいからお前の手にあたったものをさずかりものとおもってつかむがよいとお告げがあった。そこで大門のところまで下りてくると、空っ腹なものだから蹴つまずいてすってんころりと倒れてしまった。おもわず手を見ると一本の藁稭をつかんでいた。

それからさきはよく藁稭長者のお伽噺で知られるように、偶然の出来事がおこるたびごとに藁稭は大柑子《こうじ》三個に交換され、大柑子三個は布三端になり、布三端は名馬一匹になる。とど、名馬は京の南の九条の田一町と交換されて、富裕な生活を送ることができるようになったというのである。

八　高野山奥之院の明遍杉

高野山の奥之院大師御廟の前には、日本三玉川の一といわれる玉川の清流がせせらぎとなっており、この霊境をいよいよ清らかなものにする。この川にかかる橋は三の橋とも御廟橋《みみょうのはし》ともいい、この橋を渡れば浄土であり諸仏の世界であると信じられていた。とてもいまのようにアベックなどの近づきうる場所ではないのだが、ここの明遍《みょうへん》杉の伝説なども高野聖《ひじり》の唱導の一挿話だとおもわれる。

高野山奥之院（護摩堂付近）

明遍僧都《そうず》は平安末期の政治家で学者でもあった少納言入道信西《しんぜい》（藤原通憲《みちのり》）の子で、高野山にのぼってからは、蓮花谷の蓮花三昧《さんまい》院に住んでいた。彼のまわりには多くの高野聖たちがあつまって、蓮花谷聖とよばれる一大集団をつくりあげてしまう。この明遍僧都は毎日高野山奥之院に日参するのを日課としていたが、あるとき所用などのために深夜になって詣らねばならないことになった。

深夜の奥之院は欝蒼《うっそう》たる杉の老樹、槇《まき》の大樹をわたる風の音と、ムササビ、夜鷹、夜鴉《よがらす》のけたたましい鳴声がときどきするほかは、寂莫《じゃくまく》として身の毛もよだつ神秘の空間である。僧都は真言や宝号などを誦して御廟橋まで来て向こうを見ておどろいた。そこには人っ子一人おらぬはずの御廟の前の広場に、何万とも知れぬ人々が充満して黙然と音もなく、僧都が足をふみ入れる余地さえなかったのである。よくよく見るとそれは全部諸仏諸菩薩であったというのだが、高野山奥之院は三界万霊の集合するところであるということの比喩でもあろう。しかし僧都はこの奇瑞を自分の日参の信心の成就とよろこび、御廟橋の袂に手にした杖をつき立てて帰った。この杖に根がついて成長したのがいまの明遍杉である。

九　東大寺二月堂の良弁杉

浄瑠璃『二月堂良弁杉由来』で有名な良弁杉《ろうべんすぎ》も年には勝てず、先年枯死していまは若木をあとつぎに植えた。しかしそのさかりの時代は二月堂を掩《おお》うがごとくそびえて、大仏殿の屋根よりはるかに高い梢から大和平野を見下ろしていたのである。

良弁僧正は天平の昔、東大寺を開いた人であるが、その出自はどうもあきらかでない。『日本霊異記』（中）にいう金鷲優婆塞《こんじゅうばそく》（金鷲行者）こそ良弁の前身であると私はおもうが、これもなかなか議論のあるところらしい。しかし鷲にさらわれてこの杉の梢にのっていたという伝説は、金鷲優婆塞の名をもとにしていることだけはたしかであろう。そして東大寺はもと金鷲《こんじゅ》寺とよばれていたことも『日本霊異記』から見てうたがう余地はない。金鷲寺はやがて金鐘《こんしょう》寺と名を変え、大仏造立とともに東大寺となる。

『元亨《げんこう》釈書』は良弁の出自を近江滋賀郡の人とし、浄瑠璃は相模大山の人とするが、ともかく三歳のとき母にともなわれて畑へ出、母が桑を摘んでいるうちに大鷲があらわれて、この少年をつかんで大空に高くまい上がった。そして東大寺の大杉の梢に置いて去ったのを、通りかかった法相宗の学僧、義淵《ぎえん》僧正が従者におろさしめて養育したのが良弁であるという。浄瑠璃はこれに後日談をつけて、失われた吾が子をもとめて流浪した母親が、大僧正になった良弁とこの杉の下で再会する大団円となる。

東大寺二月堂と良弁杉

　しかし『東大寺要録』では相模から鷲にさらわれて来たことはみとめながら、山城国多賀辺に落とされたのを、村人が拾って養育したのだといい、杉の話はない。良弁杉は良弁が金鷲寺の行者であったころ、寺の繁栄を祈って植えた木だとするのが合理的解釈だろう。

一〇　久米寺と久米仙人の秘術

真言密教の大日経はすでに奈良時代に日本に渡っていたが、弘法大師は東大寺大仏の夢告で、これを久米《くめ》寺の塔の下に見出したのが日本真言宗の発祥となった。この久米寺を草創したのは久米仙人とよばれる優婆塞《うばそく》でその動機には次のような伝説がある。

大和の国吉野郡の竜門寺《りゅうもんじ》に二人の仙人があり、一人はアヅミといい、他は久米といった。ともに飛行《ひぎょう》の術を会得していたが、久米の方は飛行中に、吉野のほとりに洗濯している若い女の掻《か》き上げた衣の下から、あらわに見える白い股脛《ももはぎ》に心をうばわれて、女の前に墜落してしまった。これは愛欲の心が仙術の障碍《しょうげ》であるという比喩であろうが、このエロ仙人の話はよほど有名であったとみえて、竜門寺にはこの伝説を扉絵にして、菅原道真の賛をそえていたと、『今昔物語』は書いている。

しかし問題はこれからで、久米仙人は件の女と夫婦になって平凡な只人《ただひと》の生活に入った。よほどその女性が気に入ったようにも見えるが、もともと仙人や優婆塞や聖などというものは、修行中以外は妻帯をきらわぬものだ。そのうちに藤原京の造営がはじまり、久米仙人も夫役《ぶやく》の催《もよおし》によって材木の運搬にかりだされた。ところが造営行事官が久米仙人の光栄あるあの逸話をきき知って、お前の昔の仙術で材木を飛ばせて空中輸送してはどうかとからかった。そこで彼は道場に籠り、心身を清浄にし、七日七夜断食して祈りに祈った。八日目になると一天にわかにかきくもり暗夜のごとくになったかとおもうと、吉野の山から大小の木材が飛んで来て造営の作業場に積まれた。

天皇はこの話をきかれて免田《めんでん》三十町を久米仙人にたまわったので、彼はこれで一つの伽藍をつくったのが久米寺であるという。修験道には飛鉢《ひはつ》の法があり、信貴山《しぎさん》縁起の飛倉《とびくら》のように、物体を飛ばせるものと信じられているが、いずれも中国神仙術の日本版である。

一一　山椒太夫と如意寺

丹後の如意寺は久美浜湾にのぞむ景勝の地にある名刹で、ここは安寿《あんじゅ》姫と対王《つしおう》丸の汐汲《しおくみ》の哀話で知られた山椒太夫の旧蹟と伝えられる。

山椒太夫は森鷗外のように『山荘《さんしょう》太夫』と書けば、由良《ゆら》長者にふさわしく山荘をかまえた豪族で、奴婢を多くかかえた長者のようにおもえるが、さりとはあまりにも残忍非道な長者である。しかしこの問題は柳田国男翁の『山荘太夫考』でほぼ正体があきらかになっている。お伽噺として子供たちにしたしまれたイメージを、こわしてしまう民俗学というものは罪深い学問だとおもう。

あんじゅ恋しや　ほほらほい

つし王こひしや　ほほらほい

とうたう愛し子をさらわれた盲目の母親の姿は、説経節や古浄瑠璃の『さんせう太夫』や義太夫の『三荘太夫五人嬢《むすめ》』『由良千軒長者』などで古来幾千万人の涙をさそって来た。岩城《いわき》判官正氏《まさうじ》は帝の勘気をこうむり、筑紫に流されるが、その後をしたって妻と安寿・対王が旅立ち、越後国直江の浦で人買いにかどわかされてからの母子姉弟の運命は、あまりにも悲惨な物語である。この姉弟を人買いから買って、苛酷なノルマで強制労働させる鬼のような山椒太夫は、実は算所《さんじょ》太夫であって院内山伏とか博士《はかせ》陰陽師とか、唱門師《しょもじ》とか賣僧《まいす》とかよばれた算所（散所とか産所ともかく）の長である。弓祈禱や竈祓《かまどばらい》、家相墓相方角占などを業とし、半僧半俗の聖集団を支配して、ときには戦闘に加わりスパイなどもした。いまその分布をのべるいとまはないが、サンジョの地名はほとんど全国的である。彼らは賤民視され、残忍視される生活の面があって、この陰惨な物語の主人公になったのか、サンジョの唱門師がこの語り物を説経節で語りあるいてこの名があるのか、それはいまはどうもあきらかでない。

一二　三十三間堂棟木の由来

浄瑠璃の中には仏教伝説を脚色したものがきわめて多い。これは浄瑠璃の発祥に、寺院や仏像や高僧の奇蹟談を、唱導として説経する説経僧あるいは勧進聖《かんじんひじり》が関与しているからである。

三十三間堂棟木《むなぎ》の由来も、熊野山伏の説経がもとで、かくは広まったものであろう。この伝説の棟木も建長元年（一二四九）の蓮華王院（三十三間堂の本名）焼亡《じょうもう》でなくなり、いまは文永三年（一二六六）の再興で伝説の柳の棟木ではない。またこの柳が生えていたという熊野の宮井に近い楊柳《ようりゅう》薬師も、名のみ高くて訪れる人もほとんどなく、熊野川のプロペラ船からその甍《いらか》が見えるだけである。

いずれは口のうまい熊野山伏か、インチキな占師のペテンにかかったのだろうとおもうが、後白河法皇は自分の前生《ぜんしょう》が蓮華坊とよぶ熊野山伏であり、その髑髏《どくろ》がいまだ朽ちずに熊野岩田川の水底にあると信じてしまった。これは法皇が大へんな頭痛持ちで、その原因がこの髑髏をつきぬいて柳の木が生え、これが巨木となって風で動揺するたびに陛下は頭痛がするのですと説かれたからであった。人は病気には気がよわくなるし、この話はいかにも合理的に見えた。したがって髑髏をとりあげて観音の頭中におさめ、生えた柳の木を棟木として一大寺院を建立するならば、頭痛は即座にやむであろうといわれて、老獪《ろうかい》な法王もコロリと参った。かくて京都東山七条のほとりにいまも拝観者を驚歎させる三十三間堂が出現するのだが、浄瑠璃はこの柳にお柳という精が居り、わが夫平太郎と一子緑丸の出世のために切られたばかりでなく、緑丸の木やり音頭で軽々とはこばれたという趣向につくられている。

一三　鞍馬山の天狗

鞍馬天狗といえば大仏次郎の小説で一つのイメージができてしまったが、鞍馬山では天狗などと不敬なことはいわず、魔王大僧正という。いわゆる鞍馬の奥之院はこの魔王さんをまつったものである。このあたりを僧正ヶ谷というのもそのゆかりであり、大杉さんというのは魔王の住むといわれる老杉であったが、いま枯れて株をのこし祠が建っている。義経背くらべ石は源義経が幼名遮那王《しゃなおう》として鞍馬寺東光坊の稚児であったとき、僧正ヶ谷で魔王さんから兵法をさずけられた旧蹟と信じられている。しかし『義経記《ぎけいき》』では遮那王がこの僧正ヶ谷を通って貴船詣《きぶねもうで》をし、「四方の草木をば平家の一類と名づけ、大木二本ありけるを一本をば清盛と名づけ、太刀を抜きて散々に切り」とはあるけれども、天狗より兵法をさずけられたとはいっていない。

鞍馬山の天狗魔王は愛宕《あたご》山の太郎坊とともに日本全国の天狗の巨魁《きょかい》で、鞍馬寺には「魔王の神名帳」なるものがあって、全国の天狗を支配したという。しかし天狗なるものは山の神の一形態であり、これを信仰対象にして山岳宗教としての修験道が成り立つものである。したがって天狗を奉じて山岳修行をおこなう山伏もまた天狗とかんがえられ、鞍馬天狗はまた鞍馬の山伏でもあった。背に翼を持ち、嘴《くちばし》は鳥のごとく、羽団扇を持つ天狗のイメージは、実は伎楽《ぎがく》における迦楼羅《かるら》の面と姿から来たものである。

一四　知恩院のしぐれ傘

京都見物の土産話には大ていい知恩院のしぐれ傘があって、日光のねむり猫とともに左甚五郎作として有名である。この方は左甚五郎の忘れ傘ともいわれ、巨大な伽藍の軒の垂木《たるき》のあいだに忘れたという大へんな忘れ物だが、ありようは傘は雨につきものという縁起から、火をふせぐまじないにすぎない。傘は伝説の世界では案外に霊異あるもので、傘の化物などは百鬼夜行《やこう》につきものといえる。

しかしまたこのしぐれ傘は、雄誉《ゆうよ》上人が濡髪《ぬれがみ》童子にあたえた傘ともいう。この濡髪童子も伽藍を火災からまもるためにまつられたものであるから、意味はまったくおなじである。しかし現在では法然廟の上にまつられた濡髪さんは濡紙に通ずるといって、水商売の信仰対象になってしまったのはとんだ誤解である。庶民信仰というものはまったく不思議なものであるが、煩悩即菩提、色即是空の欲望充足を契機に仏に結縁し、やがてこれを純化してゆくものといえよう。

一五　嵯峨野の小督局墓

峯の嵐か松風か、それかあらぬか、尋ぬる人の琴の音か、
楽《がく》は何ぞと聞きたれば、夫を想ひて恋ふる名の、想夫恋《そうふれん》なるぞ嬉しき、

謡曲『小督《こごう》』にうたわれた小督局墓は京都嵐山の大堰《おおい》川のほとりにひっそりと、苔むした五輪塔一基として立っている。このあたりは平安時代末期には多くの念仏聖が隠遁と風流の生活をたのしんだ別天地で、清涼寺を中心に三宝寺、往生院（滝口寺）、念仏寺、華台寺《けだい》（のちの二尊院）などがその聖の住庵であった。この別天地にあこがれて、都の栄華と人の世の俗塵をのがれる風流人士も、これら寺庵のあいだのそここに柴の庵をむすんだ。

小督局は高倉天皇の寵姫で宮中一の美人、しかも琴の名手であった。しかし彼女には天皇に召される前に冷泉大納言隆房《たかふさ》卿という恋人がおり、召されてからは高倉天皇の中宮で清盛の娘である建礼門院の寵をもうばってしまった。ところが冷泉大納言の妻も清盛の娘であったから、小督は清盛の二人の娘の夫を二人とももうばった結果になる。清盛の怒りをおそれた小督はやがて嵯峨野に身を隠すこととなり、主上を悲しませる。主上の悲しみを知った北面の武士源仲《なか》国《くに》が、仲秋名月の夜に小督の隠れ家をさがすため嵯峨野をさまようところが、この伝説のクライマックスである。ふと通りかかった柴の戸の内からきこえる想夫恋の琴の音で小督と知り、宮中への帰参をすすめる。小督も一度は天皇の許へ帰ったが、清盛はこれをとらえて無理に尼にしてしまった。ときに年二十三であったが、その隠棲の跡がいまの小督局墓のあたりであったという。

一六　祇王・祇女と仏御前

奥嵯峨の祇王寺《ぎおうじ》はいまも昔もなまめかしい色香にみちた寺である。煩悩即菩提はけっして空疎な哲学ではなく、血のかよった歴史であり、人間の真の姿であることをこの寺は教える。

祇王・祇女という姉妹の白拍子《しらびょうし》があった。白拍子は男装の麗人で、仏菩薩や経典を讃嘆する今様の法文歌にあわせて男舞をするダンサーである。その美貌と舞の上手で姉の祇王は清盛の寵を得ていたが、その幸運も三年とはつづかなかった。祇王以上の舞達者で仏御前《ほとけごぜん》という芸名の白拍子があらわれ、京中の人気をさらったのである。仏御前は芸人冥加に、当時の実力者清盛の邸で舞って見たいとおもったのも無理もない。早速六波羅の邸に推参すると、清盛はこれを追い返そうとするが、祇王のとりなしで一舞まうことになった。

京都・祇王寺

ところが仏御前の今様と男舞に清盛は魅せられて、その場で仏御前を邸にとどめて祇王を追い出してしまう。祇王は世の無常を感じて妹の祇女と母と三人で奥嵯峨に隠れて尼になったのが、この祇王寺であるという。ところが仏御前とて人の子である以上、これをだまって見ておれるはずはない。やがてこの柴の庵にうつって四人一緒に尼となり、ひたすら一蓮托生の往生を待つ同朋知識として念仏にいそしんだというのである。清盛の暴君ぶりとそのむくいを描こうとしながら、人生の現実をするどくついた『平家物語』の一挿話である。

一七　文覚の那智ごもり

文覚《もんがく》上人はもと遠藤武者所盛遠《もりとお》という宮中警護の武士であったが、他人の妻に懸想《けそう》してこれをころし、その悪行を発心の強縁として、人にできないような荒行を志した。中でも文覚の那智ごもりは有名である。

苦行はすべて罪業消滅の実践なるがゆえに、罪業意識がつよければつよいほど、みずからを苦しめる苦行は苛烈たらざるをえない。文覚の荒行はそうした罪業意識から出発したものともわれるが、十二月の那智の滝壷に首までひたって、三七日のあいだに三洛叉《さんらくしゃ》（三十万遍）の不動慈救《じく》の真言を充足しようというには、決死の覚悟がなくてはならない。いまも那智の大滝（一之滝）の下に文覚の滝（曽以《そい》の滝）があってこの滝に打たれたのだと伝えている。

しかし文覚も生身《なまみ》の人間である以上、その体力には限度がある。五日目には寒さにこらえきれず浮き上がり、滝つ瀬に流され岩に打たれて人事不省におちいった。このとき童子一人あらわれて文覚をつかみ上げたので、人々は火などにあぶって蘇生させた。人気《ひとけ》づいた文覚は人々をはったとにらみ、「三七日の滝行をしようという自分を、五日ぐらいで引上げてどうするつもりだ」と怒鳴ったという。

それからも滝行をつづけたからそれから三日目にはとうとう死んでしまった。すると不動明王の使者、矜迦羅《こんがら》、制吒迦《せいたか》の二童子が滝の上から下りて来て頭から爪先まで掌であたためてくれたので、再び蘇生することができた。このような荒行にたえたつよい意志で高雄神護寺を勧進によって再興し、不敬罪で流刑にあい、頼朝に挙兵をすすめ、また敗れた平家の直系である六代をかばうなど、その宗教活動は多彩をきわめ、その生涯は波瀾万丈であった。

一八　金台寺の矢取り地蔵

近江の国愛智《えち》郡賀野村の金台寺《こんだいじ》の矢取り地蔵には次のような霊験談が伝えられている。検非違使《けびいし》左衛門尉であった平諸道《もろみち》の父は金台寺を氏の寺として深く尊崇していたが、あるとき戦闘に出て背に負う胡簶《やぐない》の矢を全部射つくしてしまった。この危機にあって彼は氏寺の地蔵菩薩の助けを祈願すると、とつぜん一人の小僧があらわれて、矢を拾っては諸道の父にあたえた。そのためにこの戦闘に勝利をおさめることはできたが、小僧もまた敵の矢を背にうけてたちまち姿を消してしまった。彼はこの小僧の行方とその死骸を一生懸命さがしたけれども、ついにこれを見出すことができなかった。

ところがある日、金台寺に詣でて地蔵尊を拝すると、その背に矢が一本立っているではないか。彼はこの地蔵が自分の身代わりになって矢をうけてくれたことを知り、感涙にむせんだというのである。この話は『今昔物語』(十七)『地蔵三国霊験記』(六)『地蔵感応伝』(下)などにのせられた有名な仏教伝説であるが、身代わり地蔵伝説の一種で、仏菩薩は代受苦者であるとともに、子孫を保護する祖霊と同格とする庶民信仰にうらづけされた説話である。

一九　関寺小町

関寺は世喜《せき》寺とも書き、京から東《あずま》に通ずる逢坂の関にあった大寺である。奈良大仏、智識寺大仏につぐ、第三の大仏もあったといい、よほどの伽藍であったらしいが、たびたびの火災に焼けて、いまは大部分大津市追分の市街となり、一部に時宗の長安寺がある。ここに平安時代の八角石造宝塔があるのはその遺物である。

謡曲『関寺小町』や『鸚鵡《おうむ》小町』あるいは『蝉丸』にもうたわれたように、このあたりは中世には遊女や芸人や乞食が多く住んだところで、東《あずま》下り、京上りの人々に媚と芸を売り、物を乞うものがむらがっていた。伝説ではその中に百歳《ももとせ》にあまる老の醜さを衆人にさらして、かつての美女、才女の随一であった小野小町が、道行く人に物を乞うていたというのである。

小町のなれの果てには各地の伝説があり、美のはかなさ、恋の無常を伝えるが、関寺小町では関寺の稚児たちが七夕の夜に老女の乞食に歌道の話をすると、昔を思い出して「関寺の鐘の声、諸行無常と聞くなれども、老耳《ろうに》には益もなし。逢坂の山風の、是生滅法の理《ことわり》をも得ばこそ」と舞をまい、栄華の昔を語ったというのである。

また帝が関寺小町のなれの果てをあわれんで歌をたまわったという伝えは『鸚鵡小町』といわれている。

二〇　和泉式部と誓願寺

誓願寺はいま浄土宗であるが、もとは一遍上人ゆかりの寺で時宗であった。京都の繁華街の中心、新京極にあり、盛り場に不似合な宗教的雰囲気をただよわせ、ありし日の伽藍をしのばせる。その雑踏から塀一つをへだてて永遠の静寂をおもわせる狭い寺庭の隅に、年古りた宝篋印塔《ほうきょういんとう》が一基あって、和泉式部の墓といわれている。和泉式部の墓は各地にあっていずれが本物とも定めがたいが、誓願寺の墓は謡曲『誓願寺』にもなっていてよく人に知られる墓である。

一遍上人像

時宗には四箇の習といって、一遍上人のいずれの伝記にもない口伝のようなものがある。その中の一条が「和泉式部化益と法燈国師参謁の事」である。法燈国師参謁は歴史事実であることを私は高野聖《こうやひじり》所伝の「法燈行状」というものから論証したことがあるが、和泉式部の亡霊を済度したという話はやはり伝説としてあつかうべきものであろう。

一遍上人が「決定往生《けつじょうおうじょう》六十万人」の念仏札を諸人にあたえて、融通念仏に結縁させているところへ和泉式部の亡霊があらわれて難題をつける。六十万人以上は一人でも往生できない定員制度かというのである。いまの私立大学の定員のように融通無碍《むげ》だよと上人が答えると、亡霊は安心する。また誓願寺の寺額を「南無阿弥陀仏」の六字名号に変えてくれという。これもその通りにすると、和泉式部の亡霊は石塔のかげに消えたという。

二一　高野山の鶯宿梅

高野山の大円院の庭に鶯宿梅《おうしゅくばい》と名づける老木がある。そしてこれに『平家物語』のロマンスとして知られる滝口入道と横笛の伝説が語られている。このような伝説と記念物の関係は熱海の貫一お宮の松のようなもので、文学がまずあって、これを実在と認識せずにはおれぬ庶民の心がつくりあげるものである。鶯宿梅も高野聖の作為だなどと片づけてしまっては、ぞろぞろと大円院に入って山内案内人の流れるような説明に満足して出てくる団体さんに相済まないことになる。

身分のちがう恋などというものはいまから見ればおかしなものだが、悲劇は平家の武者、斎藤滝口時頼という身分ある侍が建礼門院の雑仕女《ぞうしめ》、横笛と恋に落ちたことからはじまる。ところが時頼の父茂頼《もちより》に理解がなかったため、十九歳で髻《もとどり》を切って入道し、型のごとく嵯峨の往生院に隠れたのである。横笛はこれをしたって往生院を訪れ復縁を迫るので、滝口入道は女人の近づけない高野山へ登り清浄心院に入った。横笛もこれにはせん方なく、歌の交換ぐらいで満足していたが、とうとう奈良の法花寺に入りやがて間もなくはかなくなってしまった。ところがその亡霊は鶯となって高野山に潜入し、滝口入道の行いすます室の窓辺で法法華経《ほうほけきょう》と鳴いたとき宿ったのが、この鶯宿梅であるという。まことに素樸な伝説である。

二二　石童丸の哀話

高野山の苅萱堂《かるかやどう》は密厳院《みつごんいん》の一部になっているが、いまも石童丸の哀話を絵解きにして語っている。もとは「かるかや」という説経で「三荘太夫《さんしょう》」「阿弥陀胸割り」「小栗の判官」「梵天国」とともに五説経とよばれ、門《かど》説経や操り人形、歌舞伎、琵琶歌、浪花節とあらゆる芸能にとり入れられて庶民の心の一部となってしまったのである。

筑前苅萱荘の領主、加藤左衛門繁氏《しげうじ》は二人妻を持って、そのトラブルからノイローゼ気味になり、出家遁世蒸発する。よほど善良で気のよわい領主だったらしい。のこされた妻と石童丸

高野山・苅萱堂

は父をもとめて旅に出るが、どうやら高野山におるらしいというので女人堂まで登ってくると、ここは女人禁制の山であった。いまの学生のようにその制度がわるいとはいわずに、母は学文《かむ》路《ろ》に下り、石童丸一人今道心《いまどうしん》の父に会う。しかし父は親子の名乗りをせずに子をさとして別れる。石童丸はいたしかたなく学文路に来れば、母は急病ではかなくなっていた。天涯孤独のみなし子となった石童丸はふたたび高野へ登って今道心の弟子となるが、ついに一生親子と名乗らず師弟ですごしたという。

この物語はすでに『北条九代記』がこれを一遍上人とその実子聖戒《しょうかい》の物語としている。石童丸そのものは伝説であっても、これが時宗高野聖によって創作され、語りつがれたことは事実であるし、信濃善光寺でも時宗妻戸衆《つまどしゅう》の唱導にこれを語ったらしく、苅萱と石童丸は晩年仲よく善光寺へうつったことにしている。一遍上人の還俗十二年という時代があきらかであるかぎり、妻帯して子を儲けても何ら不思議でなく、むしろその念仏がかぎりない人間性にうらづけられていることをみとめるべきであろう。聖《ひじり》の仏教の現代的価値をかんがえるならば、苅萱道心と石童丸の人間性を止揚した非人間的関係の教訓はきわめて重大だといわなければならない。

二三　粉河寺と童男行者

ちちははの　めぐみもふかき粉河寺《こかわでら》
　ほとけのちかひ　たのもしの宮

粉河寺の「たのもしの宮」はいまの産土《うぶすな》神社で、紀州では中陰四十九日の忌明《いみあ》けに参り、それからどこの神社でもお参りできるようになる。この神社の境内から先年如法経筒が発見され、大原の良忍上人の名があって、良忍上人は融通念仏ばかりでなく、法華経書写の勧進もしていることがあきらかになった。

粉河寺縁起はこのような庶民信仰的寺院の成立を語る貴重な伝説をふくんでいる。その第一はこの寺の開創が大伴孔子古《くじこ》という狩師で、高野山の狩場《かりば》明神を本願主とすることとおなじである。その二はその本尊の作者が霊異の化人とみられ、技術の巧劣よりも旅から旅に遊行する一行者である点にある。

大伴孔子古は粉河山中の一幽谷で一踞木《きょぼく》に登って猪や鹿をねらっていると、毎夜大笠のような光りものが見える。そこでここに精舎を建立して仏像を安置し、本願主になろうと心中におもっていると、若く美しい行者が一夜の宿をもとめた。これが童男行者《どうなんあんじゃ》で、孔子古の心中所願を知って、仏像彫刻を申し出る。しかし彫刻のできあがる七日間は自分の籠っている草庵をのぞいてはいけないという。八日目に孔子古が草庵の戸を開けて見ると、童男行者の姿はなくて、千手観音が光明赫奕《かくえき》として立っていた。これより孔子古は、ながく殺生を絶って仏法に帰することになる。

一方河内国に佐太夫という金持がおり、娘が重病の床にしずんでいるところに童男行者があらわれ、千手観音陀羅尼《だらに》で加持をした。するとたちまちに病が治ったので、鞘刀の帯をあたえ、もっとお礼をしたいから住所をお教え願いたいというと、紀州那賀郡風市村の粉河寺へ詣れと告げる。そこで佐太夫は妻子眷属をつれて粉河寺の草庵に詣れば、本尊千手観音はさきにあたえた鞘刀の帯を施無畏印《せむいいん》の手に持っていたという。

二四　竹生島の弁才天

日本三弁才天といえば江ノ島、竹生《ちくぶ》島、厳島《いつくしま》だが、『和漢三才図会《ずえ》』はこれに天川《てんかわ》と金花山《きんかさん》を加えて日本五弁天などと称している。基準ははっきりしないが、いずれもいまは神社になってそれぞれもっともらしい記紀《きき》の神名を名のり、祝詞、神楽でおまつりする。しかし、民衆ははたしてそれで満足しているかどうか。これらの神社はいずれも弁天さんで持てており、弁天さんは仏教の神様だとおもいこんでいる。

竹生島明神はいま浅井姫命《あざいひめ》、都久夫須麻《つくぶすま》神または宇賀御魂《うがのみたま》をまつり、弁才天は宝厳《ほうごん》寺の方にまつられている。狭い島の中で弁才天は自己分裂に苦悩しているようである。伝説によれば伝教大師がこの島に来たとき弁才天女が出現したというが、これも近江湖北地方に比叡山領の庄園ができたのちの伝説であろう。

私は神道にも仏教にも加担しない庶民のための公平な裁判をするならば、農民にもっとも大切な水の神あるいは竜神をまつった島であり、これを仏教は弁才天女といい、神道は水の女神浅井姫をまつったのだと判定しよう。

女神は嫉妬深い。したがって竹生島は女人禁制であった。延喜の帝《みかど》が勅使を立ててこの女神に雨乞させると、年老いた漁夫がすすんで渡船を出してくれる。勅使が島に上がると、女人がおるのでこれをとがめるが、漁夫は「弁才天は女体にて、その神徳もあらたなる、天女と現じおわしませば、女人とは隔なし」というと、女人は社殿の扉をおし開いて御殿の中に消え、漁夫も水中に飛びこむと竜神となって出現する。やがて社殿から弁才天あらわれて天女の舞をまい、竜神は波をけたてて飛行の舞をいさましくまいおさめる。このことがあってから女人禁制はとかれ、竹生島蓮花会《れんげえ》には舞楽船《ぶがくせん》と弁才天女像の湖上渡御がある。そして、氏子は水神の使者鯰《なまず》を食するときは、お詫《わび》のために鯰銭《なまずせん》をおさめねばならず、氏子の女人がお産をするときはお産料を弁才天におさめねばならなかった。

二五　雲居寺の自然居士

雲居寺《うんごじ》はいまの京都東山高台寺《こうだいじ》のあたりにあった寺で、秀吉の夫人北政所《きたのまんどころ》が高台寺を建てるとき、その寺地にとりこまれてしまった。高台寺後方の傘亭《からかさてい》・時雨亭の二茶室のあたりは、かつて庶民信仰に栄えた雲居寺址とかんがえられるが、その本尊はいま寺町今出川上ル十念寺にうつされている。

ここに浄蔵貴所《じょうぞうきしょ》や瞻西《せんさい》上人がおったことは有名で、多くの念仏聖があつまって大念仏や迎講《むかえこう》や説経がおこなわれていた。その中に自然居士《じねんこじ》という説経者がおって、京中の人気をあつめていたという伝説がある。

自然居士は雲居寺造営の勧進札を売るために説経をしていた。ところが聴衆の中から一人の娘があらわれて「二親精霊頓証仏果のため」と称して、「身《み》の代衣《しろころも》一襲《かさね》」を供養したので一同びっくりしたのである。これは娘の父母の追善菩提のために諷誦《ふうじゅ》をあげたかったが、その資金がなかったので自分を東国の人買に売って得たほんとうの身代《みのしろ》金であげたものだった。

そこへ人買どもが娘を追って来て引き立ててゆこうとする。自然居士はこれを止めようとするが、納得づくの売買契約だから第三者の介入は許されない。そこで説経の目的は人の難儀の救済にあるとかんがえた自然居士は、説経を中途でやめて娘と人買を追いかけ、大津矢馳《やばせ》の渡で追いついた。あまり執拗にたのむ自然居士に人買どもも大よわりで、とうとう念仏踊を上手におどれたら娘を許してやろうということになった。このころの説経は節まわし面白く語るばかりでなく、音楽舞踊をまじえて民衆の興味をそそるものだったから自然居士もその心得があったのである。居士は簓《ささら》という竹の楽器をすり、羯鼓《かっこ》を打ちながら一世一代の念仏踊をおどったので、人買もとうとう娘を許して解放したという。

居士といえ聖《ひじり》の一種で半僧半俗の芸能者である。日本仏教の真髄はこうした聖が、観念ではなくて現実的に、人の難儀を救う慈悲の実践にあるということができよう。

二六　平野大念仏寺の亀鐘

大阪平野の大念仏寺は融通念仏宗の総本山で、元祖良忍上人開基、中祖法明《ほうみょう》上人の中興である。本尊天得如来《てんとくにょらい》は他宗に見られぬ十一尊の来迎曼荼羅《らいごうまんだら》で、阿弥陀如来のほかに十菩薩が雲上に歌舞伎楽する図柄である。すなわち永久五年五月十五日午刻に良忍上人が夢想によって阿弥陀如来より直授された本尊という。

大念仏寺にはこの天得如来とおなじ重宝として亀鐘《かめがね》なるものがある。これは鳥羽天皇が融通念仏に加わられたとき、御手許の御鏡を念仏の鐘に鋳改めて下賜されたもので鏡鐘ともいう。私はまだ拝観したことがないので、どのような形でどのくらいの大きさのものか知らないが、

大阪・大念仏寺

和鏡は二〇パーセントから二五パーセントの錫《すず》をふくむので、鋳直した鐘は良い音がするだろうとおもう。

この鐘にまつわる伝説として元亨三年（一三二三）法明上人がこの鏡鐘を持って播磨へ勧化に出たときのこと、難波を船出してまもなく海が荒れだした。その狂瀾怒濤《きょうらんどとう》はいまにも一行の船を海底の藻《も》屑《くず》とせんばかりであったので、法明上人は海神がこの鏡鐘をほしがるのであろうとかんがえた。そこで上人はいかなる重宝も人の命には代えられぬとおもい、これを海中に投じた。するとたちまち波がしずまって無事目的地に着岸することができた。ところが上人ふたたび船で難波へ帰ろうとして鳴保崎《なるほざき》のあたりまで来ると、山のごとき蓬萊嶋《ほうらいじま》を背にのせた万年の大亀があらわれ、その頭上にあの鏡鐘をいただいて船に近づいた。上人はこれをうやうやしくとりあげて融通念仏をさずけると、大亀はいかにもうれしそうに海中に姿を消した。このことあってから鏡鐘は亀鐘とよばれるようになったということであるが、備前西大寺にもおなじような伝説が報恩大師について伝えられるので、亀は海神の使いとして高僧の教えをうけようとするものとかんがえられたのであろう。

二七　比叡山の元三大師

比叡山中興の祖といわれる第十八代天台座主良源《りょうげん》は、慈恵《じえ》大僧正ともいわれるが、庶民信仰では元三《がんざん》大師の名でしたしまれている。元三大師の名はその入滅が寛和元年（九八五）の正月三日、すなわち元三の日であったからで、これだけでも霊異の人とかんがえられたのである。もちろん元三大師の比叡山における堂塔再興、法会始行、庄園獲得、朝野尊信などの事実も人なみはずれたスケールの大きさがあった。また法会に遅刻した二千人の僧徒を一時に破門したなどの峻厳さもそなえていた。しかしそれらの歴史事実をかぞえあげるだけでは、元三大師伝説の本質にふれることはできない。

良源（元三大師）

いま天台寺院ではどこでも角大師《つのだいし》という鬼の顔で体は骸骨のような木版のお札を出す。これをくばられた家では魔除けといって、お札を戸口に貼るがこれが元三大師である。「元三大師降魔除疫之祈攸」などと書いたり、たくさんの元三大師印仏を押して豆大師札などというところもある。比叡山では元三大師はつねに山を巡りあるいて、怠惰な僧徒に天罰をあたえると信じられている。これは良源が死後は魔王身となって衆生の生死の魔怨をのぞき、邪魅《じゃみ》災難を払う誓願を立てたからだというのである。一方比叡山には一目一足の山の神がつねに山内を巡りあるいて学行をなまけている坊さんを罰するとの伝説があり、東塔の総持院玄関にかざった大傘はこの一目一足をあらわしたものともいう。この二つの伝説がミックスして元三大師ができたものと私はかんがえている。この信仰の成立は鳥羽僧正筆と伝えられる「鳥獣戯画巻」(高山寺蔵)にものせられているくらい古い。室町時代の『塵添壒嚢鈔《じんてんあいのう》』には、元三大師が鏡に自分のおそろしい姿を写して、疫神を防ぐ誓いを立てた話がある。ところがそこへ疫神が来て今日は御尊体を犯す日にあたっていますというと、円融三諦の理を観じて弾指《だんじ》し、これを追い払ったとある。

二八　室の遊女と書写山の性空上人

書写山《しょしゃざん》円教寺は姫路市の北にあり、西国三十三観音霊場の二十七番で、本尊は如意輪観音、開山は性空《しょうくう》上人である。

はるばると　のぼれば書写の山おろし
松のひびきも　御法《のり》なるらん

松もまばらな岩山をよじのぼるように、坂中《さかなか》の堂まで上れば播州平野は目の下にあり、来た甲斐があったとしみじみおもう霊場である。

開山性空上人は空也上人とほぼ同時代の僧で、慈恵僧正良源を師として天台を学したという。しかしけっして学僧ではなく、一種の聖《ひじり》であった。出家ののちは山林修行に年を送り、九州の霧島《きりしま》山から背振《せぶり》山にうつり、やがて播州書写山を開いたのである。花山法皇は二度まで書写山に性空を訪ね、道長《みちなが》もあつく帰依したが、とくに和泉式部との交友は有名で、式部はみずからの行状を懺悔《さんげ》して

くらきより　くらき道にぞ入りぬべき
はるかにてらせ　山の端の月

と性空の教えを乞うた。しかし『撰集抄《せんじゅう》』(五)によると、生身《しょうじん》の普賢菩薩を目のあたり見たいものだと、七日間祈念したところ、七日目の暁に天童あらわれて、生身の普賢菩薩を拝せんとおもうならば、室《むろ》の津の遊女の長者を拝せよと告げた。このころの室の津は瀬戸内海の船の出入り多い港であったから、多くの遊女がおり、そのナンバーワンといわれる容色才芸ともにすぐれた長者もおった。

しかしいくら天童のお告げでも黒衣で遊女屋へ上るわけにもゆかず、俗服に変装して登楼したところ、遊女の長者は今様《いまよう》で白拍子舞をまった。ところが性空が目をつむると遊女の長者は、白象にのった生身の普賢菩薩と見えた。また

周防《すおう》の　みたらしの
沢辺に　風の音つれて
ささら波たつ　ささら波たつ

という今様は
法性《ほっしょう》無漏の　大海には
普賢恒順《こうじゅん》の月　ひかり朗かなり

ときこえてくるのであった。このような異常体験の中で性空は、生身の普賢菩薩を目のあたりにしながら、これを遊女と見る吾が身の性《さが》を悲しんだ。ということは性空がこのとき煩悩の虜《とりこ》となっていたことを意味する寓話と私は解したい。江戸時代の遊女屋では床の間の掛軸に、遊女が白象に横乗りにのった浮世絵を掛けたというが、性空を聖《ひじり》と見る私にはまこと意味深くおもえるのである。

二九　教待和尚と三井寺

三井寺《みいでら》の観音堂は西国三十三霊場の十四番で、長等山《ながらやま》の岡の山からのぞむ琵琶湖の風光また格別である。三井寺は、正しくは園城寺《おんじょうじ》で、その金堂は観音堂とはかなりはなれた寺地にある。三井寺の名は、この金堂の横に天智・天武・弘文三帝の産湯《うぶゆ》の御井《みい》があることから名づけられたものという。園城寺の開山はこの三帝よりかなりおくれて出た智証《ちしょう》大師円珍《えんちん》であるから、その前身が三井寺ということになる。

したがってこの三井寺の開創は一体誰の手になるのかという問題になるが、これには次のような伝説が伝えられている。

いま金堂のうしろに小さな教待《きょうたい》堂がある。ここに百六十二歳になる教待和尚という老比丘が居て、この地をゆずるべき高僧の来臨を待っていた。そこへ天安二年（八五八）に智証大師が檀越《だんおつ》大友氏とともに訪ねたのである。教待は大師を見るがいなや、汝を待つこと久しと、まるで旧友に会うがごときよろこびようであった。そして寺地をすっかりゆずると、岩窟に姿を消して見えなくなった。大師は大友氏に教待の人となりをきくと、ここに住みついて百余年になるが、その間琵琶湖へ出ては魚をとり、串乾《くしほし》にして常食としていたという。智証大師はおどろいて教待の庵に行き、食べのこしの魚をよく見るとそれはすべて蓮花であった。教待はときどき清水寺の行叡《ぎょうえい》居士のところへあそびに行って終日歓談したというが、ともに非僧非俗の聖《ひじり》であったのである。

智証大師

三〇　熊野妙法山の無間の鐘

熊野那智山には天台宗の青岸渡寺と真言宗の妙法山阿弥陀寺とがある。妙法山は標高七五〇メートルで那智山の最高峯であるから、その眺望はすばらしく、阿弥陀堂・大師堂・納骨堂などとともに無間《むげん》の鐘とよばれる鐘楼がある。また奥之院ともいう十方浄土堂《しほう》（本尊釈迦）が樒《しきみ》山の頂上に建っており、これには次のような伝説がある。

関西では人が死ねばかならず霊魂は熊野詣をしなければならないという。とくに生前一度も熊野へ参ったことのない死者は枕飯《まくらめし》（三合の飯）が炊《た》けるあいだに参って来る。このとき死者は枕元に立てられた樒の一本花を持って行き、これで無間の鐘を打つので、妙法山の鐘は人の姿も見えないのに鳴りつづけるという。この一本花は樒山へ落としてゆくので樒が多くなるのだと説明されている。

妙法山が女人高野といわれるのは女人禁制のない納骨霊場であるためであり、十方浄土といわれるのは、宗旨にかまわずに納骨させるからである。このような霊場は高野も山寺《やまでら》も恐山《おそれざん》も羽黒《はぐろ》山もおなじことであるが、どこでも無間の鐘伝説はあったはずなのに、もう妙法山以外では失われた。ただ無間の鐘は丹後成相寺《なりあいじ》の「撞《つ》かずの鐘」とおなじく、念じて撞けばかならず一つの願だけはかなえられるが、二度願えば無間地獄に堕ちるといって、おそれてもう撞かなくなった鐘もある。

三一　叡福寺の七不思議

河内の太子町、磯長《しなが》の叡福寺は聖徳太子の御廟があることで知られ、和国《わこく》の教主として仏教徒の参詣が多い。融通念仏の良忍や時宗の一遍もここに詣でており、念仏にもゆかりがすくなくない。これは弘法大師がここに一夜参籠して、廟の中から吾は念仏の徒をまもり、ここに詣でるものはかならず往生させようとの太子の御声をきいたからである。中世以来信じられた『弘法大師上宮太子廟参拝記文』といわれるものがそれで、御廟の中に彫られているというから、昔は三骨一廟（太子と御妃と太子の御母）の廟窟に人を入れたのである。しかし参拝記文は中世高野聖の偽作であろうということは、私もかつて論じたことがある。

　このような庶民信仰の寺であるから、ここには七不思議の伝説がある。その一は二股竹で、太子が甲斐の黒駒にのって富士山へ登られたとき、わが死後葬らるべき地はどこかと見まわしたら、磯長のあたりから光明が出ていた。そこで太子はこのところへ来て二本立の二股竹を植えて、吾が死後の墓所を点定したのだという。その二は三つ破れ石で、太子の敵が太子を圧殺しようと山上から石を落としたとき、太子が蹴ると三つに割れたという。その三は逆さ杉で、太子が仏法の将来を占って杉箸を地に挿したところ、根がついて仏法の繁栄を予見したという。

その四は槻の杖で、太子をこの廟窟に葬ったとき、槻《つき》の枝でつくった杖を挿したら根がついて芽が出たのであるという。その五は磯長の雨垂れで、この村の雨垂れは地面を凹まさないのは、太子廟をまもろうとする天の配慮であるという。その六は祟りの大雨で、もし太子廟の宝物に手をふれるものがあれば、たちまち大雨が降って流されてしまうという。その七は御廟の石垣で、御廟のまわりは円墳状に石垣を積みあげて石室をつくっているが、この石は何度かぞえても数がちがうという。おそらくこの廟の石室では、人を入れて擬死再生の儀礼をおこなっていたのではないかとおもう。

三二　六角堂のへそ石

京都の六角堂で知られる頂法寺《ちょうほうじ》は聖徳太子の開基で、西国三十三所の十八番札所にあたる。『続古事談』によると、六角堂の本尊は淡路国岩屋の海から櫃《ひつ》に入れて流れ寄った霊仏で、聖徳太子はこれを本尊として一寺を建立しようとされた。ちょうどそのころ太子は四天王寺を難波に建てるために山城国の杣《そま》山に入り、たずさえたこの本尊を多良《たら》の木の木蔭に置くと動かなくなったので、これを有縁の地として六角の小堂をつくった。ところが桓武天皇の平安京遷都にあたり、都市計画にしたがって丈尺をはかってゆくと、ちょうどこの六角小堂が道路の中心になってしまった。いまならばさしずめ立退料《たちのき》の談合で移転をするところであるが、この仏様はそのようなケチなことはいわれなかった。勅使が仏に向かって、このところに住せんとおぼしめさば、南か北へすこしお退き下さいと祈念すると、空がたちまち暗くなり、五丈ばかり北へ移動された。こうして南北へ通した小路が六角通りである。そしてもとの位置にのこされた六角堂心礎はそのまま道路の中心にのこり、京都のへそ石としたしまれている。六角堂執行は池ノ坊であったが、代々立花の上手を出したのでやがて池ノ坊流華道の家元となり、六角堂住職を兼ねていまにいたっている。

六角堂頂法寺の「へそ石」

三三　四天王寺の引導石

四天王寺門前町は石山本願寺門前町とともに現在の大阪の発祥をなすもので、とくに西門前には念仏聖の坊舎が甍《いらか》をならべていた。これは四天王寺西門は西方極楽世界の東門と真向《まっこう》に向かい合っているとの伝説があり、春秋二季の彼岸に入日《いりひ》を拝して念仏すれば、往生うたがいなしと信じられたからである。これが西門念仏で、平安時代から鎌倉時代には、京都から上皇や摂政関白まで出かけるという盛況のうちに、貴賤上下を問わず結縁がおこなわれた。また当時は海であった西門前の岸辺から、西に向かって船をこぎ出し、入水《じゅすい》往生をとげるものもすくなくなかった。このような信仰や伝説の成立には四天王寺の寺地がもと荒陵《あらばか》といわれる墓地（風葬の地または埋め墓）であったことに関係があろうとおもわれる。いまも四天王寺の山号は荒陵山であって引導鐘や塔婆供養のおこなわれる理由でもある。これが太子建立という因縁だけではかんがえられぬ現象であって、かつての念仏聖の寺庵坊舎の唯一の残存である一心寺は、莫大な納骨を粉にしてねりあげて骨仏《こつぼとけ》をつくっている。

このような四天王寺信仰の成立を如実にしめすのが西門前の引導石であった。すなわちこのあたりでは死者を葬るときは棺をここまでかついで来て引導石の上にのせさえすればよかった。すなわち僧侶の読経も必要とせず、ただ無常院の鐘を三度打てば、太子がこの石に影向《ようごう》して亡者を引導するといわれる。これがいにしえの葬送の法であって、京都鳥辺野《とりべの》の入口には六道の辻があり、奈良十輪院の地蔵石龕《せきがん》の前には棺台石がある。すなわち四天王寺西門前の引導石は現在村々の墓地、葬場の入口にある棺置石や蓮台石の原型だったわけである。

2　修験の山々を往く――大峯山と出羽三山の神秘

大峯行者の歴史

日本人が山に神霊の実在を信じ、山に入って神をまつり、山の中で神に近づくための修行をしたのは、おそらく仏教が入る以前からの固有の信仰だったとおもわれる。

このことは仏教伝来ののちも変わることなくもちつづけられ、修験道とよぶ宗教をつくりあげた。それは仏教に似て仏教でなく、神道に似て神道でもなく、また陰陽道に似ていて、もちろん陰陽道でもなかった。総じていえばそれは日本人の心を、庶民信仰に集約した宗教とでもいえるものである。そしてその中核をなすのが「山」そのものであった。したがって日本人にとって山は「心のふるさと」ということができる。そのような山はかならずしも、高山・深山であることを要しなかったのであって、大和ならば三輪《みわ》山や葛城《かつらぎ》山（金剛山）でよいし、山城ならば愛宕《あたご》山や鞍馬《くらま》山であり、近江ならば伊吹《いぶき》山や比良《ひら》山がそれにあたる。それらは古く神奈備《かんなび》ともよばれて、神あるいは祖霊の籠る山として信仰された。

のちに仏教が入ると山の宗教者は、聖《ひじり》とか優婆塞《うばそく》、または沙弥《しゃみ》・禅師などとよばれて、半僧半俗の修行者ができた。その代表的人物が役優婆塞《えんのうばそく》（役小角《えんのおづぬ》）であるが、行基《ぎょうき》でも若年には山岳修行をした聖であった。空海（七七四—八三五）が青年時代に優婆塞として、吉野金峯山《きんぷせん》（かねのみたけ）や四国石鎚山（いしっちのみね）で山岳修行したことは、自伝の『三教指帰《さんごうしいき》』や詩文集『性霊集《しょうりょうしゅう》』に記されていることであきらかである。

さらに平安中期になると、庶民仏教家として大きな足跡をのこした空也《くうや》（九〇三—七二）が若年のころ、名山霊嶽で修行してから、京都に出て念仏の庶民化運動をはじめた。このように仏教徒の山岳修行がさかんになると、これを組織化したり、実践体系や教理体系をととのえる必要が出て来た。これを最初になしとげた人物が醍醐寺の開祖、聖宝《しょうぼう》（理源大師・八三二—九〇九）である。

現在真言宗系の山伏が役行者《えんのぎょうじゃ》（神変《じんぺん》大菩薩）を開祖とし、聖宝理源大師を中興とするのは、吉野から熊野にいたる大峯山系の修行路を役行者が開き、これが毒竜によって通行不可能になっていたのを、聖宝が毒竜を退治して再興したという伝説によるのである。しかし、事実は聖宝のころはじめて大峯山系の険峻な行場が開かれたものであって、文献的にも吉野から熊野に通りぬけた行者は聖宝のころ以前には見出せない。私が信仰の旅としてすすめる大峯山行者路は、このようにして平安中期の九世紀末から十世紀はじめに、決死の山岳修行者たちによって伐《き》り開かれたものなのである。

修験道に真言宗系の当山派（本山・醍醐寺）と天台宗系の本山派（本山・聖護院）の二大派があることはよく知られているが、天台系の本山派は十二世紀になって、聖護院の開祖増誉《ぞうよ》が熊野三山検校《けんぎょう》に補せられてから組織化された。しかし、この一派が大峯修行するときは、春三月に熊野側から入って北上するコースをとったので、これを順峯《じゅんぶ》あるいは春峯《はるみね》といった。これに対して当山派は八月に吉野側から入って南下する逆峯《ぎゃくぶ》あるいは秋峯《あきみね》の修行をおこなって来た。しかし、順峯は室町時代にはおとろえたので、近世にはもっぱら吉野からの逆峯がおこなわれるようになった。今日でも大峯修行路といえばかならず吉野から入るのであるが、この修行路も熊野に近い南半分は現在通行が困難になってしまったから、百五十キロの大峯修行路は、丁度その中間点にあたる深仙《じんぜん》の宿《しゅく》（第三十八宿）まで峯通りを修行してから、前鬼《ぜんき》の村へ下って、北山川を船か車で熊野へ出ることになっている。

役行者

深仙は大峯七十五靡《なびき》という七十五の拝所のうち、中台八葉ともよばれるもっとも神聖な霊地であり、平安・鎌倉・室町の各時代を通じて、多くの歌集に詠まれている。百人一首の前大僧正行尊の歌として知られる

もろともに　あはれとおもへ　山桜
　花よりほかに　知る人もなし

はここで詠まれたもので、大峯修行路の踏破は深仙を訪ねるのが目的だともいえる。もとはここで深仙大灌頂《かんじょう》という儀式がおこなわれて、山伏の階級昇進あるいは補任があったのである。

山岳信仰の真髄

現在大峯山へ登るものは、普通は吉野下市まで近鉄で行き、そこからバス二時間ほどで洞川《どうがわ》へ出る。これは大峯山系の一つ、山上ヶ岳の直下にあたる村で、昔は後鬼《ごき》村といった。醍醐派の龍泉寺の支配で宿屋も多く、約三里（十二キロ）で山上ヶ岳行場に達するので、いまは大峯山の表玄関のようになってしまった。しかし歴史的には吉野から約七里（二十八キロ）の急坂をよじのぼるのが修行路である。元来、日本の庶民信仰では困難が多ければ多いほど功徳が多く、肉体を苦しめれば苦しめるほど、精神は浄化されて神に近づくのであるから、難路をいとうことはなかった。

この修行路をあるいて見ようとおもえば、聖護院や醍醐寺の主催する大峯修行に参加するのが便利で七月七日から、当山派の醍醐寺や桜本坊の花供《はなく》入峯《にゅうぶ》があり、八月一日からは本山派の秋峯修行がおこなわれる。これに参加すれば百名前後の山伏と一緒に修行しながら、この歴史的な登山路を、安全に踏破することができ、修験道の行事や信仰を身をもって体験することができる。この路は気儘にのんびりと登るような路ではなく、はじめから自己の肉体と精神の極限をためす決心が必要である。この決心は山伏と一緒ならば、いやが応でも固めざるをえないのであって、山伏のペースにあわせなければ置いてけぼりを喰うおそれがある。

これについて面白いのは『古今著聞集』にのせられた西行法師の大峯修行で、彼も先達の宗南坊行宗から、水を汲み、薪を採り、重い荷を負う修行で呵嘖《かしゃく》せられたという。これが大峯修行の真髄であるが、西行はこれに不平をのべると、行宗は

> 先達の命に随て、身をくるしめて、木をこり水をくみ、或は勘発《かんぼつ》の詞をきき、或は杖木《じょうぼく》を蒙る。これ則ち地獄の苦をつぐのふ也。日食すこしきにて、飢忍びがたきは、餓鬼のかなしみをむくふ也。又おもき荷をかけて、さかしき嶺をこえ深き谷をわくるは、畜生の報をはたす也。かくひねもすに夜もすがら身をしぼりて、暁懺法《あかつきせんぼう》をよみて、罪障を消除するは、已《すで》に三悪道の苦患をはたして、早く無垢無悩の宝土にうつる心也

と懇切に教えている。さすが自信のつよかった西行もこの教訓で我慢の鼻を折り、随喜の涙を

流して、甲斐々々しくこの難路を越えて行ったという。この辺に修験道の真髄があり、我意我慢の醜い肉塊と化した現代人にとって、もっとも適切な信仰の旅ではないかとおもう。

この修験路は吉野の金峯山（奥の千本）の金峯神社から奥は女人禁制であったが、昭和四十五年から一部をのぞいて解放された。女人結界石のあたりから大和平野と宇陀の山なみを見はるかす眺望はすばらしいが、これをすぎると杉林の大密林の中を、ひたすら登りに登る羊腸たる山路になる。五十町茶屋、百町茶屋の廃屋をすぎて、五番関（百五十町茶屋）までが女人の解放区である。このあたりからブナ林と都笹の下草のあいだをたどる亜高山性の、すがすがしい登山路となり、脚さえ意のままならば、まことにたのしい山踏みということができよう。しかし、多くの新客（初登山者）は、二百町目にあたる洞辻の手前にある「油こぼし」とか、「蛇腹峠」で顎《あご》を出すのが普通である。そしてここを山伏たちの激励をうけて越えれば、山上ヶ岳の行場は真近かである。しかも途中の拝所での山伏の勤行が、適当な息継ぎの休息になるので、大てい落伍者は一人もなく登ることができる。

洞辻で洞川からの近道と合して間もなく、鐘掛岩の行場がある。これからが大峯山上ヶ岳表行場の岩場で、鐘掛岩は鉄鎖に下がってよじのぼるのである。しかし、もっとも有名な行場は「西の覗《のぞ》き」で、直立百メートルの断崖の端から腹這いで谷底をのぞく行《ぎょう》である。この谷底は弥陀の浄土といわれたらしく、この行場の秘歌に

ありがたや　西の覗きに　懺悔して
　弥陀の浄土に　入るぞうれしき

とある。このことから私はもとこの谷に、罪障懺悔の捨身《しゃしん》がおこなわれたものと推定している。この捨身というのは自己の罪障をほろぼす意味もあったが、広く衆生や信者の罪障に代わって捨身するという自己犠牲もあった。これが宗教の極致をしめすことは、キリストの十字架にも見られるところであるが、修験道――とくに大峯修験道に顕著な実修形態である。『日本霊異記』に熊野山中で捨身した優婆塞が出ているから、その淵源するところは遠い。またこの山上ヶ岳の裏行場の中心をなす平等岩（行道岩）にも捨身して毒竜になった稚児の話が『古今著聞集』に載っている。

このような修験道の伝統と、宗教と罪と死の意義をおもいながら、この山上ヶ岳の行場を巡ることは、信仰の旅の真価を味わうことである。そしてこれら行場を真剣に修行したのち、山上の宿坊に泊まって、悠久の山気にふれるとき、われわれは人間が浄化されて神に近づくという、日本民族の固有信仰を体認することができる。空海以来の日本密教が「即身成仏」を説くのは、単なる理論ではなくて、このような山岳修行の結果、人が神になり、人が仏になる体験から出たものであった。

大峯修行路は普通山上ヶ岳の行場巡りで下山する人が多く、大峯とは山上ヶ岳と心得ている人もすくなくない。しかし山伏の大峯修行はこれからであって、山上ヶ岳から熊野へ向かってすすむのを奥駈《おくがけ》といっている。この奥駈はいささか決死の覚悟が要るというのは、一旦この道に踏みこめば引き返すことができず、怪我をしても病気になっても、次の弥山《みせん》か前鬼《ぜんき》の宿坊があるところまで、這ってでも辿りつかなければならない。そのいずれの宿坊も六里か七里の距離があり、峯を越え谷を渡る登り降りを考慮すれば、平地の十里か十二里にも相当する。私は信仰の旅としては、是非この大峯奥駈をすすめたいが、その苦しみとよろこびを詳しくのべられないのは残念である。

死者の霊のあつまる山々

修験道の信仰の山は大峯だけでなく、立山も白山も日光も戸隠ももとは女人禁制の信仰の山であった。伯耆《ほうき》大山も石鎚山も彦山も、いまはハイキングで登る人が多いが、もとは先達につれられた道者が白衣で、真剣に登ったのである。また東北地方の修験道の中心は出羽三山で、東日本を信仰圏として、西の熊野吉野、すなわち大峯と対抗しうる勢力をもっていた。出羽三山はいうまでもなく、月山《がっさん》を主峯として、これに登る二大登山口である羽黒山と湯殿山に修験集団があり、この三山をあわせて出羽三山という。このうちで羽黒山は天台系の修験で、湯殿山は真言系の修験であったので、その主導権争いは深刻なものがあった。しかし近世では徳川幕府を背景とした羽黒山に勢力があり、明治維新の神仏分離では、羽黒山の三山合祭殿を出羽神社として三山を統括したので、ここが三山詣の起点となっている。

羽黒山は羽越《うえつ》線の鶴岡からバスで山上にまで登ることができるが、信仰の旅では山麓の手向《とうげ》の村に泊まって、朝早く表参道の二千四百四十六段の石段を登り、拝所拝所を参拝しながら、大杉の林立する霊気にひたるのがよい。ここにも明治の修験道禁止令ののち、羽黒修験道を復興した荒沢寺《こうたくじ》（正善院の管理）があり、八月二十四日から三十一日までの秋峯修行をおこなっている。したがってこの修行に参加するのがもっとものぞましいが、一、二泊の旅であれば、羽黒山の参拝見学を済ませたのち、月山登山バスで七合目の弥陀ヶ原まで登ることができる。弥陀ヶ原はどこの修験の山にもある山上高原で、多く湿原をなしている。月山七合目から八合目の弥陀ヶ原は七月に登ればコバイケイソウ・ニッコウキスゲ・キヌガサソウ・ウスユキソウ・コケモモなどの一大お花畑でかざられる。

月山はアプローチの長い山で、あまり急坂がないので、女子供にも比較的楽に登れる。お花畑の花のない季節には、道のいたるところに積まれた賽《さい》の磧《かわら》の積石が面白い。月山九合目から頂上にかけての賽の磧は、日本のいたるところの霊場に見られる賽の磧のうちでも、もっとも規模の大きいものであろう。その大小の積石はいかなる願をかけて積まれたものかはわからないが、実に莫大な数である。しかしその中に長さ二〇センチ、幅三センチぐらいの板に戒名や先祖代々之霊と書いた、小型の板卒塔婆《いたそとば》を見出すことができることは、死者の供養を願った積石がすくなくないことをものがたるものであろう。

元来、信仰の山、修験道の山は死者の霊のあつまる山という信仰の痕跡を、かなりよくのこしている。熊野は那智妙法山が死者の霊ののぼる山であることは広く知られ、熊野路そのものも、死んだ縁者に会う信仰がある。これは立山の地獄谷に亡霊があつまる説話とおなじで、平安中期・末期の『本朝法華験記』や『今昔物語』にすでに見えるのであるから、日本の固有の山岳信仰が神霊や祖霊のあつまる神奈備信仰から出たことをしめすものといえよう。

この祖霊集会の信仰を現在までのこしている点で、出羽三山は日本宗教史にまことに貴重な資料を提供してくれる。これはひとり月山頂上の賽の磧と塔婆供養だけにとどまらず、羽黒の出羽神社には霊祭殿があって、死者供養や納骨を受付けており、月山頂上の月山神社にも祖霊社があるし、湯殿山の神域内には霊祭供養所と戒名を書いて岩供養する祖霊社がある。

信仰の旅では単に山の風景をたのしむだけでなく、宗教的実践の体験を積むとともに、このような宗教的儀礼と信仰の実態にふれることが必要であろう。われわれはこうした信仰の中に民族の古い宗教的伝統と、庶民の敬虔な心を見ることができるのである。それは修験の山ばかりでなく、霊場の巡礼、遍路においてもおなじである。

出羽三山参拝は月山頂上の月山神社（本地阿弥陀如来）を拝してから、約三里の下りで湯殿山に降りることができる。湯殿山の神秘な聖域に参詣して仙人沢へ下れば、千日あるいは三千日の木食《もくじき》（五穀断ち、十穀断ち）のすえ、断食によって即身仏（ミイラ）となった行者たちの碑が多数立っている。それは種々の要因があったにもせよ、まことにおどろくべき信仰の力であって、信仰の旅の終点にふさわしい感動にひたることができるであろう。

3　無宿・放浪の仏教

〈一〉

ついこのあいだ、江州永源僧堂の宗全さんから、一通の葉書をいただいた。これには

　昨年十一月以来、放浪の旅を続け、先般無事帰着致しました。

とある。宗全さんと私の出会いも七、八年前に、放浪中の宗全さんと、偶然汽車の中で同席だったので、口をきいたのが機縁で、賀状などの音信を交わしている。しかしいまの世にも雲水を地でゆく禅僧があるのは、心づよいかぎりである。

　習慣というものはおそろしいもので、われわれはお寺に本堂や庫裡があって住職がそこを住所にしている現在の仏教をあたりまえとおもっている。そして放浪の僧侶があれば、それを変わりものとしたり、心づよいとおもったりする。しかし仏教というものは元来、放浪する僧が

あたりまえであることは、いわれれば成程、と誰でも知っていることなのである。頭陀行《ずだぎょう》といい、抖擻行《とそうぎょう》といい、僧の本来のあり方は乞食《こつじき》と放浪であった。安居《あんご》九十日をのぞいては一所不住である。放浪生活なるがゆえに、家や財物や家族への執着からはなれることができる。「本来無一物《ほんらいむいちもつ》」は禅僧の墨跡のためにあるのでなくて、放浪の比丘《びく》の実践を指す言葉であった。

一所不住はキリスト教でも重んぜられた戒律で、中世の修道士たちを規制した。ところが日本でも宗教者は本来放浪者であった。私は日本の「放浪の仏教」は印度の原始仏教での頭陀行よりも、この日本の原始宗教における遊幸が根底にあったものとかんがえている。

日本で放浪の仏教を担ったのは遊行の聖《ゆぎょうひじり》たちである。彼らは勧進聖《かんじんひじり》とよばれたり、修験《しゅげん》、山伏（山臥）とよばれたりして、日本全土、津々浦々に仏教を広めた。そのとき彼らはかならず笈《おい》を背負い、その中に不動、薬師、弥陀、地蔵、弘法大師、種々の名号などの本尊を入れてあるいた。これは日本の原始宗教者が神を奉じて遊幸した姿なのである。

もともと「ひじり」というのは仏教から来たのでなくて、日本の原始宗教者を名づけた言葉である。『古事記』『日本書紀』では「聖帝《ひじりのみかど》」とか「神仙《ひじり》」というふうに出て来るので、完全無欠な人格や神格を指すようにおもわれている。

しかしこれは支配者の編纂する史書なるがゆえに、中国の思想で、中国の文字をあてたまでである。これは日本古代文化といえば大陸文化の移入か模倣しかないとかんがえている、いままでの史観の誤りであって、この史観は支配者の文化にはあてはまるけれども、文字をもたなかった庶民の文化にはあてはまらない。おなじように仏教といえば印度の仏教しかないとかんがえ、せいぜい譲歩しても中国や朝鮮の仏教までとおもっている仏教観は、日本の庶民の仏教にはあてはまらない。

「ひじり」は『古事記』では、「御火焼《おひたき》の老人《おきな》」とよばれたように、火を絶やさぬように管理する人である。すなわち聖火の管理者が神をまつる原始宗教者であった。「しり」は「しらす」とか「しろしめす」という敬語のもとになる「しる」の連用形で、「ひしり」は火を統《す》べるものである。これをいまに伝えているのが、羽黒山伏の最高位をしめす松聖《まつひじり》＝松明聖《まつひじり》で、毎年大晦日に聖火を鑽《き》り出す山伏である。ところがこの「ひじり」が聖の字をあてて文献に姿をあらわすのは、奈良時代からで、とくに『日本霊異記』は全巻聖の仏教、すなわち放浪の仏教をテーマとしていることに注目しなければならない。

〈二〉

ところでまず日本の原始宗教者の放浪についてすこし見ることにする。そのもっともよい例は伊勢神宮の奉斎であって、これを大和の笠縫《かさぬい》村から伊勢の五十鈴川上にうつした倭姫命《やまとひめのみこと》は、大和から丹波へ、また大和へもどり、紀伊、吉備へ出て、また大和三輪《みわ》、宇陀《うだ》、篠幡《ささはた》とうつり、伊賀の隠《なばり》（名張）、穴穂《あのう》、敢都美恵《あえつみえ》から近江の甲賀、坂田とうつって、美濃、尾張から伊勢へ入った。伊勢でも各地を移動して五十鈴川上に鎮まったのであって、『倭姫命世記』に記す通りでなくとも、神をまつる巫女は、神を奉じてつねに遊幸するものであったことがわかる。

神を奉じて遊幸する巫女は、そののち形を変えて、熊野の神霊を奉じて遊行する熊野比丘尼《びくに》や、イタコや瞽女《ごぜ》になった。このような遊行女巫（『万葉集』では遊行女婦と書いて「うかれめ」とよむ）は、神や仏の霊験や縁起を祭文《さいもん》とか説経として語り、信仰をすすめてあるいた。いまはそれがイタコはオシラ祭文を語って、死霊の口寄せをし、瞽女は説経の段物《だんもの》（祭文松坂）や瞽女口説《くどき》を語るようになっている。

このような形は男性の遊行者でもおなじで、伊勢の御師《おし》や熊野の御師も全国をあるいて、神明社や熊野社を各地にまつった。御師と一対をなす山伏はその神の本地仏を笈に入れて、その功徳を説いてまわったもので、その唱導が本来の説経である。説経はやがて芸能として独立し、説経浄瑠璃と説経祭文となったが、その浄瑠璃語りも祭文語りも放浪者であった。祭文語りが江戸時代中期からチョンガレとなり、明治初年に浪花節となったが、その語り手が放浪者であったことは、記憶に新しい。

社寺の縁起や霊仏・霊社の霊験を語って奉加をすすめてまわったのは、勧進聖である。それはいまの説教のように理窟っぽいものでなく、卑近な因縁話をしながら仏教への信仰をすすめた。その典型的なものが『日本霊異記』であって、この説経の種本は詳しくは『大日本国現報《げんぽう》善悪霊異記《ぜんまくりょういき》』と名づけられ、仏教を信じて勧進に応ずるもののうける功徳と、仏教を信じないで勧進を拒むもののうける悪報を説いている。

『日本霊異記』は放浪の仏教、あるいは聖の仏教が正しい仏教であることを宣言した、最初の本である。これに次いで『三州俗聖《ぞくひじり》起請《きしょう》十二箇条事』があるが、霊異記は行基の仏教こそ真実の仏教であるとし、行基は「化身《けしん》の聖、隠身《かくりみ》の聖」であるとたたえている。また霊異記の著者、景戒は巻末に自伝をのせて、自分は延暦十六年に薬師寺僧として伝燈位を得たものであるが、私生活においては俗家に住んで妻子を蓄え、馬を飼い百姓をしている。ところが自分の家の前に鏡日という沙弥《しゃみ》が乞食に来て、教化《きょうけ》（説経）した。何故乞食するのかときいたら、子供がたくさんあるのに食物がないから、人の門に立って教化して乞食するのだと答えたという。

このように聖たちはいずれも半僧半俗だった。しかしここで景戒は反省して、自分は薬師寺僧として形ばかりの受戒をして一人前の僧侶面《づら》をしているが、沙弥鏡日はわざと受戒せずに沙弥のままで乞食している。これこそほんとうの観音の化身である。何故かといえば、観音もわざと仏にならずに菩薩で居るからだとのべている。これは行基の弟子の沙弥や優婆塞《うばそく》は、六十をすぎれば形式的な受戒をして比丘（沙門）を称したことをしめしており、これを潔《いさぎよ》しとせずして沙弥のまま遊行乞食する沙弥鏡日のようなものも居た。景戒はつい誤って受戒して「薬師寺沙門景戒」などと名乗っているけれども、聖の根性をつらぬいて、沙弥のままで遊行乞食する鏡日こそ立派なものだとほめているのである。

〈三〉

『日本霊異記』はまた面白い話をのせている。それは行基は大僧正になる前までは沙弥であって沙門でも比丘でもなかったというのである。これは一般に行基は薬師寺沙門であって法相の学者であるという説と矛盾する。しかしそれはともかく「沙弥行基」は民衆から「菩薩」とよばれたという意味も、さきの沙弥鏡日の話を見ればよくわかるとおもう。行基も最後には聖の根性をつらぬくことができずに、薬師寺沙門となり大僧正位をもらうが、これは国家が大仏勧進に彼を利用することを知りながら、おもうところあって受諾したものであろう。

ところで行基が大僧正に任ぜられた天平十六年十一月のこと、当時「智恵第一」といわれた元興寺の沙門、智光がこの処遇に異議を唱えたというのが、この話の

行基菩薩像

発端である。

吾は是れ智人、行基は是れ沙弥、何の故に天皇、吾が智を歯《よわい》（ならべほめる）せずして、唯、沙弥を誉めて用いるや。

といったとあるので、このとき行基は沙弥だったことがわかる。これは行基に心酔して、行基こそ真実の仏教の実践者とする『日本霊異記』ののべるところだから、まちがいはない。ところがまもなく智光は頓死して閻羅王《えんらおう》の使の鬼に、地獄への途中に金の楼閣が見えるので、鬼にあれは何の宮殿かと問うと、あれこそ日本にその名も隠れなき行基菩薩の来生したときの宮殿だと答えた。いよいよ智光は地獄で焦熱《しょうねつ》地獄や等活《とうかつ》地獄の責苦に会い、三日たって蘇生させられた。そのとき鬼が、智光を地獄によんだのは行基菩薩を誹謗した罪を滅さんためである、といったという。

この話はもちろん唱導のための寓話である。しかしこれを説経する聖たちは沙弥行基の仏教こそ真実で、沙門智光の仏教は偽物で罰あたりだという主張を、この話の中に寓していたのである。行基は大僧正になった天平十六年には七十七歳だから、沙弥というのはいわゆる比丘になることを前提とした沙弥ではない。それならば十八歳か二十歳で受戒して比丘になるはずである。七十七歳で沙弥であるということは、私度僧であり聖であることを意味している。

ここで奈良時代の仏教に二つの大きな流れがあったことを知る必要がある。すなわち一つは官度僧の仏教で、一つは私度僧の仏教である。官度僧は南都七大寺のような官寺に定住して国家に奉仕し、国費で衣食住を保証される代わりに、遊行や乞食の自由をもたない。これに対して私度僧は都鄙を周遊して乞食しながら、民衆の要求に応じて教化や治病や雨乞などの祈禱もする。しかし、国家はこれを禁止迫害するのである。そして私度僧として民衆の声を代弁する『日本霊異記』の著者、景戒は、官寺の大伽藍にあぐらをかいて、民衆から搾取した貢租で暖衣飽食する官度僧は地獄行《ゆき》で、無知な放浪者で半僧半俗ではあっても、民衆のために物心両面の救済をする私度僧の方が極楽行だと、痛烈な仏教批判をおこなったのである。

私がこのような説話を書くと、『日本霊異記』は単なる説話集で、あてにならないではないかという反論があるかもしれない。しかしこれは官製の史書だけが正史で、民衆の記録は全部誤りだらけという、官尊民卑史観であって、行基は官度僧であり、はじめから薬師寺僧であったといってゆずらぬ学者もおる。これは行基を大僧正にまつりあげてから書かれた官製の史書『続日本紀』や『大僧正舎利瓶記』を金科玉条として、民衆の赤裸々な主張と伝承を記録した『日本霊異記』を、はじめからなめてかかっているからである。霊異記の全巻に流れる聖の仏教の正統性と行基への帰依は「民の声」であって、これは行基が沙弥であり、聖であり、民衆の仲間であるという確信の上に立っている。

行基が沙弥であったことについては、『続日本紀』の養老元年（七一七）四月二十三日の記でもあきらかである。

小僧《しょうそう》行基、并びに弟子等、街衢《がいく》に零畳《れいじょう》（おちぶれあつまる）して、妄《みだ》りに罪福を説き、朋《ほう》党《とう》を合せ構え、指臂《しび》を焚《や》き剝《は》ぎ、歴門仮説《れきもんかせつ》して、強《し》いて余物《よぶつ》を乞い、詐《いつわ》りて聖道《しょうどう》と称し、百姓を妖惑《ようわく》す。道俗を擾乱《じょうらん》し、四民業を棄つ。進みては釈教《しゃくきょう》に違い、退いては法令を犯す。

とあって、小僧とは大僧（沙門）に対する沙弥をあらわす。行基はこのとき五十歳であるから、これも私度僧の異称としての沙弥である。この行基集団への批難は、行基たちの行為をよく表現しているが、まず彼らは街巷《ちまた》をうろついて『日本霊異記』のような因果応報の因縁話ばかりして民をまどわしている、という。これはもちろん官僚側から見た評価で、民衆や聖からすれば、正しい仏教の実践のために遊行乞食して、仏教の教えや功徳を卑近な例話や寓話をもちいて、具体的に内容のある説経をしたのである。次に彼らは「朋党を合せ構え」たというから、集団的行動をとったのであるが、これも一般にいわれるような行基配下の、律令国家に対する不満分子のデモ行為というものではなく、知識（講中）を組んで、造寺造塔や道路・橋などをつくる作善《さぜん》（善根《ぜんごん》）を積んだことを指している。「指臂を焚き剝ぐ」という残酷物語のような修行は、自分の罪も他人の罪も肉体的苦痛であがないほろぼすという、原始宗教者の滅罪信仰を聖たちが実践していたのである。これは山伏の苦行や捨身《しゃしん》・入定《にゅうじょう》・火定《かじょう》につながっている。

次に「歴門仮説して、強いて余物を乞う」と非難された行為は、戸別訪問して教化（説経）

したことで、それぞれの不幸や悩みをきいては、それに対応する滅罪や信仰をすすめ、民衆と膝をつきあわせて語り合ったのである。その代わり乞食の原則であるその日一日の食物をもらうばかりでなく、金や品物などの「余物」をもらったが、これも聖の勧進には大切なことで、このような零細な奉加・寄進をあつめて、造寺造塔写経その他の作善をおこなった。官僚は行基集団の行為をすべて戒律と僧尼令にそむくものとして、罪状をかぞえあげたのである。しかしこれを裏返せばすべての民衆の教化と作善のための行為で、庶民は逆にこれを菩薩の慈悲とうけとっている。

そして最後に一番大切なことは、行基集団は自分たちの宗教行為こそ、真の仏教の実践であると宣言していたことである。これは「聖道と称す」という言葉にあらわれており、官僚は「詐りて」と評価しているが、聖たちから見れば「真実の」であったわけである。このように官の禁令は、「放浪の仏教」の立場から読み代えてやらなければ、庶民の仏教は理解できない。それが今日までなされなかったのは、研究者やインテリが、庶民の立場に立つことができなかったためであろう。しかし一旦日本の「放浪の仏教」の正統性をみとめさえすれば、行基も空也も良忍も、そして法然も親鸞も一遍も、「庶民の仏教」の系譜の中に、正しく位置づけすることができるのである。

ここで「聖道」というのは、すでに律令の『令義解《りょうのぎげ》』が註釈しているように「四果聖人之道」

で、「真実の仏道」の意である。聖たちはまたこれに「聖の仏道」をダブらせて、「聖の仏道即真実の仏道」という意もこめていたものとおもわれる。

〈四〉

以上、『日本霊異記』と行基について語りすぎたが、奈良時代にあらわれた「放浪の仏教」のパターンはそののち日本の庶民仏教の中に脈々と流れている。それは有名無名の遊行の聖たちによって担われたのであるが、遊行聖は中世には朝野から好意をもって迎えられたにかかわらず、近世に入ると律令時代以上の迫害をうけることになる。これはもちろん近世幕藩体制の中では、農民も宗教者も定着を強いられたからである。したがって遊行聖は戦国末期から所縁の寺庵をもとめて定住をはじめ、一寺をおこして「住持」となる。これはまた「住職」という言葉がしめすように、定住があたりまえとなり、その代償として幕府や藩の保護をうけることになる。これはいわば僧侶の総官度僧化であって、宗門改めという信教自由の制限の片棒をかつぐことによって、暖衣飽食の生活に入ったのである。

しかしそれにもかかわらず、近世にも多くの遊行者はあった。その中で特筆しなければならないのは、浄土宗名越《なごえ》派の聖たちである。名越派には不明なところが多いのは、名越の尊観が一派を立てて以来、遊行と秘密伝法《でんぽう》を生命としたためであろうとおもわれる。私は東北地方の

「かくし念仏」も、浄土真宗化する以前は名越派の「伝法」であったろうとおもっている。この一派の聖は明心《みょうしん》が善光寺南大門の月形房《つきがた》に住んでからは、もっぱら善光寺如来を奉じて辺境への伝道にあたった。したがって東北地方には名越派の寺が多かったのであって、四箇本山のうち三本山までが東北地方である。

この一派の遊行者は慶長のころ、とくに活撥に琉球や蝦夷地に渡った。のちに蝦夷三官寺の一となる有珠《うす》善光寺も慶長以前に無名の名越派の聖によって開かれ、遊行の彫刻家・円空は名越派の寺をたよりながら、寛文六年（一六六六）にここへ来て善光寺如来を彫り、またその奥之院にあたる礼文華窟で、洞爺湖観音島の観音像や北海道各地におさめられた仏像を彫った。円空のあとから木喰《もくじき》行道も北海道へ渡るが、彼も生涯を放浪に送ってその終焉《しゅうえん》の地も知られない、真の遊行の彫刻家であった。円空も木喰も多くの歌をよんで、彼らの信仰と心境を披瀝している。その内容をよく見ると、有名な高僧の法語や著述よりも徹底した悟道ということができる。この二人はいままで彫刻家としてだけ評価されすぎたが、近世の「放浪の仏教」を担った聖として見直されなければならない。

そのほか遊行の念仏者として徳本《とくほん》上人、徳住《とくじゅう》上人のように、全国にわたって南無阿弥陀仏の名号碑を建ててあるいたものもあり、寂しい山道でこの碑を見た旅人に、どれだけ力をあたえたかもしれない。このような遊行者は近世の統制された教団からはみ出した人々であったが、人のゆきたがらない辺境や山村に仏教をもたらしたのである。

「放浪の仏教」のもっとも大きな特色は教団を形成しないということであった。遊行は一匹狼のような強靭な精神を必要とするだけに、仲間をつくることがない。一遍は「一代の聖教《しょうぎょう》みなつきて南無阿弥陀仏になりはてぬ」と、遊行は自分一代で終るとかんがえ、教団をつくる意志はなかった。「弟子一人も持たず候」といった親鸞も、教団をつくる意志がなかったことはあきらかであろう。行基の教団はなかったし、空也も教団をつくらなかった。空也ののちに全国に空也僧は広まって、踊念仏は津々浦々にもたらされ、いまにそれは種々の民俗芸能としてのこっているが、空也宗は結成されていない。良忍も融通念仏を広めたが、宗派をつくらなかった。融通念仏宗ができるのは江戸時代の元禄年間で、融観大通のときからである。「放浪の仏教」は教団によりかからず、祖師によりかからず、教理・安心によりかからない、自分の信仰と足でしっかりと立つ仏教である。

雲水も本来はこのような「放浪の仏教」であった。大灯《だいとう》国師も夢窓《むそう》国師も桃水《とうすい》和尚も放浪の中で、禅の真髄をつかんだ。しかし中世末期には放浪の困難さから、村落寺院に住持するものが多くなった。村落もまた村に定住する僧をもとめる機運があって、各地の僧堂が禅寺の住持の供給源となったことが知られている。そしてこれを宗派の教線拡張とかんがえていたのであって、末寺の数が信仰のバロメーターと誤られた観がある。そのような中で、宗全さんのような雲水の本来のあり方に目覚める人もあるのは、まことに心強いかぎりである。しかしこれが独善でなく、民衆の中に根をおろした「聖の仏教」であることをのぞみたい。

4 説経から「語り物」へ

〈一〉

ちかごろ小沢昭一氏の節談《ふしだん》説教が好評を博している。私も一度きいたが、まことに堂に入ったもので、本職の説教者よりありがたく拝聴できた。一時代前であったら、各地の会座《えざ》からひっぱり凧になって、大いに産をなしたことだろう。

私のきいた説教は当麻曼荼羅絵解《たいままんだらえとき》であった。いうまでもなく当麻曼荼羅は『観無量寿経』に説かれた浄土のありさまを画いた変相図であるから、絵解《えとき》することが目的である。したがって曼荼羅の右縁と左縁と下縁に絵解のための三十三段の絵と銘文がかかれている。右縁は観経に説かれた阿闍世《あじゃせ》王の悪行とそれによって苦しむ頻婆沙羅《びんばしゃら》王と王后韋提希《いだいけ》夫人の物語を六縁十一段に描く。また左縁には日想観・水想観・宝地観・宝樹観・宝池観・宝楼観・華座観・形像観・

真身観・観音観・勢至観・普観・雑想観の定善義十三観を十三段に描き、下縁の散善義三観の九品九段と合わせて、十六観をあらわしている。

節談説教はまず右縁の禁父縁・禁母縁の、阿闍世王の悪行を

> さて皆の衆、ここに折指《せっし》の因縁を、きくのと同じ七重八重《ななえやえ》、恩愛ふかき父王を、牢舎《ろうや》におしこめ食を絶ち、王位をとらん、いやそれのみならず、命をまでも奪わんと、

という風に語ってゆく。音吐朗々、メリハリの節面白く、噛んでふくめるような説きぶりである。お経というものもこのように説けば、文学であり芸能である。庶民が仏教経典にかかわりをもつのは、こうした芸能を通してであることは、中国も日本の古代もおなじだった。中国の敦《とん》煌《こう》千仏洞にも観経変があるので、これを説経する変文の存在が推定される。また日本の古代写経奥書に「教化僧《きょうけ》」や「化主《けしゅ》」の名が見えるのも、このような芸能的説経が存在したことの証拠とすることができよう。

ここで芸能的説経といったのは、すこし丁寧すぎる言い方で、もともと説経というのは宗教的芸能だったのである。これに対して説教は教理や教説を説くもので、芸能たるを要しない。しかし古代や中世の説経は安楽庵策伝などを通して近世にうけつがれたので、とくにこれを節談としたわけである。

私のきいた小沢昭一氏の節談説教は、これの伝承者である名古屋の祖父江師から伝授された

ということであるが、なるほど説経と説教の中間をゆくものであった。芸能史上、いわゆる「語り物」に属するが、節よりも語りに重点を置いている。とぼけたようで、ふてぶてしく、人を喰ったような語り口は、いかにも生臭坊主らしくて、中世の説経師を髣髴させる。いうまでもなく安居院《あぐい》流の説経師は、澄憲《ちょうけん》以来、妻帯世襲をもって知られ、公然たる生臭坊主であった。しかし古代ではどうだったのだろうか。

これも行基集団の中には説経師がふくまれていたとおもわれるが、彼らは私度沙弥《しゃみ》であり、優婆塞《うばそく》だったから、妻帯が普通だったらしい。弘法大師伝の中には「行基の弟子の妻」から、鉄鉢をあたえられた話がある。また養老六年（七二二）の訳には

浅識軽智を以て、罪福の因果を巧みに説き、戒律を練らずして、都裏の衆庶を詐《いつわ》り誘《いざ》なう。……人の妻子をして剃髪刻膚せしめ、ややもすれば、仏法と称して、たやすく室家を離れしむ

とあるので、行基集団には女子、すなわち優婆夷《うばい》もすくなからず混入し、企体として戒律もまもらなかった。また彼らは仏教統制機関である僧綱から見れば、まさしく浅識軽智だったにちがいない。そのくせ因果応報の因縁話をまことしやかに語っていたのである。この語りに節があったかどうかはあきらかでないが、『大日本国現報善悪霊異記』はまさしくこの「罪福の因果」を説くテキストであり、歌詠の部分などは節を付けてうたったにちがいない。

天武十四年（六八六）と推定される「歳次丙戌年五月」に、河内志貴郡内で知識（講中）をつくって金剛場陀羅尼経を書写した「教化僧《きょうけそう》宝林」は、わが国で最初に名の出る説経僧である。これらの教化僧の頭目になって、大きな写経を完成するものは「化主《けしゅ》」（教化主）とよばれたことが、紀州奥高野、『花園村大般若経』（巻四二一）の奥跋に見える。したがって説経と教化がおなじとすれば、教化とよばれる韻文は節を付けて歌詠されたのであり、これが和讃の源になったことは、和讃史の上からもあきらかである。教化は修正会《しゅしょうえ》・修二会《しゅにえ》や法華八講や仏名会《ぶつみょうえ》、あるいは御影供《みえく》のような日本的法会にうたわれた。仏足石歌なども教化の一種であろう。たとえば、香積房懐空のあつめた永保二年（一〇八二）十二月の仏名会の教化では

罪業ノ霜ト雪ヲ戴ケル身ハ　冬ノ末ノ思アレド　懺悔ノ御願《ごがん》ニ参リヌレバ　諸仏ノ光ニ照ラサレナント憑《たの》メル

三朝ノ君ニ仕ヘテ　二代ニハ天恩ヲ蒙レリケリ　四海無為《むい》ノ代ニ遇《あい》マウアヘリ　恩ノ波ニハ　繋《つなが》リナントゾ　思ユル

年ノ若ク成ナラバ　仕ヘテ後栄ヲ期シツベシ　八旬ニ向ナントス　前途憑《たの》ミ難クモ思ホユルカナ

凡ノ公請《くしょう》四十年　御導師ノ仕《つかえ》ハ三十年　奉公両方年老タリ　槿花《きんか》一日ノ栄ヲ開カント思ユル

三有《さんぬ》ノ海広ク深シ　罪ニ沈メル者イクバクゾ　弘誓《ぐぜい》ノ纜《ともづな》ヲ解タマヘバ　沈メル愁ハ有ラジトゾ思ユル

というように、導師の述懐のうちに、罪業と懺悔の功徳を説くのである。いかにも平易に、したしみやすく、仏教というものを浸透させる歌詠的語り物といえよう。口を開けば「八不中道」や「一念三千」を説くよりも、やんわりと仏教のムードに浸らせてしまう力を、このような歌詠はもっている。

〈二〉

教化や和讃が説経になるまでには、中間に講式があったとかんがえられる。もちろん初期の説経は話の種を、唱導説話の『日本霊異記』や『今昔物語』、あるいは当麻曼荼羅の外縁銘文に見られるような、経典の中からとっている。また『三宝絵詞《さんぼうえことば》』などもの素材となったものとかんがえられる。

しかしその節付けは講式が基本で、いささかねむいような抑揚のメロディーで、語られたのである。発声と音階はもちろん声明《しょうみょう》から出ているが、講式やのちの説経には、日本固有の発声法である朗詠の混入を否定することはできない。講式はいま四座講式や二十五三昧式がのこっているが、四座講式は高野山の常楽会《じょうらくえ》（涅槃会）にうたわれるのが代表的である。雪にうもれて白一色の高野山の二月十四日の夜半から、十五日の朝にかけてうたわれるこの講式は、われわれを釈尊時代へとさそいこみ、跋提河《ばつだいか》畔の沙羅林におるような錯覚をさえあたえる。本文は栂尾《とがのお》の明恵上人作といわれ、「拘尸那《くしな》城外跋提河、沙羅林中雙樹間」ではじまる名文である。私はこの講式を日本音楽の最高傑作の一つとかんがえており、私の高野山の想い出のもっとも清浄で幽玄な印象となっている。

二十五三昧式は高野山金剛三昧院蔵の講式（巻子本）五巻がのこっているから、鎌倉時代には高野山でうたわれたものである。しかし現在は天台宗所用で、私は青蓮院できくことができた。いわゆる六道講式であるから、地獄・餓鬼・畜生・修羅・人間・天の六道の苦しみが生々と説かれる。『日本霊異記』にも地獄のありさまが多数出てくるので、初期の説経の主要なテーマが地獄蘇生譚であることはうたがいない。そしてこのテーマは六道講式から、無常和讃や厭欣和讃や賽の河原和讃になり、やがて祭文の「賽の河原涙の積石」などや、説経や古浄瑠璃の地獄描写へつながった。

私は説経のもっとも原始的な形は「地獄語り」で、これに対応させる意味で「浄土語り」が出たものとかんがえる。このことは『往生要集』の構成を見てもわかることで、まず厭離穢土《おんりえど》で六道を説き、ついで欣求《ごんぐ》浄土で極楽のありさまをのべるのである。古浄瑠璃『梶原最後しづかあづまくだり』の三段目でも、義経の亡霊があらわれて地獄の苦しみを語るのは、中世の絵解説経をうけているからである。また本格的な奥浄瑠璃である『桂泉観世音之御本地』（三一書房刊『日本庶民生活史料集成』第十七巻「民間芸能」所載）でも一百三十六地獄を語るところで、俄然生彩をおびる。

又かたわらを見給へば、八ねつ《（熱）》地獄のさけぶ声、耳にきこへてすさまじく、うしろを見れば八かん《（寒）》のかうり《（氷）》に身をとぢられて、はだへ《（膚）》はとりとりわれ《（破）》給ひ、はちす《（蓮）》の花のひらけるごとくなる故に、ぐれん《（紅蓮）》地獄と名付たり。夫《それ》地獄のくるしみは、或はとうゑん《（猛炎）》明《（猛）》火にこがされ、又はたうざんけんしゅ《（刀山剣首）》につらぬかれ、苦は様々にかわれ共、皆是しゃばに有し時、十悪五逆を作りしは、皆此なりにだざい《（堕在）》して、苦患《くげん》を請くるあわれなり

というふうに、生々と語られるのである。『平家物語』が唱導文学として、盲僧琵琶によって語られたことはよく知られているが、これも軍記物語と結合した説経だったのである。とくに最後の「灌頂巻」に六道を語るところで、説経の本質をあらわしている。これはのちに説経が世俗物語化して、軍記や恋や心中の「語り物」になってゆく伏線と見ることができよう。

〈三〉

説経は江戸時代になると説経浄瑠璃になる。しかし中世にはもっと説経的性格を濃厚にのこした古浄瑠璃として、縁起や霊験や神仏の本地を語っていたのである。

中世には盲僧が古浄瑠璃を語っていたもので、逢坂山の蟬丸宮はのちのちまで説経師の支配をしたばかりでなく、『宗長日記』によると、享禄四年（一五三一）に駿河国宇津山で「田舎わたらひする小座頭」に浄瑠璃をうたわせたとある。これは十六世紀初頭には、説経から脱化した古浄瑠璃を盲僧が語っていたことの史料である。だから喜多村信節の『嬉遊笑覧』（音曲部）に

　浄瑠璃は平家をとり、説経を学びて作れるものとみゆ

とあるのは、古浄瑠璃の成立をよく見抜いている。

また『猿轡《さるぐつわ》』によると、文安年中（一四四四―四八）に、宇田勾当《こうとう》という座頭が因幡堂薬師如来の開眼の功徳を説経するために、浄瑠璃をつくったとのべている。浄瑠璃の名称も、薬師の浄土である浄瑠璃国からとったといい、薬師十二神将にならって十二段草紙にしたという。この方が義経と浄瑠璃姫のロマンスを、十二段草紙にしたのが、浄瑠璃の起源である、という説よりたしかだとおもわれる。

一般に古浄瑠璃といえば坂田金時の子、公平《きんぴら》の武勇を語る金平《きんぴら》浄瑠璃とかんがえられがちであるが、社寺の縁起や利益霊験、あるいは神仏の本地や高僧の伝記を語るものがすくなくない。最近私が編集した『民間芸能』（『日本庶民生活史料集成』第十七巻）の中の「古浄瑠璃」の部でも

　中将姫本地　　住吉五大力菩薩

あたごの本地　　桂泉観世音之御本地

などがあり、とくに「桂泉観世音之御本地」などは、本格的な奥浄瑠璃ということができよう。

というのは芭蕉が『奥の細道』で塩釜に泊まった夜、

目盲法師の琵琶をならして、奥上《じょう》るりと云ものをかたる。平家にもあらず舞（幸若舞）にもあらず、ひなびたる調子うち上《あげ》て（下略）

とのべているが、奥浄瑠璃は、岩手県二戸郡浄法寺村の、有名な天台寺の桂清水観音のように、奥州の社寺を題材としたものだったのである。そしてそのような本格的奥浄瑠璃は、仙台の奥浄瑠璃（お国浄瑠璃）が上方の浄瑠璃の模倣で、三味線を楽器としたのに対して、中世さながらに琵琶を楽器に語っていたことがわかる。

しかしそうはいうものの人間中心の近世が近づくにつれて、神仏ばかり語っていては欠伸《あくび》をする聴衆が出てくる。お伽草紙も神仏の本地物に加えて人情物が幅をきかすように、恋を語る人情物がもとめられる。戦国の乱世を経た人々は、勇士へのあこがれをロマンス化して武勇物を歓迎するようにもなる。徳川初世には「梵天国」や「鉢被姫《はちかつぎひめ》」のようなお伽草紙も古浄瑠璃の節で語られたという。このような中で金平浄瑠璃が全盛をきわめ、また一方では人情物を主体とする説経浄瑠璃が人々を魅了することになった。

古浄瑠璃の説経的な性格をかりに「中将姫御本地」で見てみると、その五段目は小沢昭一氏の節談説教のような絵解である。そしてこれは当麻曼荼羅が織り上ったので、尼公（阿弥陀如来の化身）が御説法の座をもうけて説経したという趣向になっている。

まづ是成《これなる》ていさう《(体相)》は上ぼん《(品)》上しやう《(生)》、是は中ぼん、扨このたん《(段)》は下ぼん《(品)》也。かく九ほん《(品)》とたてたるは、上こん《(根)》、中こん《(根)》、下こん《(根)》、うへ《(上)》に三つ、中に三つ、下に三つ、爰をあはせて九ほん《(品)》とあれ共、是はしやば《(娑婆)》のこんき《(根機)》をあらわす。忝《かたじけなく》もじやうど《(浄土)》にわうじやう《(往生)》いたしては、上中下のへだて、いささか《(聊)》もって《(以)》さら《(更)》になし。ちしや《(智者)》もぐしや《(愚者)》も、なん《(男)》によ《(女)》のへだて《(隔)》すこしもなく、びやうどう《(平等)》にらく《(楽)》をうくる。これあみだぶつのせいぐはん《(誓願)》なれば、たれ《(誰)》かこれをしん《(信)》ぜまじきや。

という具合に、噛んでふくめるような説きかたである。これは散文であって散文でなく、声を出して読めば、自然に抑揚があって、いわゆる「語り物」になっていることがわかるだろう。元来われわれの肉体や精神のはたらきはリズミカルで、それぞれの場に応じて自然にリズムが出てくるものであるが、このような説経のリズムは、きわめて宗教的な精神のリズムということができよう。それは内容から自然に出てくるリズムであるから、聴き手の方もリズムを媒介として、自然に内容をうけとることができる。

「中将姫御本地」はこのあと阿弥陀如来の三十二相や極楽のありさまを説いてゆく。

さて此ていさう《(体相)》は八くどくち《(功徳池)》をあらわせり。ごくらくじゃうどの御いけ《(池)》は、かたじけなくもるり《瑠璃》のみづ《水》、にごりにしまぬ、はちすば《蓮葉》は、しゃうじ《生死》ふたい《不退》にはなさき《花咲》て、みなこん《金色》じきのひかりさす。すずしき風のそよそよと、みめう《微妙》のひびきめうをん《妙音》に、みのり《御法》もたへ《妙》にありがたさ、

とあり、次に左縁右縁の十六観想、十三禅定も

さてまた左のへり《縁》にあらはしたるは、にっさうくはん《日想観》すいさうくはん《水想観》、右のへり《縁》は十三ぜんてう《禅定》ぐはんもん《願文》のあらはし、

と説いてゆく。しかし人間はそのような有難い鎮静的なリズムとともに、興奮的なリズムももとめる。そして宗教の有難さとともに、戦闘の勇壮や、恋愛の哀婉に生命の律動を感ずる。したがって浄瑠璃も勇士坂田公平の武勇を語る金平浄瑠璃や、心中物を多くとりあげる説経浄瑠璃へうつっていった。それにつれて語り口も豪快勇壮な薩摩節になり、優雅哀婉の文弥節も出てくる。そして最後には竹本義太夫がこれらを総合して義太夫節を完成する。私はこの義太夫浄瑠璃のドラマティックな語り口は、民衆の感情の起伏を赤裸々に表現したものとして、武家の式楽化した能楽の謡曲より、親近感をおぼえるものである。

〈四〉

説経は元来「語り物」であるが、民衆の中にとけこむためには、踊りも狂言もカラクリも必

要であった。地獄のありさまを視聴覚にうったえるための狂言は、壬生《みぶ》狂言や「鬼来迎《きらいごう》」（千葉県虫生広済寺）などにのこっているが、ノゾキカラクリも辛うじて大阪四天王寺の彼岸中の見世物にのこった。これにはやはり説経調の「語り」がついていて、笞《むち》で台を打ちながら素朴に語られる。大正年代までは等身大の人形をならべて地獄語りをする見世物もあった。『一遍上人絵詞伝』に描かれた京都四条橋畔の傀儡《くぐつ》師なども、地獄を語る操人形だったにちがいない。

このような見世物に地獄が多いのも、説経や唱導の自然の姿なのである。というのは極楽は仏教のもたらした理想世界、したがって作為されたきれい事の世界であるのに対して、地獄は日本人固有の死後の世界観の黄泉に近い苦の世界、したがって現実的な世界だからである。また唱導説経は勧進が目的なので、罪のおそろしさを堕地獄の苦痛で実感させ、その苦痛からまぬかれるための滅罪の作善《さぜん》に参加させる。滅罪の作善は念仏による極楽往生だけでなく、密教の光明《こうみょう》真言や法華経による滅罪もある。また道をつくり、橋をかけ、貧者に施しをすることも、堕地獄の苦痛からまぬかれる作善であった。堂塔建立や、仏像造立、経典書写修復に一紙半銭の寄捨することは、いうまでもなく滅罪の作善である。

このように説経は民衆の欲するあらゆる手段をもちいて、信仰に誘引し作善に参加させようとした。謡曲『自然居士《じねんこじ》』を見ると、東山雲居寺《うんごじ》の喝食《かっしき》、自然居士は雲居寺造営の勧進札を売るための、一七日の説法をする。そのうちこの「自然居士と申す説経者」はいで聴衆《ちょうじゅ》の眠覚さんと、高座の上にて一さし御舞有りしこと、と、烏帽子をかむり簓《ささら》をすり羯鼓《かっこ》を打って舞をまう、おそらく延年の風流《ふりゅう》の舞であろうが、ここで説経は「語り物」から「踊り物」に転じて行った。

一方説経は山伏の祭文とともに、歌説経、歌祭文になり、やがてチョンガレ、浪花節と変わってゆく。祭文は山伏の呪的な唱言から歌謡となり、また演技を加えるようになる。呪的唱言または寓言はコトワザであり、呪的歌謡はワザウタであり、演技はワサヲギであって、修験道の呪術にもちいられながら、江戸時代には「でろれん祭文」からふざけた「もぢり祭文」や「にやけ祭文」になった。また歌祭文とよばれるものは「八百屋お七恋路の歌祭文」「お染久松藪入心中祭文」のような心中物がこのんで語られた。

チョンガレは山伏の門付芸として発生したが、やがて村々の盆踊歌になった。節はクドキ節で、外題は今日の浪花節とほぼおなじである。仇討物や一揆物、勇士物に盗賊物、とくに心中物などが多いと同時に諷刺物がすくなくないのは、この「語り物」が民衆の不満の吐け口を提供したからである。役人や庄屋、金持、僧侶を諷刺したものは「阿呆陀羅経《あほだら》」とよばれ、チャカポコ、チャカポコと木魚の口真似を入れて、ブギウギ調の不敵な諷刺を口を裂かれても止めないのである。支配者にとっては仕末のわるい、まことに困った「語り物」だったにちがいない。

しかしそうした中でも高僧一代記や地獄語りはのこっていた。これでチョンガレも説経の末裔であるという、「氏素性いやしからざる」身分を主張している。最近私のあつめた越中チョンガレの中には「釈迦八相記」「親鸞記」「蓮如上人御一代記」などともに「目連尊者地獄巡り」があった。この地獄巡りはまことに詳細で、描写に生彩があり、筋のはこびも自分が地獄をあるいているような錯覚におそわれる。これを民衆がつくりあげたとすればおどろくべきことであるが、そのもとはやはり無名の田舎回りの説経師がつくったものであろう。ちかごろ関山和夫氏は『説教と話芸』の中で、現代の説教僧の裏話を「上涙下淫」として書いているけれども、そのような説教者ばかりではなかったのである。チョンガレ「目連尊者地獄巡り」の作者などは、名僧高僧以上に民間への仏教浸透の功績があったものとおもわれる。

日本で仏教が民衆のものになるために説経は大きなはたらきをした。それは哲学や思想としての教理仏教、美術や建築をほこる伽藍仏教におとらぬ功績がある。それは民間のもの、無知な庶民のもの、柄《がら》のわるいものとして賤しめられて来たが、仏教を庶民のものとするために、もう一度見なおす必要があるであろう。

5　日本仏教と民間信仰

仏教でない仏教

大袈裟な言い方をすれば、日本仏教は仏教ではない。日本仏教は教団としては多くの宗派に分かれて発展してきたが、その根底には宗派にかかわりのない民間信仰がよこたわっている。大部分の庶民は、仏教をこの民間信仰の面でうけとめているから、形はともかく、信仰内容においては、およそ仏教と似ても似つかぬものとなっている。

そのような民間信仰としての日本仏教を、それが仏教的でないからとか、卑俗だからとか、自我の確立が不徹底だからとかいう理由で目をつむるわけにはゆかない。大多数の庶民はその仏教らしからぬ民間信仰的仏教で、日常生活に安心を得てきたのだし、そのゆえにこそお寺と僧侶を必要としたのである。

国家や貴族や武家の建てた官寺、国分寺、定額寺、祈願寺ならばいざ知らず、民間の寺院は、そのような民衆の民間信仰と民間儀礼の場として存立した。それは支配者が建てて民衆におしつけたのではなくて、民衆に必要があって、なけなしの金を出し痩腕をふるって寺を建て、僧を養ったのである。それは民衆にとって、生活必需品のようなものであった。これを自嘲的に「葬式仏教」とか「祈禱仏教」といってけなすのは、いかにも不遜というほかはない。

従来、われわれは仏教を支配者や教団や僧侶の側からばかり見てきた。とくに明治の廃仏毀釈から立ち上がった仏教復興に、原典研究による印度仏教、根本仏教の研究が大きな役割を果たしたので、印度仏教をオーソドックスとする日本仏教の評価が一般的になった。これはもちろん学問としては、仏教の普遍原理をもとめる立場から必要な手続きであったが、研究者の所属する日本仏教各宗の宗学との矛盾は、まだまだ未解決のままのこされている。

ところがこの矛盾は、一般庶民のうけとった仏教と比較すれば、きわめて小さいといえる。しかし日本の社会と教団の底辺を支えて来た庶民の仏教を置き去りにして、日本仏教を論じ、その歴史を叙述することが、いかに片手落ちであるかは私が論ずるまでもないことであろう。ことに仏教が思弁的な哲学（教理）であるばかりでなく、民衆の生活における切実な救済（信仰）であるかぎり、庶民側の仏教を切り捨てるわけにはゆかない。

支配者や僧侶は深遠で煩瑣《はんさ》な教理を思弁したり、荘厳華麗な仏教芸術を鑑賞する優雅な生活ができた。したがって日本各地に、世界にほこるべき仏教文化がのこされた。それは多数の経典や論疏や、大伽藍や仏像仏画、あるいは法会儀式としてのこっている。しかし私がここで不用意に「のこっている」といったように、それらは仏教の遺物・遺跡として存在するといった方が適切ではないだろうか。

しかし一方民衆の側は、農民や漁民や職人や商人として、その日その日の生活に追いまくられ、哲学や思想や芸術をもてあそぶほどの、優雅な余裕はもちあわせない。それでも生活上の不安や苦痛や、悩みや不幸があれば、彼らが平素から支えてきた仏教に、救済をもとめる権利はある。それを仏教は葬式仏教ではないと軽くあつかわれたり、祈禱仏教ではございませんとことわられたのでは、民衆は立つ瀬がない。

もともと葬式仏教がいやしいのは、霊魂不滅を信じないインテリ僧が葬儀を執行するからだし、祈禱仏教がきらわれるのは、僧侶が奇跡の実在を信じなくなったからである。しかし霊魂不滅と奇跡を信じない宗教は、およそ宗教としての資格はない。民衆側の民間信仰では霊魂不滅を信ずることから、葬式ばかりでなく、すべての念仏信仰や盆・彼岸などの仏教的年中行事をうけいれたのである。また奇跡の実在を信ずればこそ、真言密教や法華経や修験道をうけいれた。このように日本の庶民仏教は民衆側の民間信仰に対応する形で成立していったのであって、これを担ったのは下級僧侶の聖《ひじり》たちであった。

民間信仰的仏教は、したがって聖の仏教といってもよい。それは奈良時代以前から行基や役《えんの》優婆塞《うばそく》の徒衆によって、民間に広く滲透していた。現在でも民間信仰的仏教は、迷信とか現世利益といってつめたく遇せられているが、奈良時代、あるいはそれ以前でも国家や僧綱は、これを律令（僧尼令）によって取締った。彼ら民間僧は私度僧とか私度沙弥として、律令の統制に服さぬアウトローであった。多くの禁令が出され、その民間布教活動は「浅識軽智をもって、巧みに罪福の因果を説き、戒律を練らずして、都裏《みやこのうち》の衆庶を詐《いつわ》り誘《あざむ》く」ものと見られた。すなわち肉食妻帯しながら、卑俗な説経と民間信仰の祈禱や「死魂の妖祠」などをして、仏教の民間信仰化をはかったのである。

したがって民間信仰的仏教の歴史は、聖の歴史であるといってよい。それはすべて民間に埋没した無名の聖たちのはたらきであったが、その中から行基や空也のような偶像的存在が出て、たまたま文献をのこした。しかしこのような大きなはたらきが、数人の高僧によってなしとげられるはずはなく、実際には幾世代にもわたる、無名無数の聖たちの活動によったものであることはうたがいない。彼らは庶民の中から出て、庶民とともに生活したのであるから、庶民の宗教的要求をよく知っていた。

多くは市中や村落に、民家とかわらぬ道場を建てて住み、妻子を養い、百姓などしながら、民衆とおなじ言葉で、仏教の因果を説いた。このような生活のありようは、『日本霊異記』の著者、景戒の述懐の中に語られていて、聖の生活が具体的によくわかる。そしてこれが中世の念仏聖たちの生活でもあったし、つい最近までの浄土真宗の道場のあり方でもあった。親鸞が「造寺土木の企」を禁じたことはよく知られている。

道場ヲバ、スコシ人屋ニ差別アラセテ、小棟ヲアゲテツクルベキヨシマデ、御諷諫アリケリ

と『改邪鈔《かいじゃしょう》』にのべられている。伽藍に安住して公家・領主に保護されながら、上流階級として民衆を見下していた僧侶から、民間信仰的仏教が生れなかったのは当然であろう。

行基と民間信仰的仏教

日本仏教の各宗は、虚心に見れば何らかの意味で民間信仰的仏教である。公式の教理体系は正依《しょうえ》の経典や傍依《ぼうえ》の経典論疏によって組立てられ、「経に曰く」とか「論に曰く」と、印度・中国の仏教に典拠をもとめてある。その典拠を無理に引き出すために辻褄《つじつま》のあわぬところもあって、末徒の学生を苦しめているというのが実情であろう。しかしこれは建前論であって、本音の方は民間信仰で庶民の宗教的要求にこたえている。

親鸞ハ父母ノ孝養《きょうよう》(死後の追善供養)ノタメトテ、念仏一返ニテモ、マウシタルコト　イマダサフラハズ

という浄土真宗でも、民衆の要求にこたえて先祖供養の三部経を読み、またこれが寺院経営の主要財源となる。

この先祖供養ということは、いわゆる仏教にはないことで、まったく日本の民間信仰なのである。また僧侶の葬送儀礼というものも、日本人の霊魂観念をもとにして成立したもので、印度や中国の仏教とは異質のものである。僧侶が葬送に関与したのは、記録的には天武天皇十五年、すなわち朱鳥元年（六八六）九月二十七日、天武天皇の殯《もがり》の庭に、諸僧尼が発哭《みね》たてまつったことからはじまる。私はこの僧尼の発哭は読経だったろうとおもうが、のちには念仏に変わったのである。これはまた持統天皇元年になって、公家百寮人の慟哭《みね》と衆庶《もろもろのみね》発哀とともに、梵衆《ほうし》発哀《どものみね》となった。

しかし僧尼が葬送と先祖供養に関与するもう一つのルートは、聖の民間信仰にもとめなければならないとおもう。この場合の聖は遊部《あそびべ》の転入で、行基集団の中核をなした優婆塞《うばそく》・優婆夷《うばい》というのはこの種の聖たちだったと私はかんがえている。遊部はいうまでもなく、古代葬送を担当する宗教者であったが、それは殯の中で奉仕し、荒れすさびやすい死者の霊魂を鎮魂する宗教的職能をもっていた（拙稿「遊部考」参照）。奈良時代前期に火葬がはじまり、殯葬《ひんそう》がおこなわれなくなると、遊部は火葬その他の葬送に関与するものと、鎮魂神楽に関与するものとに分かれた。葬送担当の聖が行基集団に流入したことは、三昧聖《さんまいひじり》（隠坊聖《おんぼう》）がすべて行基の弟子、志阿弥《しあみ》の後裔であり、火葬の術を行基からあたえられたという伝承をもっていることでわかる。

この伝承は『三昧聖文書』や『行基絵伝』に記されており、行基菩薩の東大寺大仏造立を助けた因縁で、建久度の再興にも元禄度の再造にも、率先して大仏造立に参加したことをのべている。ここにいう「志阿弥」は固有名詞のように見られているが、これは「沙弥《しゃみ》」のことで、行基に追随して集団をつくった沙弥・優婆塞たちであったと、私は解釈する。すなわち奈良時代には半僧半俗で庶民のために活動し、民間信仰的仏教を担った私度僧は、沙弥・優婆塞・聖《ひじり》・禅師とよばれるのがつねであった。行基みずからも『続日本紀』の禁令の中で「小僧《しょうそう》」（大僧＝比丘《びく》に対して沙弥のこと）とよばれたし、『日本霊異記』では「聖」とよばれている。そしてその弟子たちは優婆塞・優婆夷であったが、このような聖の集団の頭目が「菩薩」とよばれたことも、ひとり行基菩薩だけにはかぎらなかったのである。

ともあれ奈良時代のはじめに行基集団が急激に膨張拡大したのは、ちょうどこの時期に殯葬が廃止されて火葬に代わったため、失業した遊部という葬送に関与する宗教者が、行基の徒衆に流入したことを意味する。この人たちが「死魂を妖祠する」というようなことをしたのは、合同慰霊祭という形で、災害による大量死者の怨霊《おんりょう》を鎮魂慰霊したことにほかならない。こうしたくわだてはのちに大念仏という形でおこなわれ、踊念仏から風流《ふりゅう》大念仏、そして六斎念仏や盆踊と変わってゆく。各地にのこる太鼓踊とか鞨鼓踊《かんこおどり》、空也がはじめたという鹿踊《ししおどり》や念仏剣舞《けんばい》、念仏浮立《ふりゅう》などとよばれる民俗芸能は、このような死魂や怨霊の鎮魂慰霊からおこったものである。これが奈良時代の支配者の目には、「死魂を妖祠」するものと見えたのであって、これには数千の人々があつまった。これを最近の歴史家は律令政治への不満分子の示威運動と解釈するが、古代の人々は生活をおびやかす災害の原因をすべて死魂怨霊のたたりに帰する宗教意識をもっていたので、社会全体がその鎮魂慰霊祭に参加したのである。空也や一遍の踊念仏集団も、たんに自己一人の往生のため、というのではなく、社会あるいは共同体全体の安全のためにあつまったもので、個人はこれに結縁して往生を願うのであった。

ところで行基は畿内に四十九院を建てたといわれ、『続日本紀』の天平勝宝元年（七四九）二月二日の大僧正行基和尚卒伝には

　留止するの処に皆道場を建つ、其の畿内には凡そ四十九処、諸道にも亦、往々にして在り、弟子相継いで皆遺法を守って、今に至るまで住持す

とあるが、「弟子相継いで」「遺法を守って今に至るまで」とある文言は気になる。これは正史である『続日本紀』の卒伝ではあっても、卒去のときすぐ記述されたものでないことはあきらかで、行基研究者がこの卒伝と唐招提寺の『大僧正舎利瓶記』だけを、金科玉条とすることには疑問があろう。というのは行基の名において後世にあれだけ大きな影響をあたえた葬送と庶民信仰が、まったく見えないからである。すなわちこれは支配者側から見られた行基であると

ともに、かなり美化された虚構の伝記といわざるをえない。これに比較すれば、鎌倉時代の成立とはいえ、三昧聖たちのあいだに伝来された『行基絵伝』と、民衆から見た行基を語る『日本霊異記』の方に、より大きな信憑性をおくべきものとおもう。

私のながいあいだの庶民史研究の立場からいえば、支配者や知識人よりも、底辺の民衆や三昧聖の方が正直で、かざらず嘘をつかず、正しい伝承を伝えることが多いものである。彼らが嘘をつく場合には、支配者の暴政や苛斂誅求《かれんちゅうきゅう》から庶民生活を防衛するために、収穫や租税の書上げとか凶作の愁訴状などで嘘をつき、支配者をだますときにかぎられる。概して無知なもののほど正直で、知識のあるものほど嘘つきである。しかし民衆側の資料から信憑性のある伝承をつかみ出すには、伝承の多数一致と普遍性をたしかめる必要がある。またそれが文献化された場合でも、その文字面《もじづら》だけを追うのでなく、その文字の奥に隠された庶民の心と生活を読みとる眼光がなければならない。そしてこのような庶民史の方法はできるだけ多くの庶民伝承や民俗資料の蒐集と、庶民との連帯感と共感なしには成り立ちえない。

ともあれ行基の四十九院が堂々たる寺院であったとかんがえることはできないのであって、とくに「道場」とよばれたのはそのためである。もちろんのちに行基の名声が上がるにつれて寺院が建てられ、塔が築かれ、施入田があたえられた。『続日本紀』の宝亀四年（七七三）の官符に、菩提院・登美《とみ》院・生馬《いこま》院・石凝《いしこり》院・高渚《たかす》院・山崎院の六院に、三町ないし二町の施入田のあったのはその例である。しかし現在でも行基四十九院の一といわれる寺に火葬場が多いことからかんがえて、火葬場と、集会所、説経所を兼ねた布施屋をともなう粗末な道場であったとかんがえるのが妥当であろう。したがって行基卒伝に「弟子相継いで皆遺法を守って」とある弟子は、三昧聖の祖、志阿弥たちであった可能性が多い。この道場が寺院化するにともなって、火葬場は附属的施設になり、志阿弥は従属的地位に立たされたものとおもわれる。現在でも葬式をとりおこなう寺に、行基開創縁起が多いのはそのためであろう。

またこの行基四十九の院と葬送の関係を推定させるものに、墓の上につくる忌垣《いがき》の四十九院がある。これは一般に弥勒菩薩の兜率《とそつ》内院の四十九院に関係づけられて、四十九本の板塔婆に恒説華厳院・守護国土院・覆護衆生院・般若不断院・念仏三昧院以下の四十九院の名を書き、一辺が十三本ずつの正方形の枠形の垣根をつくって埋葬地の上にのせる。これは真言宗の葬制に制度化されているが、埋葬をとくに弥勒信仰にむすびつける理由はないので、行基の四十九院と葬制の関係から、墓所の忌垣の名称としたものと推定される。

元来、忌垣は殯の構造の一形式がのこったものである。殯については別説を必要とする日本の葬制に独特のもので、霊魂に関する庶民信仰の多くがこれから出ている。殯葬は一口にいえば風葬で、死体を地上に置いて、まわりに種種の咒術的な構造物をつくって、死者のたたりやすい霊が、外へすさび出ないようにするものである。私はこれを封鎖咒術と名づけることにしているが、のちには死体を犬や狼の害からまもるもののように解され、「犬はじき」とか「狼はじき」などとよばれるようにもなった。したがってこれは殯に奉仕するのを職能とする遊部に密接な関係があり、遊部の転化した志阿弥たちを包み込んだ行基集団から出たことはうたがいがない。

墓と鳥居

日本人の葬制は遊部が関与した古代の庶民信仰の集積であって、僧侶が寺院を中心にこれをとりおこないながら、すこしも仏教らしくないのはそのためである。よく高野山奥之院の墓原に鳥居が立っていることについての質問をうける。これに対する通俗の答は、神仏習合で墓に鳥居が立てられたというのである。ところが葬式の棺台には五方に鳥居が付いている。これも神仏習合といえるかどうか。

山門不幸といわれる寺院の葬式には庭の中央に棺を置き、四方に四門を立てる、これに「発心門」、「修行門」、「菩提門」、「涅槃門」の額を打つことはいかにも仏教であるが、東北地方ではほそい篠竹でこの四門をつくり、四方門の額は打たない。関東でも浦和市近辺にこのような四門を立てて、中央に棺を安置して「へや」とよぶところもある。いかにも殯《もがり》的である。これが簡略化された仮門《かりもん》は、いまも日本中どこにでも見られる。家屋内での内葬礼《うちそうれい》が済んで、棺を庭に昇《か》き出すと葬列が組まれる。ここでもう一度棺を据えて引導を渡し、鍬投《くわなげ》導師が一喝して木製のミニチュアの鍬を投げる外葬礼《そとそうれい》が、実は殯なのであるが、大ていはそれを略して葬列は庭を三回まわる。このとき庭の出口に篠竹を折りまげた仮門を、二人の人がささげる下を、葬列はくぐって出てゆく、またこの仮門は墓の入口にもつくられているから、これをくぐって墓地に入り、棺台石または蓮台石に棺を据えて、墓葬礼《はかそうれい》または野葬礼《のそうれい》をおこなってから、埋葬される。

いうまでもなくこの仮門は「もがりもん」の略である。原始古代の死者の霊、すなわち死魂または怨霊のたたりをおそれて、殯で封鎖咒術をおこなった民間信仰が、ここまで伝承されて来ていることにおどろきを禁じえない。しかもこれがのちには仏教化されて、曼荼羅の四方仏になぞらえて発心・修行・菩提・涅槃の四門をかかげたのである。長元八年（一〇三五）六月二十五日の大斎院《だいさいいん》選子内親王の葬送や、長元九年（一〇三六）五月十九日の後一条天皇の御葬送に鳥居が立てられたことが出ており（『類聚雑例』）、これは南面だけのようである。しかし『平家物語』（巻一）の「額打論」で高倉天皇御葬送に、東大・興福・延暦・園城の四大寺がそれぞれの寺の額を打つ順序を争ったというのは、四門の額打の論争とかんがえなければならない。

現在でもこのような四門を常設的に立てているところがある。ほかにもまだあるかとおもうが、私の知っているのは岩手県和賀郡沢内《さわうち》村太田の墓地で、墓地に隣り合わせに外葬礼をおこなう空地があって、中央に相撲の土俵のような四本柱に屋根をのせた棺置場がある。そしてその四方に四つの鳥居が立っている。近くの小屋に発心門・修行門・菩提門・涅槃門の四つの額と四本幡の幡頭《ばんとう》（竜頭《たつがしら》）があって、葬式のときに四門の額を打ち、四本幡を立てるようになっている。この村は浄土真宗の門徒であるのに、このような四門を立て、四門くぐりの行道をおこなうのは、これが民間信仰的仏教だからである。

このように見てくると、墓と鳥居の関係は、神仏習合の結果ではなく、葬制に関する民間信仰の殯の残存といわなければならない。このほか殯の民間信仰には、喪家の戸口に青竹を二本X字型に立てて喪家の標示とし、これをモガリとよぶところがある。青森県津軽地方から報告されている。これが一般には入口に「忌中」と書いた忌中札を貼ることに変化したのである。そうとすれば忌中札は他人が入ってはならぬ標示ではなく、モガリとおなじく死者のたたりやすい霊を封じ込めて外へ出さぬマジカル・シムボルだったわけである。

葬送の儀礼や慣習は、このように古代人の死霊への恐怖と、これを封鎖したり、攘却《じょうきゃく》したり、鎮魂したりする民間信仰からできている。もちろんその霊魂観念は時代とともに変化して、死者の霊はなつかしいもの、いたましいものとなったが、それでも儀礼は昔のままなのである。さきにあげた外葬礼の鍬投導師も、死霊を追い出す呪術が儀礼化してのこったのである。けっして仏教から来たものではない。鍬投げは多く禅宗でおこなう儀礼であるが、熊本県上益城《かみましき》郡

地方では浄土真宗でもおこない、そのとき禅宗の一喝のかわりに

よかとこさんさはってけ

という。「お前のすきなところへ行ってしまえ」という方言の捨科白《すてぜりふ》だという。

これに似た民俗は跡札やザルコロガシにも見られる。青森県野辺地《のべぢ》地方では、棺を置いた室をモガリというが、棺が出たあとのモガリを掃いて、法印が梵字を書いた跡札を室の四方に貼る。跡堅め札とか跡清め札ともいい、死霊がもどって来ないマジックである。ザルコロガシは常陸地方で、出棺のあとの室から出口の方までザルや目籠をころがして、死霊がもどって来ないように追い出す呪術である。これのもっと古い形は沖縄のムヌウヒ（もの追い）で、ムヌ（モノ）はモノノケというような死者の霊のことであるが、葬送が済んだ夜は家人一同があつまって戸を閉ざし、戸口に臼を伏せてその上に俎板《まないた》と庖丁《ほうちょう》をのせる。夜中になると一同で臼を蹴とばして家を飛び出し、ワーと叫びながら墓の方へ向かって死霊を追い返す。このとき「クネクネ」と叫ぶのは「来るな、来るな」の意とおもわれ、塩水と炒《い》り五穀と豆を投げるのも、死霊を追う呪術である。

ここで臼をもちいるのは、臼に死霊の穢れをしりぞける呪力をみとめているからである。とくに壱岐や常陸や信濃で、葬式の野帰りに臼をもちいる民俗が多い。したがって東京都の八王子地方で、野帰りに臼の絵を画いた紙の上に腰をかける民俗があるのを、高尾山薬王院の山本

秀順師がウスサマ明王の意であろうとする説をきいたことがあるが、これも死霊の穢れとたたりをまぬかれる民間信仰だったのである。庶民の寺、善光寺の本尊の台座が臼座であるといわれるのも、この信仰から出ている。もちろん善光寺の秘仏本尊の台座が臼であるかどうかをあきらかにする術《すべ》はないが、善光寺の本田善光《ぜんこう》宅の臼座伝説は、臼の民間信仰をもとにして成り立ったものである。

弘法大師と民間信仰

日本仏教の①民間信仰は葬制に関するもののほかに、②仏菩薩明王天部等に関するもの、③経典や陀羅尼・念仏に関するもの、④高僧や奇僧に関するもの、⑤法会・講会に関するもの、⑥年中行事に関するものなどがある。仏菩薩明王天部の民間信仰は薬師や観音や地蔵、あるいは不動や大黒などに多いが、大日如来なども民間信仰の対象になる。経典では大般若経や般若心経、あるいは法華経に多く、陀羅尼は大日真言や光明真言に曼荼羅、念仏は虫送りや百万遍や大念仏も民間信仰化している。高僧・奇僧では弘法大師がもっとも多く、役行者・行基菩薩・元三大師（慈恵僧正）などがこれに次ぐ。聖徳太子や西行などもこの中に入るべきものであろう。ほかに山伏や聖や鬼や天狗の民間信仰もこの中に分類される。法会・講会に関しては護摩とか流灌頂《ながれかんじょう》とか土砂加持・虫供養・経会・受戒などのほかに、地蔵講・念仏講・庚申講・万人講・

大師講などがある。年中行事は修正会・修二会から彼岸・花祭・盆・十夜などにまつわる民間信仰もすくなくない。

まずここでは高僧に関する民間信仰として、弘法大師をとりあげてみよう。真言宗教団としては歴史上の弘法大師と民間信仰の弘法大師の二律背反にこまっているようであるが、庶民にしたしまれる大師は井戸や温泉を湧かし、杖を立てて杉や松や逆さ竹を生やし、蚊や蝿や蛇を封じ、大師講に知恵をさずける大師であった。このような超人間的能力を持つ大師なればこそ、あらゆる病気を治し、不幸を払い、福をあたえると信じられた。弘法水や御夢想灸《ごむそきゅう》はいまも病気治療にもちいられている。

弘法大師

このような信仰上の弘法大師は、もちろん歴史上の弘法大師とは別で、日本人の神観念が弘法大師の名をかりて表出されたものである。したがって弘法大師伝説は、内容的には神話とおなじであって、これを歴史化するために弘法大師にむすびつけたものにすぎない。たとえば弘法清水伝説は、旅僧に姿を変えた神をあたたかく遇したものには恩寵があたえられ、神意にさからったものにはたたりとしての懲罰が下されるのである。

弘法大師に仮託された旅僧の本質は、大師講伝説にもっともよくあらわされている。大師講として民間信仰、あるいは年中行事化しているのは十一月二十三日の大師講である。真言宗では大師講の大師を弘法大師とするから、これを十一月二十一日（二十一日は弘法大師の命日）としたり、毎月の二十一日に大師講の寄合をさせている。しかし民間信仰の大師講は「霜月三夜《さんや》」といったり、「二十三《にじゅうそ》」といったりして、二十三日をくずしていない。そして実は十一月二十三日という日は、新嘗《にいなめ》という収穫祭のおこなわれる日であり、新穀を先祖にささげ、農民みずからも先祖と相嘗《あいなめ》をする大切な節日であった。

この新嘗の神話は『常陸風土記』に記されているのが、原型に近い。新嘗の夜には祖神尊《みおやのかみのみこと》が、子孫の諸神のあいだを訪ねて「新粟《わせ》の初嘗《にいなめ》」をうけるという。このとき祖神尊を拒んだ福慈《ふじ》の神は不幸になり、これをあたたかく遇した筑波《つくば》の神は恩寵を得たという話である。したがって大師講の夜に家を訪れる旅僧は、それぞれの家の先祖あるいは祖霊であったことがわかる。これが一人の弘法大師であっては、日本全国の家々を一夜のあいだにめぐることは不可能な理屈である。

ところが大師講にはもっともっと理屈に合わない民間信仰と伝説がついている。何とこのときの大師は一本足で、しかもデンボ足、スリコギ足だという。したがって「ダイシデンボ」という言葉が、大師講をおこなわなくなったところにものこっている。またこの夜旅僧であるダイシは腹がへって、大根畑に入って大根をぬすんだともいい、また他の大師講伝説ではダイシをあたたかく迎え入れた老婆が、ダイシに食べさせる物がないので、大根をぬすんだとも伝えられている。これを憐んだ神がぬすんだ足跡を隠してやるために、大師講の夜はかならず雪が降るものだといって、これを「ダイシコウブキ」（ブキは吹雪）とも「アトカクシユキ」ともいう言葉がのこっている。

また大師講の夜はかならず風呂をたくものだといい、同時に小豆粥をたくものだという。風呂は祖霊を迎える潔斎を意味し、小豆粥は祖霊にささげる「新粟の初嘗」にあたる。これをまた知恵粥といって、ダイシから知恵をさずかるものという信仰は、天台智者大師から来たともかんがえられるし、祖霊の恩寵ともいえる。またこの粥を家のまわりに撒けば、蚊も蝿も蛇も家の中に入らないといわれ、その年の蝿はこの日をもって姿を消すという。

このような祖霊あるいは祖神をダイシという言葉でよんだために弘法大師や天台智者大師の講として仏教の中にとり入れられたにすぎない。私はもっと古くは天台宗の元三大師が大師講本尊だったろうとおもっている。高山寺《こうさんじ》の『鳥獣戯画』には、元三大師の降魔の姿といわれる鬼形の角大師《つのだいし》を、本尊としてまつる図もある。しかし大師講は庶民のあいだの新嘗に来訪する祖霊の恩寵と懲罰の民間信仰を、たくみに仏教にとり入れて、弘法大師信仰を普及拡大することに成功し、超人間的能力をもって庶民を救済する民間信仰の弘法大師をつくりあげたのである。これはまた親鸞聖人にまつわる「越後の七不思議」にも共通するものであり、関東二十四輩聖跡に多い、親鸞聖人の悪竜退治と幽霊済度の伝説も、聖人と念仏の超人間的霊力を民間信仰化したものということができよう。

大般若経と念仏

次に経典や陀羅尼、念仏に関する民間信仰をとりあげてみよう。大般若経は大乗仏教の根本思想である空観哲学を説いた、六百巻にのぼる壮大な経典である。しかしこれが奈良時代に、大安寺の道慈律師によって転読されたときは、落雷を避ける功徳があると説かれた。この功徳のために『続日本紀』天平九年四月八日の道慈の奏上でこれが諸国の恒例年中行事となり、その根本道場として大安寺大般若会がおこされた。

そののちの六国史や類聚国史、扶桑略記、吾妻鏡にあらわれる大般若経転読は、災異を消除せんがためとか、疫疾厲鬼《えきしつれいき》を払わんがため、あるいは物怪怨霊《もののけおんりょう》をのぞかんがためであった。そのほか雨乞や宮殿居宅の安鎮のため、あるいは五穀豊熟のためとなっているが、主としてわざわいをのぞく咒力があるというのがこの経典の民間信仰であった。この民間信仰が国家を動かして、災異があるたびに官寺や七大寺、十五大寺で、大般若経転読がおこなわれたのである。

また宮中では春秋二季に恒例として転読をおこない「季の御読経《みときょう》」といった。

このような大般若経に対する民間信仰は、「空」という概念の誤解から生れたものであろうと、私はおもっている。というのは仏教の「空」は有と無を絶した絶対概念であるのに、無知な聖たちや庶民は、これをわざわいを「空ずる力」として理解したのである。だからこの経典の内容を理解するよりは、もっぱら転読の儀礼に咒術をむすびつけようとした。

まずこの大般若経転読には、できるだけ大声をあげたり、床や壁を叩いたりする。これは謡曲「葵上」で

あら〳〵おそろしの般若声や、これまでぞ、怨霊このゝち、またも来るまじ

とうたわれる「般若声」とよばれるもので、これが六条御息所《みやすんどころ》の怨霊である後シテの鬼面に転稼されて、「般若面」とよばれるようになった。したがっていまも大般若経転読の作法では、各巻の経題と初・中・後の七行・五行・三行を大声で読み、折本を両手にささげ持って右手から左手へ流し左手から右手へ流して、最後に閉じた経本で経机を数回叩く。

また山村には「猪追《ししお》い大般若」あるいは「猪追いのオコナイ」とよばれる年頭祈願の修正会に、大般若経転読がある。このとき村人は乱声《らんじょう》といって、堂の床板や板壁を牛玉杖《ごおうづえ》で叩く。またた「ダダ押し」・「堂押し」といって堂の床を跳ねたり踏んだりして騒音をたてる。いずれも災害をおこすおそれのある悪霊を、村から攘却するための咒術にほかならない。このときの乱声

をワラワラというところもあって、雷の擬音とし、年頭の雷声は豊作をまねくというが、これとても悪魔払いの乱声にすぎない。

禅宗や真言宗の寺院は、いまでも大般若の村巡りをする。奈良平安時代書写の大般若経巻がよく散佚欠巻があるのは、この村巡りのためと、『大般若経』を病人に貸出すことがあったためである。村巡り大般若は百巻ずつ入った大般若経櫃《きょうひつ》を青年たちが担いで村を巡り、辻に祭壇をつくって転読をしたり、一戸一戸の門口で『理趣分《りしゅぶん》』一巻を転読する。このとき村人や家人は経櫃の下をくぐると、頭痛や夏病みしないという。また転読するときの「般若の風」にあたれば病気をしないなどという。まことに民間信仰的である。

貸出し大般若は、病人があればその一巻または一冊を借りてきて、神棚にかざったり病気の部位にのせたりする。肺結核ならば、胸にのせる。またこの経でなでたり叩いたりして、病魔を退散させることができると信じられたのである。いまもこのようにして大般若による祈願と施術をして、多くの信者をあつめている寺もある。しかし奈良平安の貴重な『大般若経』もこのような民間信仰のために、永年のあいだに欠本を生じたものであるが、たとえ欠本しても、民苦をのぞく使命を果たしさえすれば、それで十分だったのではなかろうか。

念仏の民間信仰についてはいろいろのケースがある。専修《せんじゅ》念仏がオーソドックスの地位をしめた現在では、民間信仰的念仏は肩身のせまい想いでつづけられているが、大部分の民間念仏は民間信仰として庶民にうけいれられたのである。常陸から下総、下野にかけて、私は天道《てんどう》念仏を調査したことがあるが、村の念仏堂にあつまる男女の中には、浄土真宗の門徒で、お寺に隠れて来ているという人もすくなくなかった。

天道念仏のおこなわれるのは、ちょうど親鸞聖人の関東化導された常陸・下総・下野にわたっており、すこしはなれて石城《いわき》地方にある。おもに彼岸におこなわれるところからこの名が付いたとおもわれるが、天棚《てんだな》という祭壇をかまえて日天《にってん》・月天《がってん》をまつり、豊作を祈願して踊念仏をする。長塚節《たかし》が『土』に描いた明治大正年代とはすこし変わって来ているけれども、村の祈願としては細々とつづけられ、十二年毎の葛飾阪東《かつしかばんどう》巡拝には東京下町からも大勢の人がお参りする。京都にも一般に知られない「六阿弥陀めぐり」という、木食養阿《もくじきようあ》上人によってはじめられた民俗行事があって、ポックリ寺のように「タレコしないでポックリ死ねる」願いの老人のおびただしい巡拝がある。天道念仏や葛飾阪東巡拝も人に知られないけれども、知る人々のあいだでは、おどろくほどの熱心な信仰をもたれている民間信仰的仏教の一つの型である。

天道念仏は西国三十三ヶ所巡拝や四国八十八ヶ所遍路のように、宗派にかかわらずに各宗のお寺でおこなわれ、また村の念仏寮や行屋《ぎょうや》という建物でおこなわれる。踊念仏をともなう念仏行事であるにかかわらず、弘法大師がはじめたと信じられているのも民間信仰的といえるだろう。行屋というのは羽黒山・月山・湯殿山の出羽《でわ》三山巡りのための修験的精進をした建物で、とくに念仏に関係ありそうにもおもわれない。しかし三山巡りの掛声は山念仏という「ナムマイダンボ」のくりかえしだから、修験と念仏は無関係ではないのである。

天棚のようすは、『江戸名所図会』にも図があるが、殯のように忌垣をまわした四隅に青竹四本を立て、注連縄《しめなわ》をまわして四門の額を四方にかかげる。長塚節の『土』ではこれに屋根まででかけたようであるが、中心に青竹のボンデンが立ててあったという。東海地方の知多半島でおこなわれる秋彼岸の「虫供養念仏」の、お台場と祭壇もこの変形である。そしてこの構造は羽黒山修験の柴燈《さいとう》護摩壇によく似ていて、修験ではこれを自分を火葬する自身火葬の護摩というのも、私のいう「擬死《ぎし》再生」（一度死んだことにして、生れ代わって罪穢を滅し、余生安穏と後生安楽を願う）の民間信仰を暗示する。

東海地方の「虫供養念仏」は、いまでは耕作のときに殺す虫の供養と説かれているが、もとは「虫送り念仏」であった。虫に象徴された耕作に災害をもたらす悪霊を、鎮魂したり村の外へ送り出してしまう民間信仰が、念仏にむすんだのである。このような念仏は鎮魂呪術の呪文として民間にうけいれられたものといえる。そのほか関東地方には夏の疫病をさけるための「水浴《みずあび》念仏」や「四方固め念仏」などもあり、また近畿地方を中心に四十八夜念仏ものこっている。これも村の安全と豊作を願うために、青年たち（いまは老人たち）が念仏堂にあつまって、八十八夜から四十八日のあいだ毎晩双盤鉦《そうばんかね》を打って念仏を詠唱するもので、「猪追い念仏」の称もある。このように民間信仰的な念仏は、一人の安全幸福というのではなくて共同体全体の生活をまもり、また同信者全部でそろってお浄土参りをしようという連帯感のつよい信仰なのである。そしてこれが庶民の本質だということをわれわれは知る必要があろう。

6　仏教と芸能の世界

無言の説教――壬生狂言

日本仏教は日本文化の母胎であるとともに、日本の芸能の源泉である。宗教は理念でも観念でもない。いわんや恰好のいい哲学でもない。人間の心の奥底をゆさぶる感動である。芸能は踊りにしても歌にしても、演劇（能）にしても、人間の感動から生み出され、そして人間を感動させる。したがって宗教がみずからを表現しようとするとき、芸能という媒体をとったのは自然であったといえよう。

宗教的芸能は、文字や言語をもちいないでも、じかに神の恩寵なり、仏の慈悲なりを伝達することができる。近代以前、大多数の民衆が文字をもたなかった時代に、宗教が文字のあふれた現代以上に、民衆の心をとらえることができたのは、芸能そのものを媒体にしたためである。

ある意味では、文字は人間を非人間的にした。すべての事象をシュプレヒ・コールのような理念だけでとらえ、具体的な全体として心でとらえる能力を弱らせた。それをおぎなうために、文字でない文字の表現――すなわち詩で表現しようとしたのだが、詩もイントネーションやリズムのある朗唱によって、はじめて感動を伝達できるのである。……それは文学より芸能（歌）に近いといえるだろう。

近代以前には説教も芸能であった。節談《ふしだん》説教がそれである。現代の理におちた説教は、一部のインテリには迎えられるにしても、大衆を動かす力がない。節談は卑俗ではあるが、あるときは泣き、あるときは笑い、念仏のありがたさや、因果応報の理を毛穴から吸収させる。それどころか、芸能は文字も言葉ももちいないで、仏教の理を教えることすらできたのである。その一つの例が壬生《みぶ》狂言《きょうげん》である。

中世の民衆的宗教家である聖《ひじり》は、この世界にもまれなパントマイム（無言劇）をつくり出した。仏教には不立文字《ふりゅうもんじ》と以心伝心《いしんでんしん》を標榜する禅があるが、壬生狂言にはそのような禅の要素がうかがわれる。大体、聖たちは八宗兼学であった。彼らは名乗りにしばしば「八宗一見の僧」とか「天一自在法門」といって、一宗にとらわれることがなかった。高野聖のうちの一派、萱堂《かやどう》聖《ひじり》の開祖、法灯《ほっとう》国師（心地覚心《しんちかくしん》）が念仏と禅と密教をすすめたことは知られているが、一遍上人も念仏聖でありながら、法灯国師から禅の印可を得ている。

したがって壬生狂言の創始者である円覚十万上人道御《どうぎょ》が、禅の不立文字をとり入れてパントマイムをはじめても不思議はない。しかし一般に壬生狂言の無言劇は、あまり多勢の大衆を前にして演ずるために、声が通らないのを考慮しての、無言の所作であったといわれる。事実、現在の壬生狂言は完備した狂言堂と見所《けんじょ》があるけれども、昔は本堂である地蔵堂の広縁でおこなわれたので、見物人は庭一面に立っていたという。しかし私はそうではあるまいとおもう。その理由の一つは壬生狂言の正式のよび方が、「融通《ゆうずう》大念仏狂言」であるように、狂言のあいだ中、融通念仏の斉唱があって、科白《せりふ》をいっても念仏の大合唱に打ち消されるためだったとおもう。

いまも壬生狂言でも、その一派である嵯峨清涼寺釈迦堂の、嵯峨大念仏狂言でも、念仏を正《しょう》行《ぎょう》念仏と乱行《らんぎょう》念仏に分けている。すなわち、狂言をはじめる前に本堂で、住職と狂言衆と参詣人が念仏の斉唱をするのを正行念仏という。このとき清涼寺釈迦堂ではハハミタ念仏というのを唱える。この名称のおこりは、この融通大念仏をはじめた円覚十万上人は、もと南都東大寺のあたりに捨てられていた捨子であったが、拾われて東大寺でそだてられた。『壬生謝天伝』（天明年間、文披著）によれば、父は大鳥左衛門尉広元といい、拾ったのは京都万里小路の梅本謝天であるというが、たしかでない。また円覚十万上人道御をテーマにした謡曲『百万』（世阿弥作）では、拾ったのは和州三芳野《みよしの》のもので、捨てられていたのは西大寺のあたりであったという。ともあれ道御が捨子であったことはたしかなことなので、のちに勧進聖となって嵯峨念仏をはじめたとき、狂女となったわが母をさがすために

　母見たや　母見たや
　母見たや　母見たや

と唱えさせたのが、ハハミタ念仏だというのである。

　この話は謡曲になっていて、狂女物のフィクションのように見えるが、道御は実在の人物である。京都花園の法金剛院には、鎌倉末期の肖像画がのこっており、

　常に持斎《じさい》と念仏とを勧め、普《あまね》く若干の衆生を済《すく》う。世に之を十万上人と謂う。（中略）或は浄財を移して、廃寺を修し、悲田の貧病《ひんびょう》を拯《すく》い、員扉《いんぴ》の冤囚《えんしゅう》を賑《にぎわ》す。

とあって、典型的な勧進聖であった。この道御が弘安二年（一二七九）に、聖徳太子の夢告によって融通大念仏をはじめたことは、『融通大念仏縁起』（清涼寺本）にあきらかで、これをハハミタとしたのは、嵯峨大念仏会で狂女の母に再会したという『百万』の影響であろう。というのは、道御のはじめた持斎大念仏は、やがて六斎念仏になるが、六斎念仏の「阪東」という曲の十五繰目《くりめ》には

　（調声）ははあ　あ　あみた　ああ　あん　なあんばいみーだ　あ　あんぶつー
　（付）ハハアアアミ　タ　アア　アン　ナアンバイーミーダ　アンブツ　ナムアミダアンブツ

ナム　アイ　アイダ　アアア　アアアア、ユーヅウ《(融通)》　ネエンブツ《(念仏)》　ナム　アアアイダー

という一節もあって、融通念仏の発声をこじつけたことは、あきらかである。（『日本庶民生活史料集成』第十七巻「民間芸能」参照）

このような「歌う念仏」としての融通念仏が、道御のはじめた嵯峨大念仏狂言や、壬生大念仏狂言の正行念仏であって、この大合唱のあいだに乱行念仏である狂言がおこなわれたのであるから、科白がききとれるはずもなく、この狂言はパントマイムたらざるをえなかったのである。これに不立文字の禅問答の要素が加わり、有言よりも無言の方が仏教の真理を表現できるという思想から、無言になったものと、私はかんがえる。その上、仏教の芸能は最初から無言であったらしい。これは外来芸能であったため、言語上の制約があったからであろう。

仏教法会と伎楽・舞楽

仏教芸能の起源は伎楽《ぎがく》にある。伎楽といえば、いまは正倉院御物の伎楽面（百六十四口）と衣裳残欠や、法隆寺、西大寺、広隆寺、観世音寺などの資財帳に、伎楽面や衣裳の名が見えるにすぎない、とおもわれがちである。事実、天福元年（一二三三）に狛近真《こまのちかざね》が書きのこした『教訓抄』（巻四）にも、すでに伎楽は絶えて、わずかに東大寺、興福寺、四天王寺、住吉社に残留するのみといっている。

しかし私は日本全土に分布する獅子舞と天狗面の露払と「王の舞」は、すべて伎楽の師子と治道（ちどう）の残留とかんがえている。また田楽や念仏踊に立てる風流傘も、伎楽の帽冠（ほうこ）から来たものとおもう。その証明は別の機会にゆずりたいが、この伎楽が推古天皇二十年（六一二）に百済《くだら》の味摩之《みまし》によって伝えられてからは、もっぱら諸大寺の法会に演奏された。とくに四月八日の仏生会《ぶっしょうえ》と七月十五日の伎楽会には、かならず演奏されたという。

法隆寺献納御物の伎楽面はこの味摩之伝来そのままのものと信じられるから、伎楽ははじめから仏教が外道《げどう》よりすぐれていることをテーマにした演劇であった。というのは仏教擁護の金剛と力士が、外道の婆羅門《ばらもん》や崑崙《こんろん》を屈服させるドラマだったからである。

舞にさきだって行道《ぎょうどう》がある。師子と治道（鼻高面）が先頭に立って露払をする。次に踊子と笛と帽冠と太鼓、銅拍子《どびょうし》がつづく。舞台に入ると師子が師子じゃらしの童子を相手に、師子舞をする。今日の獅子舞とおなじであったろう。次に呉公《ごこう》と五人の呉女《ごじょ》が出て舞を舞うのは、仏にささげる芸能であったろう。というのは、呉女の二人は灯籠の前に立ち、二人は袋を頭にのせるとあるからである。そこに外道の婆羅門と崑崙が出て来て、婆羅門はムツキアラヒという下品な舞をする。これを抃悦《べんえつ》ともいうとある。崑崙は五人の呉女のうちの二人に懸想《けそう》して、卑猥《ひわい》なマラフリ舞という舞をする。現在の民俗芸能にもよくある舞で、わが国では収穫や漁猟の豊かさをもたらす神態《かみわざ》と信じられる。しかし、ここでは仏教に対して外道の醜悪さを印象づけようとするものであったろう。

このとき仏教の守護神としての迦楼羅《かるら》と金剛と力士が登場する。迦楼羅は例の烏天狗《からすてんぐ》の面の原型で、毒蛇を食べるというするどい嘴《くちばし》が顔の前方に突出している。その舞の説明はないが、假藺《かるら》と書いた目録もあるといい、おそらく羽搏《はばた》きをして、婆羅門と崑崙を威嚇する舞だったであろう。金剛はケラハミという舞だというから、鎁《けら》（粗鋼）を噛むような歯噛みをして威嚇したものとおもわれる。この金剛が開門すると力士が手叩きをしながら走り出て、崑崙の振るマラカタに縄を付けて打ち折り、散々にいためつける舞をするとある。しかしこれにも異説が鎌倉時代にはできていたと見えて、

或人云く、釈迦仏ノ御閛《まら》也。ヨハヒマワスト云ハ是也ト云ウ

とあって、意味不明になっている。もちろん金剛と力士はのちに伽藍の守門神となり、仁王（阿吽）ともよばれるようになる。このあたりの大立回りが伎楽の呼物で、見物人は大喝采を送りたのしんだであろう。古代の伽藍は平素は庶民の立入りを禁じていたが、伎楽のおこなわれるような大法会には入場観覧を許し、その上、食物の施行をする無遮大会《むしゃだいえ》まで催されたのである。

金剛、力士の大活躍のあと、太孤父《たいこふ》と太孤児《たいこじ》が出て、仏前へすすんで礼拝をする。これが鎌倉時代には太孤父が老女の姿になり、継子《ままこ》の太孤児に腰を押させ、膝を打たせながら仏前へ出たと『教訓抄』にあるから、平泉毛越寺《もうつうじ》の延年舞の「老女」はこの伎楽がのこったのである。

最後におそらく余興であろうが、酔胡王《すいこおう》と酔胡従《すいこじゅう》が鼻の曲がった赤ら顔の奇怪な面で、酔っぱらいの舞をした。総じて喜劇的な演技の中で、仏教の権威と、伽藍本尊の霊威をデモンストレートするものであった。

古典芸能としての舞楽もしばしば仏教法会に演じられたが、とくに仏教をテーマとしたものに万秋楽《ばんしゅうらく》と菩薩と迦陵頻《かりょうびん》がある。万秋楽は今日はあまり演奏されないが、『教訓抄』では百済国より婆羅門僧正の伝来した「仏世界の曲」であるという。昔、肥前の国の肥沽崎《ひこさき》というところは、観音と地蔵の来りたまう霊地であったが、睿効《えいこう》と勝行《しょうぎょう》という二人の僧が、塩断《しおだち》、穀断《こくだち》、火食断《かしょくだち》の苦行をして、二菩薩の出現を見たときの音楽であったという。そのときの詞は

　毎日晨朝入諸定　入諸地獄令離苦
　無仏世界度衆生　今世後世能引導

とあって、観音と地蔵の二菩薩は毎朝入定しては地獄へゆき、亡者の苦を救い、無仏世界になやむ衆生のために、現世と来世の救済をする、との意である。またこの曲は日蔵《にちぞう》上人が渡唐のとき伝来したとも、実忠和尚が笠置山中で都率《とそつ》内院に参詣して、菩薩聖衆《しょうじゅ》の来迎の曲をうつしたともいう。したがって笠置寺八講に、かならず万秋楽を舞った辻則近という楽人は、臨終めでたく往生したとある。また堀河左大臣（道長の子、頼宗）が弥勒来迎にあずかり、都率往生したときも、この万秋楽がきこえたという。

舞楽の「菩薩」と「迦陵頻」はもっとも仏教的で、菩薩は行道にもちいられたが、近来絶えたと『教訓抄』（巻四）にある。しかし越前の川西町糸崎（いま福井市）の糸崎寺観音堂の「仏の舞」や、紀州花園村梁瀬《やなせ》の「仏の舞」、遠州水窪《みずくぼ》町西浦《にしうら》田楽の「仏の舞」（六観音行道）などは、いずれも舞楽「菩薩」ののこった幽玄な芸能である。「迦陵頻」は「胡蝶」とともに童舞としていまも供花《くげ》、献供《けんく》に舞われしたしまれている。各地の延年舞や田楽の稚児《ちご》舞としてもよくのこっている。

四天王寺に伝わる「蘇莫者《そまくしゃ》」も仏縁深い舞楽である。いま大峯奥駈道《おおみねおくがけみち》に蘇莫岳《そばくさだけ》があり、頂上の巨大な舞台石が、前鬼《ぜんき》へ下る道から仰ぎ見ることができる。役行者がここを通るとき笛を吹いたので、山神があらわれて舞ったといい、また聖徳太子が河内の亀ヶ瀬を通ったとき尺八を吹いたところ、山神が出て舞ったともいう。亀ヶ瀬は葛城《かつらぎ》修験二十八宿《しゅく》の最後の宿だから、山伏が修行を終って延年を舞ったとき、この舞楽があったものとおもわれる。

能楽に見る念仏と禅法

古代の芸能は伎楽、舞楽のほかに散楽《さんがく》という外来芸能があって、日本固有の神楽、田楽と習合した。とくに散楽は神楽、田楽および仏教の咒師《しゅし》芸と結合して猿楽（申楽）という伝統芸能を生んだ。現在五流の能楽とよばれるものは、近世に入って大きな変化をとげたようであるが、念仏を主題にしたものに『百万』『隅田川』『三山《みつやま》』『土車《つちぐるま》』『弱法師《よろぼうし》』などがある。『申楽談義』には「念仏の申楽」というものが出るが、これらのうちの一つか、あるいはまったく別のものかわからない。しかしその芸能は、

一心不乱に南無阿弥陀仏と申して、鉦鼓を叩きて出でて、りゃうりゃうと二三遍、拍子にもかからず打出だして、双の手合せ、古体に拝みしなり。言葉のつまに、南無阿弥陀仏と一心不乱に、誠に常のやうに申して

とあるから、次のような『隅田川』を指しているのかもしれない。

南無や西方極楽世界、三十六万億、同号同名阿弥陀仏、南無阿弥陀仏、南無阿弥陀仏、南無阿弥陀仏、南無阿弥陀仏、
隅田河原の波風も、声立て添へて、南無阿弥陀仏、南無阿弥陀仏、南無阿弥陀仏、

このような念仏の節付けは、現存の六斎念仏に見ることができるもので、「南無や西方極楽世界」以下の文言《もんごん》は、大和南部の六斎念仏の「しころの讃」とまったくおなじである。また「嵯峨の大念仏の女物狂の能」と『申楽談義』にあるのは、いうまでもなく『百万』で、世阿弥はこれを舞う父観阿弥は、「幽玄無上の風体」であったとのべている。

また『弱法師』は四天王寺の西門念仏を救いのテーマにした継母悲劇で、説経に語られては「俊徳丸」となり、歌舞伎では「摂州合邦辻《がっぽうがつじ》」として知られている。河内の国高安の里の左衛

門尉通俊の一子は、継母のために盲目となり、弱法師とよばれて乞丐《こつがい》放浪の旅にほうり出される。これを彼岸にいとなまれる四天王寺の西門念仏（別時念仏）で、一七日《いちしちにち》の施行《せぎょう》をひく父通俊の功徳によって、父子再会の上、帰郷することができたという筋である。

> さすが名に負ふこの寺の、仏法最初の天王寺の、石の鳥居ここなれや。立ち寄りて拝まん、いざ立ち寄りて拝まん。
> 頃はきさらぎ時正《じしょう》の日（彼岸中日）、誠に時も長閑《のどか》なる、日を得てあまねき貴賤の場《にわ》に、施《せ》行《ぎょう》をなして勧めけり、

これは人の世の宿業による悲劇を語るとともに、四天王寺西門の日想観のいわれを説き、その上、霊仏霊社でめぐまれぬ乞丐者に布施行をすることの功徳を知らしめるのである。

また謡曲はその成立時の時代背景から、禅の精神を伝えることが多い。その中でもっともポピュラーな曲が『放下僧《ほうかぞう》』である。この曲で連想されるのは現在三河の奥地、鳳来町や新城市《しんしろ》の一部に「放下大念仏」という踊念仏があることである。本来ならば禅法を伝える放浪芸能者としての放下僧が、大念仏をするのは何故だろうか。

これも庶民芸能は庶民信仰とおなじく、宗派や教理にこだわらないことをしめしている。暮《ぼ》露《ろ》（梵論師《ぼろんじ》、虚無僧《こむそう》）も禅から出た放浪芸能者であるにかかわらず、『徒然草』（百十五段）に

> 宿河原といふところにて、ぼろぼろおほく集りて、九品《くほん》の念仏を申しけるに

とあるように、念仏を修する。謡曲の『東岸居士』も京都五条の大橋の東岸において、禅語を語ったり念仏を説いたり、ササラや八撥《やつばち》や羯鼓《かっこ》を打って曲舞《くせまい》をするが、これは五条の橋の架替《かけかえ》の費用を勧進するからであった。

このように放下僧も暮露も橋聖《はしひじり》も、橋や道路や堂塔造営の勧進をするために、禅の説教とともに踊念仏や曲舞の芸能をしたのである。したがって『放下僧』では、手に持つ拄杖《しゅじょう》と団扇《うちわ》と弓矢についての禅問答のすえ、結局、

「ワキさて放下僧は、何《いず》れの祖師禅法を御伝へ候ふぞ。面々の宗体《しゅうてい》が承りたく候」、「シテわれらが宗体と申すは、教外別伝《きょうげべつでん》にして、言ふもいはれず説くもとかれず。言句《ごんく》に出せば教に落ち、文字を立つれば宗体に背く。ただ一葉《いちよう》の翻る、風の行方《ゆくえ》を御覧ぜよ」

と禅を語りながら、やがてコキリコ（二本の小さな竹）をまわして有名な曲舞の狂言小歌をうたう。

西は法輪、嵯峨の御寺、廻らば廻れ、水車の輪の、臨川堰《りんせんせき》の川波、川柳は水に揉《も》まるる。しだり柳は風に揉まるる。ふくら雀は竹に揉まるる。都の牛は車に揉まるる。茶臼は挽木《ひきぎ》に揉まるる。げにまこと、忘れたりとよ。こきりこは放下に揉まるる。こきりこの二つの竹の、代々《よよ》（節々《よよ》）を重ねて、打ち治まりたる浮世かな。

このようにして禅も念仏も、芸能の世界では共存でき、庶民の心を豊かにし、仏の現世来世にわたる救済を信じて、日々の生活に安心とよろこびを得たのであった。

歌舞伎の六方と念仏踊

説教は平安時代から芸能的要素をもっていたが、中世ではますます芸能として独立して説教浄瑠璃になった。

今日、古浄瑠璃というのは近松門左衛門以前を指すことになっているが、近松より一世紀半も前の『柴屋軒宗長日記』では、享禄四年（一五三一）のころ、田舎わたらいする座頭が駿河の国で浄瑠璃をうたっていた。このころの浄瑠璃がいかなるものであったかはあきらかでないけれども、最近私の編集した『民間芸能』（『日本庶民生活史料集成』第十七巻）の古浄瑠璃の部では、「中将姫本地」「住吉五大力菩薩」「あたごの本地」「桂泉観世音之御本地」など、内容は説教と大差のないものである。

しかし中世から近世へのうつり変わりには、中世の女曲舞《おんなくせまい》や小歌踊から歌舞伎踊への大転回があった。浄瑠璃はこの歌舞伎踊とむすぶことによって、近世演劇の王座をしめる歌舞伎を生むことになる。そしてこの大転回の先覚者的名誉を担ったのが、出雲大社の勧進巫女《かんじんみこ》、お国であった。

お国の歌舞伎踊がはじめて文献に出るのは、関ヶ原合戦から三年目の慶長八年（一六〇三）であった。その前はヤヤコオドリとよばれる小歌踊と曲舞であったが、このとき旅僧姿で鉦鼓を打つ念仏踊と豪華な歌舞伎踊とを結合した独創的なお国歌舞伎で、都の話題をさらった。この念仏踊というのはいろいろ誤解されているけれども、結局は『梁塵秘抄《りょうじんひしょう》』の今様《いまよう》歌や、『閑《かん》吟集《ぎんしゅう》』の室町小歌を、融通念仏をうたう節にのせてうたうのが歌念仏というもので、歌念仏にあわせて踊るのが、念仏踊であった。

ところでこの念仏踊がどうして喝采を博したのであろうか。これには二つの理由があって、その一は中世の大念仏供養を踏襲して、お国の歌念仏と鉦鼓にひかれて、名古屋山三の亡霊をよび出す趣向をとったことである。このころ津山藩士であった名古屋山三は、すでに死んでいたことが考証されているので、名古屋に扮したのは別の男優だったらしい。もう一つの理由は、亡霊に扮して念仏によび寄せられ、舞台の上にあがって、山三とお国の酒宴になると、からりと気分を変えて豪華な歌舞伎踊を展開した変化の妙である。歌舞伎というのは「異様な」とか「派手な」という意味で、多数の美女が男装したり、華麗な衣裳を付けてレヴューのような惣踊をすることであった。

念仏踊の暗く幽玄な中世的雰囲気を一気にふきとばして、近世の人間性まる出しの快楽を追求しようとする時代の好みに、ぴったりする演出だったわけである。

しかし歌舞伎踊になってからの歌も中世以来の「小原木踊」とか「しのびおどり」とか「ひんだおどり」「いなばおどり」「ふじのおどり」などの小歌を、融通念仏の節にのせたものであったから、広い意味では依然として念仏踊であった。したがって筋もきわめて簡単で、踊（所作事）を主体とした演出だったといえる。これがやがて近松以後の脚本でストーリイ中心の劇的演出になると、仏教的表現は『菅原伝授手習鑑《かがみ》』寺子屋の場の「いろは送り」や、『一谷嫩軍《いちのたにふたばぐん》記《き》』弥陀六の石塔供養のような点景として後退する。

しかし、それでも歌舞伎は仏教からまったくはなれてしまったわけではない。その演技の基本をなす「六方《ろっぽう》」は仏教の咒師《しゅし》芸をもととして発展したものである。咒師は東大寺お水取り（二月堂修二会《しゅにえ》）の

水取りや　氷（こもり）の僧の　沓の音

で知られるように、やたらに足踏をして沓の音を立てる。修二会行中の寒夜にきくこの音は印象的であるが、これは咒師が結界の咒法を効果あらしめるために、悪魔を払う「だだ」の音を立てているのである。

「だだ」とは「だだをこねる」「地だんだをふむ」というように、その場ではげしく足踏をすることである。掌を打ちあわせる拍掌《はくしょう》も、指と指で音を立てる弾指《だんじ》も、密教の印《いん》の一種になって「オンボッケン」と悪魔払いの咒法になったが、「だだ」はもっと原始的な咒法である。東大寺ではこれを「達陀《だつだ》」と書いていながら、ダッタンと発音するので、ある著名な文化人がダッタン、すなわち満州蒙古の北方におった韃靼《だったん》族の火祭を伝えたものであろうと解釈した。私は

すでに二十年前から「だだ」説を出しているが、東大寺ではまだ韃靼火祭説をとっているのではないかとおもう。すべての現象を、日本の言語や民俗で理解するよりも、海外の知識で知ったかぶりをするのが、スマートで恰好がいいという日本文化人の悲しい習性である。

ところでこの咒的足踏を、私も文化人の顰《ひそみ》にならってマジカル・ステップとよぶことにしているが、これが歌舞伎の「六方」である。これは東大寺の修二会に対して、各地の修正会《しゅしょうえ》に見られる。すなわち修正会の咒師芸は鬼走《おにはしり》となったが、この鬼走または鬼踊を出す修正会では、鬼は仏前に立って東・西・南・北・上・下と六方に、または東・西・南・北・中央と五方に足踏をするのである。これでその道場なり、村なり、国の中の悪魔を一切境外へ追い出すマジックとする。三河の花祭の鬼もこれであるが、五方結界をする。修正会に軍荼利《ぐんだり》法を修するところが多いので、五方結界が多いけれども、播磨の諸寺には六方結界が見られる。有名な興福寺の六方衆も咒師が山伏化したものであるから、六方結界から出た名称とおもわれる。因《ちなみ》に「六法」と書くのは誤りであり、六方は「踏む」もので「振る」ものではない。仏教的起源をふまえない芸能史や歌舞伎の解説には、誤りが多いものと心得てよいであろう。

説経祭文からチョンガレと「くどき」へ

仏教にかかわりのある日本の芸能も、舞楽や能や歌舞伎は貴族化して、無形文化財などと国家の保護をうけるようになっている。私なども京都におりながら近年は、大歌舞伎の師走顔見世興行の切符が全然手に入らないので、あきらめているほどお客があるのに、国家の保護が必要というのはどうなっているんだろうとおもう。これに対してきわめて庶民的な落語・講談・浪曲の方の保護はどうなのだろうか。私はこの方が心配である。熊さん八さんの下品な趣味なんかどうなってもいいと、文化行政官僚はかんがえているのだろうか。

古代から中世にかけて、あれだけ庶民のあいだに仏教を広め、かつ浸透させた説経は、浄瑠璃となって近世の舞台芸術に出世した半面、説経祭文《さいもん》となってくずれ山伏の放浪芸におちた。もちろん祭文は山伏の神祭に祝詞のように読みあげて、神おろしや神の恩寵を願うものであった。これが江戸時代には「もぢり祭文」となって、卑猥な言辞や駄洒落《だじゃれ》を弄するものが多くなった。また歌祭文とよばれるものは「八百屋お七恋路の歌祭文」とか「お染久松藪入心中祭文」あるいは「お俊伝兵衛歌祭文」のような心中物を語り、また「町づくし」や「橋づくし」のような、物尽しを語ることもあった。

もちろん中世以来の五説経のような説経も語ったが、門や辻に立って語るのであるから、段物の一段か、さわりだけを錫杖と法螺貝《ほらがい》の伴奏で語るのが普通であった。これは歌説経ともよばれ、「五翠殿《ごすいでん》」「愛護若《あいごのわか》」「苅萱《かるかや》」「小栗判官《おぐりのほうがん》」「俊徳丸《しゅんとくまる》」などがレパートリーであった。しかしかつての説経や祭文が仏教の故事や霊仏の縁起や本地を語ったのにくらべれば、いちじるしく世俗化したのである。

しかしこれは説経が別の芸能に脱皮する前駆現象であったともいえる。そして一般民衆がこれを語りうたうことができるようになるための、普遍化的変形であった。すなわちそれは語り物の「くどき」化だったのである。

現在、民衆自身が盆踊などに説経祭文の一部をうたえるのは、これが「くどき」になったためである。私はこれはプロの芸がアマチュアのものになるための一大革命であったともかんがえている。いいかえれば説経祭文が「民謡」になったのである。

民謡といえば木曾節や黒田節とかんがえているのは、曲がなさすぎる。これらは民謡の中のバラード（小歌）であって、もっと大きな部分がエピックソング（物語歌謡＝くどき）なのである。盆踊には関東ならば八木節《やぎぶし》、関西ならば江州音頭《ごうしゅうおんど》がうたわれる。あるいは小念仏（飴屋節）や万作節、東北の安珍念仏や津軽じょんがら節も「くどき」である。それらは「国定忠治」や「佐倉宗五郎」「鈴木主水《もんど》」「広大寺和尚」「葛の葉」「石童丸」「小栗判官」などを長々とくどくのである。

「くどき」ということは柳田国男翁も『民謡覚書』の中で、意味不明としたが、私は七、七、七、七の詩型を二小節一句として、おなじ節をくりかえすのが「くどき」であるとかんがえている。「くどくどとおなじ節をくりかえす」から「くどき」なのである。このためどんな音痴でも、節を一つおぼえればどんな長い説経の叙事詩でもうたうことができるようになった。このような説経祭文から「くどき」への転回をもたらしたのが、チョンガレである。

チョンガレは一般に浪花節の前身といわれている。しかしそれよりも大きな歌謡史的意義は、説教祭文を民衆のうたいやすい「くどき」形式に変化させたことにある。いまチョンガレとチョボクレの相違を考証する余裕はないが、最近私が採訪して『民間芸能』(『日本庶民生活史料集成』第十七巻)に収録した越中チョンガレを紹介して、その仏教との親縁関係をのべておこう。

現在でもわれわれが民俗採訪をすれば、一二の古老はチョンガレの二三節は語ることができるものである。しかし越中砺波《となみ》地方ではどうしたことか尨大なチョンガレ写本の集積が発見された。これは盆踊や村祭にさかんにうたわれたばかりでなく、チョンガレの競演があって、その横綱、大関、関脇などの番付が神社に掲額されるためでもあったらしい。

越中チョンガレは、(一) 高岡市戸出町チョンガレ (二) 砺波市鷹栖チョンガレ (三) 井波町チョンガレ (四) 福光町チョンガレが採訪されたが、仏教に関するものが非常に多い。一般には武勇物や人情物、盗賊物や一揆物、伝奇物、説教物の一段か二段をくどくのであるが、『釈迦八相記ちょんがれぶし』(安政年間写)や『目連尊者ちょんがれぶし』『親鸞経』などがある。『目連尊者ちょんがれぶし』とおなじものは、加賀の石川郡白峰村桑島の「じょうかべ」(ちょんがれの訛りか)に『目連尊者地獄めぐり』があるから、その分布は広い。またこれらのチョンガレのもとになったとおもわれる『綽如上人記、五段次第』という浄瑠璃風の元禄三年写本ものこされていた。

しかしこれらはくずれ山伏や願人坊《がんにんぼう》、あるいは「ちょんがれ坊主」とよばれる門付《かどづけ》芸人から、小屋がけの舞台芸人になるものが出ると、芸の複雑化と洗練がおこり、ふたたびプロの芸になった。これが浮かれ節（浮連節）とよばれた浪花節である。そして錫杖と法螺貝の代わりに三味線を伴奏するようになった。この変化がいつごろか正確な年代はわからないが、幕末明治初年にかけて、浪花伊助とか竹川粂吉、広沢岩助などが出たころであろう。とくに明治十年に「うかれ節」の井上新之助、のちの広沢虎造が大阪府の芸人鑑札をうけたころには、今日の浪曲の基ができていたものとおもわれる。

このようにして大衆演芸としての浪曲の成立があったのであるが、そのもとはといえばチョンガレ、あるいはデロレン祭文とよばれた説教祭文であった。それにもまして説経祭文が大衆芸能として、いまだに宗教性を失わずにうたわれているのは盆踊の「くどき」である。

この夏、私は奥備中の神郷《しんごう》町下神代《しもこうじろ》の盆踊に出合うことができたが、清潔な寺の庭で、少年も少女も主婦も老婆も一つ輪にとけこんで、「佐倉宗吾くどき」や「石童丸苅萱道心くどき」の音頭で、黙々と踊っていた。過疎の村の、その華やかにも淋しい踊手の姿を私はいまだに忘れることができない。仏教と芸能の世界は、このような山村にまだいきいきとのこっていたのである。

7　僧侶の肉食妻帯

〈一〉

つい先日、調査のことがあって、熊野川の上流にあたる北山郷の山村に入った。訪ねたお寺はダムで水没した村と一緒に、山腹に造成された宅地の高いところに引移され、大峯山系をのぞむすばらしい眺望であった。山寺にはめずらしく広い庭を持ち、桜が丁度満開だったが、その下で若い住職夫人が、二、三歳ぐらいの二人のお子さんを遊ばせていた。曹洞宗のお寺の平和な春の風景であった。

来意を告げて本堂でしばらく待つと、ズボンにセーターの三十歳ぐらいの住職が、無造作に出て来た。それは座敷の入り口に「隠寮」と書いたり、「助化単」と書いた札とはおよそ不似合な現代的風躰におもわれた。しかしこれが現代の寺院の平均的な情景ではなかろうか。私にとっては、むしろ行いすましたような、鹿爪《しかつめ》らしい法衣の禅僧より、この方が好もしいし、ほほえましい。いまや禅僧も大っぴらに肉食妻帯できる時代であり、「大黒さん」を台所に隠しておく必要はなくなった。

僧堂の厳しい修行も伝説化しようとする時代である。私が師範学校の教師をしていたとき、○○寺僧堂で生徒に坐禅の鍛成を依頼したことがあった。一週間のお骨折を願った雲水さんに、お礼に一休庵の精進料理へ御案内しましょうといったら、いやスキヤキの方がいいです、といわれてびっくりした。しかし何となく、すがすがしいおもいをしたことをおぼえている。

日本仏教は肉食妻帯しないということも、肉食妻帯することも、ともに正しいのである。ただ肉食妻帯しながら、肉も女も見たことがないような顔をしたり、肉食妻帯を当然のことのように、ひけらかすのは正しくない。

無住法師の『沙石集《しゃせきしゅう》』（巻四）には「上人の妻に後るる事」の一章に、八幡山のあたりに住む「なにがしの上人」が妻に先立たれたとき、これでやっと「妻もつひじり」から「妻もたずひじり」になれた、といった話をのせ、

後白河の法皇は、隠すは上人、せぬは仏と仰せられけるとかや。この聖《ひじり》はかくすまでもなかりけり。今の世には、かくす上人猶すくなく、せぬ仏弥《いよいよ》希《まれ》なりけり。

という、有名な言葉を吐いている。「せぬ仏」というのは、おそらく生き仏といわれるような

高僧を指すのであろうが、それが形式だけの持戒堅固なら、つまらないことだという意味もふくんでいる。

しかし中世には肉食妻帯ということが、現代のように無反省であったわけではない。それはあくまでも地獄行を覚悟しなければならなかったところに、仏教が生きていたといえる。したがって肉食妻帯には、別の論理が必要だったのである。『沙石集』は、

> 生死の業因《ごういん》、輪廻《りんね》の苦果、ただこのこと（妻帯）なり。首楞厳経《しゅりょうごんきょう》には、淫心を断たざれば、生死いづべからず。淫心断たずして生死を解脱せんと思ふは、沙《いさご》を蒸して飯《いい》とせんがごとしといへり。（中略）南山大師（道宣）の云はく、四百四種の病は宿食《しくじき》を根本とし、三途《さんず》八難の苦しみは女人を根本とす。

という。親鸞が「いづれの行《ぎょう》もおよびがたき身なれば、とても地獄は一定《いちじょう》すみかぞかし」といったのも、

> 悲しき哉、愚禿鸞《ぐとくらん》、愛欲の広海に沈没し、名利の大山に迷惑して、定聚《じょうじゅ》の数に入ることをよろこばず。

といった、肉食妻帯への猛省をふまえている。

したがって、肉食妻帯は破戒であり、罪業であるという大命題が立っていなければ、日本仏教は成立しない。問題はこの破戒と罪業から、いかにして救われるかということである。「罪

業深重の身でござりまする。」といっていけしゃあしゃあと肉食妻帯しているのは、現世では破戒僧であり、来世では無間《むげん》地獄である。

この罪業からのがれる道として念仏による滅罪と、苦行による滅罪があった。『歎異抄』に

一念まうせば八十億劫《こう》のつみを滅し、十念まうせば十八十《とはちじゅう》億劫の重罪を滅して往生すといへり。

とあるのが、念仏の滅罪であるが、親鸞はこの滅罪をせずとも、摂取不捨《せっしゅふしゃ》の弥陀の本願に乗ずることによって救われる他力の道を開いた。これは人間の煩悩の強盛《ごうじょう》に居直ったもので、「滅罪無用」を可能ならしめる論理が、他力本願であった。しかしこの他力本願が肉食妻帯への罪業感に裏打ちされなかったら、やはり地獄一定はまぬがれられないであろう。

〈二〉

肉食妻帯による堕地獄《だじごく》の苦をまぬがれるもう一つの方法は、苦行であった。これは罪に対しては「贖《つぐな》う」ことによってまぬがれられるという、きわめてわかりやすい論理に立っている。相手の目を潰せば、自分の目を潰すことによって贖い、相手の歯を折れば、自分の歯を折って贖うという、等価値贖罪の論理である。したがって死後にうくべき責苦を、今生《こんじょう》の苦行によって果たしておく、ということから死出《しで》の山路を越える苦しみは、熊野詣の山坂を越えたり、大峯・

立山・白山・月山などの高山に登る苦しみで果たすことになる。あるいはその前行として、精進屋《しょうじんや》とか行屋《ぎょうや》で水垢離《みずごり》をとり、五体投地の礼拝行や額突《ぬかつき》をする。それでもなお贖いえない重罪があれば、火定《かじょう》（焼身自殺）や入水《じゅすい》、あるいは捨身《しゃしん》によって、生命をもって贖う。キリストの十字架のように、贖罪と滅罪のためにすさまじい火定や捨身をした聖・山伏・持経者は、けっしてすくなくなかった。『歎異抄』に

　即身成仏は真言秘教の本意、三密行業《ぎょうごう》の証果なり。六根清浄はまた法花一乗の所説、四安楽の行の感徳なり

とあるが、三密行業は身《しん》・口《く》・意《い》を印と真言と観想で、坐ったまま大日如来と同躰になるというのは、観念だけの即身成仏である。これを肉体と精神の苦行による滅罪加行《けぎょう》によってこそ、現実の即身成仏が現成《げんじょう》する。その段階で肉食妻帯は破戒でも罪業でもなくなるばかりでなく、唯仏与仏《ゆいぶつよぶつ》の仏作業《ぶっさごう》になる、ということができる。

　日本の密教が山岳仏教にとり入れられたのは、これが滅罪のための苦行の場として山岳をえらんだからである。また日本の法花経信仰も、法花持経者《じきょうしゃ》という山林修行者の苦行実践によって、「六根清浄」の滅罪をおこなうことにあった。法華八講の「五の巻」の日に、薪の行道《ぎょうどう》がおこなわれ

　法華経を我が得し事は、薪こり菜つみ水くみ、仕へてぞ得し。

の伽陀《かだ》を唱えるのも、法花経の苦行滅罪をあらわしたものである。そしてこのような山林修行者は、原則として肉食妻帯蓄髪俗形の山伏であった。

以上のように肉食妻帯が日本仏教において正当化されるのは、念仏や密教や法花経による滅罪を条件としている。この条件を充足しない僧侶の肉食妻帯は、つねに「うしろめたさ」をともなうのである。浄土真宗をのぞく諸宗派が、宗規で住職の世襲をみとめないのは、実子であっても弟子として遇するからであろう。現在実子にしても養子にしても、世襲でない寺院は大本山級の座主《ざす》・貫主《かんす》・管長をのぞいてほとんどないといってよい。しかもその座主・貫主・管長すら肉食妻帯僧がすくなくないのである。

またお寺に生れた子供が、お寺を継ぎたがらないという実情も、建前として僧侶は肉食妻帯すべきでないのに、実際には妻帯していることへの「うしろめたさ」がはたらいている。そして結局は宗立仏教大学に入って寺を継ぎ、やがて結婚するのだが、やはり肉食妻帯の論理は解決しないままである。『沙石集』（巻四）は

上人の子は、いかにも智者にてひじりなり。と申せば、或人難じて云はく、父に似て聖るべからず、と云ふ。答へて云はく、さらば一生不犯《ふぼん》の聖のゆゑ、父に似て聖らんずらん、と答へて比興すと云々

と、上人に子供があったが、智者で「ひじり」であるというほまれがあった。そこで或人が父

あなたの疑問に答える
仏教なんでも相談室

鈴木永城 著 「仏教情報センター」で長年、電話相談員をつとめた筆者が、人生の悩み、仏事の疑問、身近な仏教文化の不思議など、様々な相談に回答。

一七二八円

〈新装版〉
賢い人 愚かな人
—人生を克服する34の智慧—

アルボムッレ・スマナサーラ 著 ブッダの合理的・具体的な34の智慧が、あなたの生き方を変える！

一九四四円

内山興正老師 いのちの問答

櫛谷宗則 編 沢木興道老師の教えを受け継いで坐禅の道を貫いた内山老師の名言の数々、そして弟子や信者の悩み・葛藤・疑問に率直に答えた問答集。

一九四四円

〈新装版〉
坐禅の意味と実際 —生命の実物を生きる

内山興正 著 禅を求める欧米人のために説いた坐禅入門書。アタマの中の「思い」を手放し、生命の実物に目覚めて生きる坐禅の内的体験も明かす。

一七二八円

グセラー

禅談 改訂新版

澤木興道 著

昭和の偉大な禅僧・澤木老師が、軽妙な語りで深遠なる仏教の世界を説き明かす。

二五九二円

法華経新講

久保田正文 著

〈増補新装版〉
上座仏教 悟りながら生きる
—今〝ブッダの英知〟がこころの支えになる—

アルボムッレ・スマナサーラ 著 日本仏教では学べない、ブッダによる究極の人間幸福論を初公開！

二〇五二円

〈日本人の心のふるさと〉
神と仏の物語

小松庸祐 著 その昔、日本人は〈神〉と〈仏〉を分け隔てなく信仰してきた。本書は、全国各地に伝わる様々な「神仏の物語」を豊富な写真資料とともに紹介。

一七二八円

これだけは
空海と真言宗がわかる本

宮坂宥洪ほか 著 空海の生涯、思想、著作、書、大師霊場、また真言宗の葬儀、他宗との違い、梵字の書き方、曼荼羅の見方なども解説した充実の一冊。

一六二〇円

道元と曹洞宗がわかる本

角田泰隆ほか 著 道元の生涯と教え、思想・名言、『正法眼蔵』、曹洞宗の歴史、他宗との違い、お経、葬儀の中味、坐禅の仕方等々を平易に解説。

一七二八円

日本仏教十三宗 ここが違う

安田暎胤・平岡定海 他共著

本尊や教義など共通の設問を通して各宗派や流派の相違をとらえる。

一九四四円

梵字でみる密教 その教え・意味・書き方

児玉義隆 著

210円です。

彩色 金剛界曼荼羅

染川英輔 著 新作彩色曼荼羅の全尊を原画と同寸大で掲載し、制作の記を付す。白描「一印会」を付録。

《内容見本進呈》 B4・144頁

一八八七四円

彩色 胎蔵曼荼羅

染川英輔 著 全四一二尊を原画と同寸で掲載、さらに完成までの記録を併載。白描の「中台八葉院」を付録。

《内容見本進呈》 B4・192頁

二一六〇〇円

【縮刷版】曼荼羅図典

小峰弥彦ほか 著 両部曼荼羅全尊の的確な白描図とともに、各尊ごとに種字・印相・三形を図示し、密号・真言・解説を付した画期的な図典。

七五六〇円

〈カラー版〉図解・曼荼羅の見方

小峰彌彦 著 曼荼羅の基礎知識から、「胎蔵」「金剛界」の両部曼荼羅の見方、曼荼羅を構成する各院・各会の数多くの仏たちを平易に解説。

二一六〇円

涅槃図物語

竹林史博 著 釈尊との悲しい別れに集まった弟子や国王、動物たちの興味尽きない話や、涅槃図に秘められた伝説を豊富な図版と共に解説。

二一六〇円

仏のイメージを読む

マンダラと浄土の仏たち

森 雅秀 著 観音・不動・阿弥陀・大日。百数十点の図版と最新の研究を駆使して、仏教美術の名品に託された、人々の「聖なるもの」への信仰世界を解明。

三四五六円

Q&Aでわかる 葬儀・お墓で困らない本

碑文谷創 著 お葬式の費用は？ 会葬のしきたりは？…葬儀・お墓・戒名・法事に関する基礎知識から法律問題までQ&Aでやさしく解説。

一六二〇円

写経のすすめ

一色白泉 編著 写経の心得、書き方等を紹介。お手本に般若心経、法華経如来寿量品偈、観音経等を付した格好の入門書。〈写経手本8種／写経用紙10枚付〉

三〇二四円

仏教の総合雑誌 大法輪

A5 八六四円 送料一〇〇円

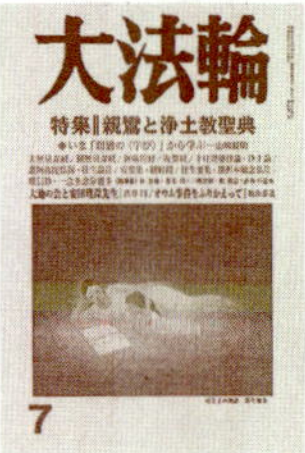

「月刊『大法輪』は、昭和九年に創刊された、一宗一派にかたよらない仏教雑誌です。仏教の正しい理解のために、また精神の向上のためにも『大法輪』の購読をお勧めします。」

梅原猛（哲学者）

の上人のように「ひじる」（妻帯して子供をもうける）ことがあってはならない、というと、一生不犯の「ひじり」なんだから、いまに父に似て「ひじる」だろうよ、といって笑ったというのである。建前は一生不犯の聖だが、実際には妻帯の聖であることが、めずらしくなかったことがわかる。

この点からいえば、現代の僧侶はすべて「ひじり」なのである。その端緒を開いたのは、明治五年（一八七二）四月二十五日の太政官布告に

肉食妻帯蓄髪勝手たるべき事。

とあったことによるように見える。この布告がどのような思想と政治的意図のもとに出されたものであるかは、どうもあまり研究されていないようであるが、これは日本仏教史の上でかなりの大事件だったのではないかとおもう。

明治初年の仏教復興に戒律主義をとった釈雲照などは、明治政府の肉食妻帯公認は、仏教を滅亡させようとする廃仏毀釈の陰謀とさえ見たほどである。しかし一方からすれば僧侶の人間性をみとめた、一種のヒューマニズム思想のあらわれと見ることもできよう。それにもかかわらず、仏教教団は宗規的にはあとあとまで妻帯を公認しようとしなかった。この問題くらい建前と本音が正反対の現象もすくない。

私は明治政府の肉食妻帯令は、他のもろもろの解放令とおなじく、封建制度の枠内で陰鬱に

押えられていた僧侶の実際上の妻帯を解放したままで、これで仏教を自滅させようというほどの深謀遠慮の政策とはおもわない。事実、封建領主や貴族の保護をうけ、朱印地をうけた諸大寺のほかの民間寺院は「大黒さん」が居るのは常識であった。江戸時代に流行した「広大寺くどき」などは広大寺和尚と粉屋の娘のロマンスを「くどき」（叙事歌謡）にしたもので、そのくずれは「古大尽」とか「古代神」、あるいは、「高大寺ぶし」などで民謡化している。またある門跡寺の宮門跡様は、門前の茶店に隠し妻をかこっていたという話もめずらしくなかった。これは平安時代から高級僧侶の妻帯が通い妻の形でおこなわれた、多くの説話とまったくおなじなのである。明治政府の肉食妻帯令は、この陰鬱な「隠し妻婚」形式を公然たる妻帯婚にしようとしたものといえよう。

〈三〉

以上のような明治政府の肉食妻帯令も、江戸幕府の肉食妻帯禁止令も、どちらも日本仏教への誤解から出発している、というのが私の主張である。しかもその誤解は現在の僧侶も教団も解けていないのだから、肉食妻帯の論理が解決されないのは当然である。

この誤解の根本は、日本では僧侶に大きく分けて二つの階級があることをみとめなかったことにある。古代律令国家もこれをみとめようとしなかったから、僧尼令や諸法令で私度僧を迫害したのである。すなわち日本では仏教伝来以来とおもわれるほど古くから、肉食妻帯、半僧半俗の私度僧が庶民の仏教を管理して来た。欽明天皇十三年、百済《くだら》聖明王《せいめいおう》の奉献した仏像を難波の堀江から引上げて、信濃へはこんだという善光寺如来の縁起に象徴的に語られる本田善光は、妻も子もある聖《ひじり》であった。

このような肉食妻帯の私度僧は、奈良時代から、「沙弥《しゃみ》」「優婆塞《うばそく》」「聖」「禅師」とよばれて、僧綱から取締られた。彼らが僧綱のいうように、単なる破戒僧でなく、むしろ日本仏教の正統を保持したものであり、日本固有の庶民信仰を仏教に生かした宗教者であることを、私が『高野聖』で主張するまで、この聖の地位と功績は評価されなかった。それは古代律令国家も、江戸幕府も明治政府も、それ以後の仏教々団もおなじことであった。

日本では国家や貴族や武家などの支配者に奉仕する僧侶は、その豊かな生活と社会的地位を保証される代わりに、大伽藍の僧房の中にとじこめられ、儀式法要と学問に専念し、戒律をまもって肉食妻帯を許されなかった。これに対して支配者の保護もなく、寺もなく、学問もなく、町の中に道場をいとなみ、家々を戸別訪問しては因縁話を説経して作善《さぜん》に参加させ、病人があれば祈禱する底辺の聖たちは、明治政府を俟《ま》たずとも、肉食妻帯勝手だったのである。

このように、日本仏教に二つの流れがあったことがわかれば、肉食妻帯せぬ仏教も正しいし、肉食妻帯する仏教も正しいという、私の提言は是認されるとおもう。同時にこの二つの仏教のあいだには混同があってはならないのであって、大寺院の中に豊かで優雅な生活をたのしみ、学問に専念できる余裕のある僧侶が肉食妻帯すれば、来世には「地獄は一定《いちじょう》すみか」であり、現世では破戒僧に堕ちてしまう。

これに対して『日本霊異記』の著者、景戒のように

煩悩に纒《まとわ》れて、生死を継ぎ、八方に馳せて、炬生の身をもって俗家に居り、妻子を蓄えて、養物無く、菜食無く、塩無く、衣無く、薪無く、万の物ごとに無くして、思い愁いて我が心安からず。昼また飢寒、夜また飢寒、我れ先世に布施行を修せず、鄙《いや》しきかな（我が）心、微《いや》しきかな我が行、

と述懐して、寺を持たずに妻子を持ち、貧困のうちに説経乞食《こつじき》する聖は、みずからの煩悩と破戒に深い罪業をみとめ、懺悔《さんげ》滅罪して庶民のために誦経《じゅきょう》教化《きょうけ》する。ここに肉食妻帯は罪業であり、現世には貧困の報いをうけ、来世には地獄に堕ちると自覚しながら、もっぱら庶民への奉仕に、肉食妻帯の許しをもとめる私度僧の姿が見られる。

景戒はまた百姓もしていたらしく馬を飼っていた。みずからの糧を布施だけにたよらず生産に従事していた。住居は俗家にひとしい道場で、「景戒が私に造れる堂」とよんでいる。その仏壇には狐が入りこんで屎尿で穢すほどであった。それにもかかわらず、延暦十四年（七九五）には薬師寺で得度授戒を許され、伝燈位をうけている。

景戒が行基集団の系譜に属して三昧聖（隠坊）もしたのではないかとおもわれるのは、延暦七年三月十七日の夢に、自分が死んで自分の死体を自分で火葬した光景を、詳細にのべているので想像される。私がすでに推定しているように、行基集団の私度僧たちは、四十九院とよばれる道場に布施屋と火葬場をもうけて、説経と無料宿泊（宿坊）と、火葬と百姓もおこないながら、肉食妻帯の生活をしていたとしなければならない。

景戒が行基の徒に属したことは、『日本霊異記』の行基のとりあげ方でわかるが、いまは説かない。ただこの説経の因縁話をあつめた動機が、沙弥鏡日という肉食妻帯の私度僧の乞食から、『諸教要集』をさずかったことにあることをのべておきたい。『日本霊異記』の跋文の述懐によると、夢にこの鏡日が景戒の家の前に立って説経教化した。そこで景戒が、あなたはどうして乞食するのかときくと、鏡日は家に子供が多くて食物がないので乞食して養うのだと答えた。景戒はこれをきいて、鏡日は観音の化身と知ったというのだが、その論理は、観世音菩薩は「有情《うじょう》を饒益《にょうやく》する」ために、ことさら具足戒《ぐそくかい》をうけず、比丘にならずに俗形の沙弥にとどまっている。これは沙弥鏡日がことさら妻子を蓄えて乞食しながら、説経教化するのとおなじことだというのである。

このように庶民仏教の担い手である下級僧侶の肉食妻帯の論理は、菩薩道こそ真の大乗仏教であるという自覚にある。それは俗形、在俗生活であればこそ、庶民の中に入ってその物心両面の救済ができるという主張である。最澄も主張した菩薩戒は「饒益有情戒」を究極の理想とする。高踏的な伽藍仏教はそれがいかに持戒堅固で学徳円満で、美と文化に満ちていようとも、所詮、救済さるべき底辺の人間とは無縁だというのである。

現代の日本仏教が肉食妻帯の仏教になったのは、明治政府の解放令のためであってはならない。古代の聖たちや底辺の民間僧たちがもった積極的な肉食妻帯の論理を生かしてこそ、現代社会における仏教の存在理由があるといえよう。

8　遊行の聖たち―「もう一つの生き様、死に様」

〈一〉

よく宗教は生死を超越するものだといわれる。「生死事大、無常迅速」という『六祖壇経』の禅語は、禅苑の所々に掲げられているし、これを口にしない僧侶はおらないだろう。しかし、はたしてこれを自分のものとして生きているだろうか。

仏教、ことに禅は、言亡慮絶《ごんもうりょぜつ》、言語道断《ごんごどうだん》、不立文字《ふりゅうもんじ》などといいながら、文字や言語のつかい方が実にうまい。あまりうますぎて空すべりになるほどだ。上手な芝居を見ていると、自分が劇中の人物になったかのごとき錯覚におちいるように、うまい表現の仏語や禅語を読むと、ほんとうにその通り悟ってしまったような錯覚におちいる。だから禅語は毒語といわれる。「生死事大、無常迅速」は、いつでも死ねる用意をして、日々を生きようということだろう。

だから死ぬときジタバタしないように死ねということになる。かつて僧侶も武士も死に際が大事だといわれて来た。痩せ我慢でもいいから、見苦しい死に方はしまいと心掛けた。ほんとうにその腹がきまると、不思議にあまり欲もかかなくなるし、第一言動が落ちついてくる。判断も冷静で正確になるから、あわてて交通事故死などしないで済むだろう。だからといって、そんな功利主義で、「生死事大、無常迅速」をきめこんだのでは、生死を自分のものにして、自在に生きることはできないだろう。

ところで、生死を超越するのは、宗教のほかに武士道がある。「武士道というは、死ぬことと見付けたり」とあるように、武士は四六時中、死ぬつもりで生きなければならないという。ちかごろはそんな生き方は前近代的で、一分一秒でも生きのびるように、逃げまわってでも、見苦しくとも、のたうちまわってでも生きるのが、進歩的だといわれるようになった。

これは「自我」の価値観が変わったから、絶対者である仏のために死ぬとか、主君のために死ぬとか、国のために死ぬということが馬鹿らしくなったのである。「自我」はそのいずれよりも絶対的価値があり、そのいずれからも解放されなければならない。法隆寺玉虫厨子の台座に描かれた、摩訶薩埵《まかさった》太子が、「寂滅為楽」の一句を得るために、断崖より身を投じて虎の餌食となった話などは、まことに噴飯すべき馬鹿々々しい話となった。

しかし、近代人にも反体制イデオロギーのために デモで死ぬとか、民族解放のためにテルアビブで死ぬとか、内ゲバで大学地下室で死ぬというような「死に様《ざま》」もある。それは大学構内の、畳三帖敷ぐらいの立看板でその死をたたえられ、追悼されるのだから、やはり「近代的自我」を超えた、もう一つの「自我」を実現する「死に様」も、あるようである。

ともあれ、日本人は「いさぎよい死」に美を感ずる。三島由紀夫の「死の美学」は、たしかに日本人の死生観を支えている。それは体制的、反体制的を問わない共通の精神構造の上に立っている。それはいままで日本文化を「恥の文化」とする理念でとらえられて来た。西洋文化を「罪の文化」とし、日本文化を「恥の文化」とする、撫で斬り日本人論である。

このような日本人論は、日本人は一億総武士だという、誤った発想から出発する。いうまでもなく、恥というのは武士道のような、社会的・倫理的概念である。人にわらわれまい、家の名をけがすまいとする。これに対して宗教的な罪のために生命を捨てる、もう一つの「死に様」があることをのべておきたい。そして罪の自覚の上に立って「罪ほろぼし」のための宗教的実践をする「生き様」があることを知れば、もう一つの日本人観ができるものとおもう。そしてそれこそ、日本人の大部分を構成する、庶民の「生き様・死に様」なのである。

〈二〉

天正五年（一五七七）に、日本で宣教していた某パードレ（宣教師）が、博多からポルトガルの耶蘇会《やそかい》のパードレとイルマン（副宣教師）に贈った「耶蘇会士の日本通信」がある。この中に博多沖の海で、入水《じゅすい》自殺した無名の山伏の話がのせられている。これは多くの山伏の入定《にゅうじょう》や火定《かじょう》や入水などの捨身《しゃしん》が、説話集などの物語になっているのに比して、外国人が実際に目撃した死であるから、確実性があることをみとめなければならない。

この山伏は母を殺した罪の懺悔《さんげ》のために山伏となり、数年の苦行の末に滅罪《めつざい》の死をとげたのであった。

異教徒にして己の母を殺したる者、来世において受くべき苦痛を、この世において受けんと欲し、日本の諸国を巡りて悔改めの数年を送り、また生命を悪魔に捧ぐる誓を果さんため、当博多の市を選び

と、懺悔滅罪の苦行と入水捨身を実践した。

実際には山伏の死には、信仰集団や地域集団のすべての罪を背負って捨身することが多かった。これは他人の罪業をみずからの生命をもって贖《あがな》うという、贖罪死《しょくざいし》であった。ちょうどキリストの十字架が、人類の原罪を贖った死だったのに似ている。これも発生的には、もっと小さな集団のための贖罪死だったのが、キリスト教会の拡大とともに、人類全体の贖罪まで拡大されたとかんがえられよう。

この博多の山伏は、それから言語に絶する苦行をした。

まず徹夜断食祈禱を行い、その間、七日はたえず起立して徹夜し、断食祈禱をなせり。その後、冬時寒気の最も厳しき時に、市を十区に分ち、毎日一区を走り、住民等は冷水を器に充してこれを待ち、彼の同伴者等は、右の器を受取りて、水を彼の身体に掛けたりと報告されたように、断食と七日不眠不動の行をおこない、大寒の代垢離《だいごり》もしたのである。この代垢離は、博多市民の罪を滅すために、この山伏が代わって水を浴びる苦行だった。したがって彼の死も自分の罪業の滅罪であるとともに、博多市民の贖罪のためであったことがわかる。

いまもこの代垢離は木曽谷では、御嶽行者によっておこなわれている。上松《あげまつ》の町などでは、寒中に各戸手桶に水をみたして戸口に出しておくと、行者は次々にこれをかぶってあるく。これは庶民が自分で垢離《こり》をとるべきものを、行者が代理でおこなうのであるが、元来、宗教者というものは、こうした代受苦《だいじゅく》のために布施をうけたのであった。したがって必要とあれば、その生命をもって共同体の罪を贖うべきものだった。

この無名の行者は、その後最後の苦行に入った。すなわち市中を流れる川に入り、五昼夜のあいだ、水中に立ったまま不眠不動の行をした。同行は河岸で鐘をならして勤行をし、諸方から結縁のためにあつまった信者からの喜捨をうけた。こののち山伏は数日間の休養をとってから、信者にかこまれて海岸まで行列をし、舟にのって博多沖へこぎ出して行った。舟には薪を一ぱい積み、山伏も袖や懐に石を入れていた。見物人は海上にも陸上にも充満した。この山伏の舟には二人の老人が同伴したが、これは山伏の苦行を見て信心をもよおし、一緒に死ぬためであった。

彼は袖および懐に石を入れ、また石をみたしたる袋をストラのごとく肩にかけ、悪魔の名を唱えて海にとびこみ、底に沈みて死したり。苦行者の同伴者は他の舟に移り、彼を連れゆきたる舟に火を放ちしが、各地方の人、多数海陸より見物にあつまりたり。

とあるから、入水往生するとともに、舟も焼いてしまった。悪魔の名を唱えたと宣教師が見たのは、大てい不動明王の真言であるが、山伏とその同行が「神々の作りし文字」を一面に書いた紙の白衣を着ていたというのも、大てい光明真言や随求陀羅尼《ずいぐだらに》を一面に書いた、経帷衣《きょうかたびら》だったにちがいない。

このパードレがその報告の最後に、次の言葉を添えたのは感動的であろう。

予がこのことを通信するは、暗黒の子等が虚偽の救のために、光明の子等が真の救のために為すよりも、多くのことをなすことを、知らしめんがためなり

ということは、真の神につかえるキリスト教の宣教師よりも、悪魔につかえる無知な山伏の方が、すぐれた宗教的救済をしていることを、耶蘇会に伝えたいというのである。いかにこのパードレが、この山伏たちの死に感動したかを、知ることができよう。

〈三〉

宗教的な滅罪の死は、民衆の大きな感動をよぶばかりでなく、その墓は信仰の対象となって、なやめる衆生を済度する。博多沖の無名の山伏の墓も、博多の「主要なる門の通路の傍」につくられて、信者をあつめた。民衆はこのような死は、肉体は死んでも、精神は永遠に生きると信じたのである。むしろ霊魂とともに誓願が永遠に生きることをもとめて、滅罪の捨身をとげたものと見られる。

古代の『大宝律令』の「僧尼令」に

凡そ僧尼、焚身捨身《ふんじんしゃしん》することを得ざれ

と禁じたのは、すでにこの霊魂と誓願の不滅をもとめる僧尼の滅罪死が多かったことをしめすが、江戸時代に入ってからは、出羽三山の湯殿山の即身仏が、次々と弘法大師の入定にならった入定によって衆生済度の誓願をのこした。ことに鉄門海上人は青年時代に武士と争ってこれを殺害した罪のために、入定を目的とした一世行人になったが、生前にも江戸で流行した眼病を救う誓願を立てて、自分の左眼を刳《く》り抜いて眼病平癒を祈願したという。これも自分の肉体の一部を犠牲にして、衆生の眼病の苦に代えたのである。

明治時代に入っても、那智の滝から捨身した行者があった。その名は林実利《じつかが》といい、明治十七年四月二十一日に坐禅のまま滝壷に飛びこんだのである。おそらく永い日本宗教の捨身の伝統の、最後になる人であったろう。そこには禅僧が口先だけでいう「生死事大、無常迅速」より真剣な「死に様」があった。宗教というものは原点にさかのぼればさかのぼるほど、真剣な実践がある。宗教は発展すればするほど、口先の理屈だけか儀礼だけになって、真剣な実践は横着になるものだ。

修験道は日本の宗教の原始性をもっていたので、滅罪と贖罪の捨身を最高の名誉とした。それがかなわなければ臂や掌で香を焚き灯明をともして皮膚を焼いたり、皮膚を剥いだりして、死に代えた。身体を苦しめることが罪を贖う道だったのである。林実利はそのような伝統の最末端に位する山伏だったということができよう。

したがって林実利の那智の墓は、ここに一度参詣するものは、一切無量の罪を滅し、現世には利益を得、来世には極楽往生できるという実利の誓願が記されている。捨身の前にみずから書いた和讃では、大願が成就すれば、雲にのって昇天しよう。そうすれば超人間的な三明六通具足の霊魂となって衆生済度をしようという誓願をのべている。

このような事例は日本にも「罪の文化」があることをしめすものであるし、庶民の精神を支配したのは、恥よりもむしろ罪だったのである。すべての人生の不幸や災いは、自分および先祖の犯せる罪の報いであるか、現世の罪と前世の宿業の結果であると意識した。その罪業を滅するために、生命をもって贖ってくれる壮絶な「死に様」をしめした宗教者に、彼らの信仰を託したのである。

9　日本の観音信仰――愛と力のほとけ

千手の誓い

○観音大悲は舟筏《しゅうばつ》　補陀落《ふだらく》海にぞうかべたる。
　善根もとむる人しあらば、乗せて渡さむ極楽へ
○万の仏の願よりも　千手の誓ぞたのもしき。
　枯れたる草木も忽ちに　花さき実なると説いたまふ

平安時代末期の流行歌をあつめた今様《いまよう》集『梁塵秘抄《りょうじんひしょう》』の仏歌に、観音はこのようにうたわれている。とくに「千手の誓」の今様はよくうたわれたらしく、『平家物語』（巻二）の、鬼界ヶ島での「卒都婆《そとば》流し」の条では、康頼、成経の夢に二、三十人の女房があらわれて、この今様をうたったという。これは熊野権現の御利生《りしょう》であって、そのために赦免の赦文をうけることに

なったとする。

　千手観音はいうまでもなく熊野の「西の御前」すなわち、那智権現の御本地である。この千手観音はとくに補陀落信仰とあわせて、わが国では広く庶民に信仰された。ということは海と湖水にゆかりのある霊場にまつられたのである。

　西国三十三所霊場でも竹生島《ちくぶ》宝厳寺《ほうごん》（三十番）の千手観音は有名であるし、日光中禅寺湖畔の歌ヶ浜立木《たちき》観音（旧中禅寺本尊）も千手観音である。そしてここには補陀落信仰があったので、補陀落山を二荒《ふたら》山とよび、二荒《にっこう》（日光）の名が出た。駿河の海、遠州灘をのぞむ久能山は、現在東照宮がまつられて不明に帰しているが、織田信長が乱暴にも久能寺を焼いて築城するまでは、千手千眼観音をまつる補陀落霊場であった。したがって康永元年（一三四二）の『駿河国久能寺縁起』では山号を補陀落山とよび、熊野十二所権現を鎮守としたとある。

　四国霊場でも足摺《あしずり》岬の雄大な海洋に向かう蹉陀《さだ》山（第三十八番）金剛福寺補陀落院が千手観音を本尊とする。四国霊場は平安時代には「四国の遍路《へじ》（辺路）」とよばれたように、海辺を巡って島を一周する霊場から出発した。したがって千手観音を本尊とする霊場が十ヶ所あり、観音としてはもっとも多い。また西国三十三観音では、半数に近い十五霊場が千手観音をまつり、坂東三十三観音では十一霊場である。

　これらの千手観音は海岸寺院でなければ山岳寺院であって、風景はすばらしいけれども、厳しい地勢の近づきがたいところにまつられることが多い。このような条件は十一面観音では一そうはっきりするが、日本での観音霊場信仰に、千手観音と十一面観音が多いのは何故であろうか。

十一面観音でいえば、西国三十三観音では六霊場、四国八十八ヶ所では九霊場、坂東三十三観音ではちょうど半数の十六霊場におよぶのである。ことに陸奥《みちのく》の古仏といわれるものは、鎌倉以前のものはほとんど十一面観音で、のこりは千手観音である。これを単に偶然といってしまったのでは、わが国の観音信仰の本質をとらえることはできないであろう。

常識では観世音菩薩といえば、慈悲円満で柔和なる仏の代表となっている。その表現も女性的なので、観音さんは男か女かというような通俗的質問がよく出る。とくに『観音経』所説の観世音は、三十三身に変化《へんげ》して衆生のあらゆる願望にこたえるといわれるために、すべての現世的欲望を満たすものと信じられている。しかし『観音経』を読めばよくわかるように、この菩薩の救済は、衆生の願望をかなえるという慈悲よりも、危難を救う咒力による救済なのである。

或いは王難の苦に遭い、刑に臨んで寿《いのち》終らんとするに、彼の観音の力を念ずれば、一尋《ひろ》の刀も段々に壊せられん。

或いは囚《とら》えられて、枷鎖《かせくさり》に禁《いまし》められ、手足枷械《かせばけ》せられんに、彼の観音の力を念ずれば、釈然として解脱を得ん、ここに説かれたのはすべての危難から衆生を救う力の仏であった。

これは生活条件の厳しい古代人の信仰として当然のことであって、古代人の、とくに力も知恵も財力も持たぬ庶民の幸福というのは、王難や天災の危難からのがれることにほかならなかった。したがって力のある観音、咒力を持った観音として、千手観音と十一面観音がまず日本人の信仰の対象になったのである。

観音の浄土―補陀落

藤原明衡の撰した『清水寺《きよみず》縁起』によれば、清水寺の開基は大和子嶋寺《こしまでら》（南清水寺）の報恩大師の弟子、延鎮《えんちん》（別名賢心）で、大檀越は坂上田村麿である。延鎮がこの寺を開く前から、音羽《おとわ》滝のほとりで寿二百歳の行叡居士《ぎょうえいこじ》が、千手観音の真言を誦して山岳修行をしていた。延鎮と行叡居士の出会いは宝亀九年（七七八）四月八日というが、延暦十七年（七九八）にいたって延鎮は田村麿に会い金色十一面四十手観音を造立したとある。四十手観音といったのは、普通千手観音は四十二臂《び》なので千手観音を指したものとおもわれる。世にしばしば十一面千手千眼観音なるものがあるが、これは清水寺がもとである。

ところで後世の『清水寺縁起』や謡曲『田村』では、この観音が田村麿の蝦夷征伐や鈴鹿山の鬼神征伐に、千の御手ごとに、大悲の弓には、智恵の矢をはめて、一度放せば千の矢先、雨霰となりかかって、鬼神の上に乱れ落つれば、ことごとく矢先にかかって、鬼神はのこらず討たれにけり

とあるような、怨敵《おんてき》退散の力の仏として信仰された。

奈良時代の千手観音として現在までのこったのは、唐招提寺金堂の木彫千手観音立像（一七三センチ）と、河内葛井《ふじい》寺の乾漆千手観音座像（七十八センチ）であろう。ともに後世の四十二臂像とちがって、九百数十本の手を持っていて、すこしも均斉をくずさず、荘厳華麗な御姿である。那智の浦から補陀落渡海した僧が、千手観音像を船の舳先《へさき》に立てたのも、この仏の像容がさながら帆を張った形に似ているからであろう。

また奈良時代末期から平安時代前期の作として、下野大谷寺の千手観音磨崖仏（四〇二センチ）の巨像がある。有名な大谷石の岩壁をほった石窟であるから風化がはなはだしいが、その端麗な像容は奈良時代の作をおもわせる。関東には奈良時代から平安初期には、中禅寺の立木彫千手観音とともに千手観音が多いので、『常陸風土記』の多珂郡の条にあったという海岸の磨崖仏も、千手観音ではなかったかと私はかんがえている。

国宰《くにのみこともち》　川原宿禰《かわらすくね》黒麻呂の時、大海の辺の石壁に観世音菩薩の像を彫り造《え》りて、今存《のこ》れり。よりて仏の浜と号《なず》く

とあるのは、茨城県多賀郡の日立市川尻海岸ともいうが、川原宿禰の名からすれば日立市川原《かわら》

子海岸《ご》かもしれない。このような海に向かって彫られた磨崖仏は『観音経』に

或いは巨海に漂流して、竜魚や諸鬼の難あらんにも、彼の観音の力を念ずれば、波浪も没《しず》むること能わず

とあるように、漁民を海難から救うばかりでなく、海難で死んだ人々の霊を救う補陀落信仰があったであろう。ということはこのめずらしい奈良時代の磨崖仏が、千手観音であったという推定につながる。中禅寺湖畔の立木千手観音も補陀落信仰があるとともに、いまも船禅定《ふなぜんじょう》といって、中禅寺湖でその年死んだ霊を供養する補陀落船を出して、湖水めぐりをする。

そこでかんがえなければならないことは、日本人に観音信仰をうえつけた補陀落信仰である。印度の補陀落（Potalaka）は南印度の海中にある、観音の浄土とされる、想像上の島であった。ところが日本人のあいだにも、海の彼方に想像上の島があって、これを常世《とこよ》といった。常世というのは「永遠にかわらざる世界」ということで、不老不死の信仰があり、中国の蓬萊《ほうらい》に似ている。熊野那智の補陀落信仰は、西国三十三番の第一番の御詠歌に

ふだらくや　岸うつ波は　三熊野の

那智のお山に　ひびく滝つ瀬

でよく知られるが、これは日本人の常世信仰と印度人の観音浄土信仰と、中国人の蓬萊信仰がミックスしてできたものである。観音信仰というものは、このような複雑な構造をもって、日

本人に受容されたのである。

ところで日本人の補陀落、すなわち常世は、不老不死の信仰から竜宮信仰を生み、浦島太郎の玉手匣《たまてばこ》の昔話のもとになった。しかしそれは先祖の霊がそこにあつまっている「あの世」―宗教学でいう「他界」―とも信じられていた。それは古代神話から類推するほかはないが、たとえば『日本書紀』の神武天皇紀に、天皇の軍が熊野灘をすすんだとき暴風に遭った。そのため天皇の兄二人は犠牲となって死んだが、これを

則ち浪秀《なみのほ》を踏みて、常世郷《とこよのくに》に往《い》でましぬ。

と表現している。あるいは同書神代巻に、少彦名命《すくなひこな》の死を

少彦名命、行いて熊野の御碕《みさき》に至りて、遂に常世郷《とこよのくに》に適《い》でましぬ。亦曰く、淡嶋《あはしま》に至りて、粟茎《あはがら》に縁《のぼ》りしかば、則ち弾かれ渡りまして、常世郷に至りましき。

などと語られている。このような信仰は玄海灘に面する肥前（長崎県）五島列島の三井楽《みいらく》にもあった。ここは遣唐使の出発港として『万葉集』にもしばしば詠まれた美弥良久《みみらく》であるが、この島では死者に会えるという信仰のあったことが、顕昭の『袖中抄《しゅうちゅうしょう》』や能因の『坤元儀《こんげんぎ》』（大日本地名辞書所引）に見えるという。そればかりか沖縄では海の彼方のニライカナイ（根の国）に死者の霊はとどまり、お盆にはその霊がアンガマ（爺と婆）に扮して往来する。このような例をあげればきりがないが、日本人が補陀落信仰にともなう観音信仰を受容したのは、常世やニ

ライカナイのような海上他界の実在を信じ、他界における祖霊の懲罰と恩寵の力を千手観音に托したからにほかならない。

咒力ある観音

わが国に観音信仰が伝来したのはいつか。この問に答えることはまことにむずかしいし、その詮索は私にとってあまり重要でない。私にとってそのような問題の答案を書くよりも、それがいつごろ、どのような形で日本の民衆の信仰としてとけこんだかをあきらかにすることに意味がある。

しかし一応文献をあげて見ると『扶桑略記』の推古天皇三年（五九五）の条に吉野比蘇寺の放光仏は観世音菩薩だという記事がある。これによると、土佐の南海に光と雷声をともなう栴《せん》檀《だん》香木があらわれ、淡路嶋南岸に流れ寄って来た。これは南天竺南海岸に生ずる香木なので、天皇は仏教興隆のしるしとして檀像をつくらしめた。

すなわち勅有り。百済工をして檀像を刻造せしむ。観世音菩薩高さ数尺なるを作り、吉野比蘇寺に安ず。時々光を放つ。

とあるが、実はこの仏像は『日本書紀』の欽明天皇十四年（五五三）の条に見える吉野寺放光仏とおなじものである。しかしこの吉野寺（比蘇寺または現光寺、または世尊寺）の記事文献は、すでに私が指摘したように、比蘇寺縁起が書紀の中にまぎれこんだもので、いずれも事実とかんがえにくい。といっても、だから文献的価値がないというのではなくて、すでに『日本書紀』成立時（七二〇）にこのような寺社縁起があったということは注意してよいとおもう。

観音信仰のわが国への伝来は、一つは『法華経』所説の独立の信仰として、二には阿弥陀如来の脇侍として、三には雑密《ぞうみつ》信仰の一尊としてであろう。独立の信仰としては推古・白鳳期の四十八体仏や、出雲鰐淵寺《がくえんじ》、播磨鶴林寺などの金銅聖観音像、あるいは法隆寺の夢殿観音、百済観音などがよく知られている。ただ私が注意したいのは、これらの尊像は法隆寺金堂壁画などとともに、貴族階級の信仰の対象であって、庶民の目からは隔絶されていたことである。

弥陀三尊としての観音像は、善光寺三尊仏が伝来当初弥陀三尊であったかどうかに疑問があるので除外すれば、法隆寺金堂西面大壁の阿弥陀浄土に観音像が画かれている。これも法隆寺再建時のものとすれば、いささか時代は下るであろうが、ともかく貴族階級の信仰対象が柔和典雅な慈悲相の聖観音であるのは、苦労を知らぬ貴族の好みにふさわしい。和辻哲郎氏などが古寺巡礼でいかれたのは、この貴族趣味の典雅なる観音の美であった。

これに対して前奈良期《プレ・ナラペリオド》、あるいは奈良前期《フォーマー・ナラペリオド》には白山開創の修験者、越《こし》の泰澄が十一面観音の咒法を修したという所伝は、ほぼ誤りないものと信じられる。というのは、ちょうどこのころ天武天皇四年（六七六）に私度沙弥《しどしゃみ》となった徳道聖人が、弘福寺《ぐふくじ》道明聖人とともに長谷寺十一面観音像を造立しているからである。このことは菅原道真によって草せられた『長谷寺縁起文』によってあきらかであって、徳道も泰澄とおなじ山岳修行者であった。また奈良前期には、奈良東山の金鷲優婆塞《こんじゅうばそく》、のちの良弁《ろうべん》僧正が不空羂索《ふくうけんじゃく》観音像（東大寺法華堂本尊）をつくり、その弟子笠置山の実忠和尚が十一面観音（東大寺二月堂本尊）をつくった。いずれも山岳修行者の雑密的観音である。

これらの密教的庶民信仰の観音は、長谷観音や二月堂観音、三月堂観音、あるいは清水観音、粉河観音（千手）、壷坂《つぼさか》観音（千手）、竹生島観音として衆生済度したことは、貴族的聖観音の済度とは比較にならぬくらい大きい。これらは多く「力のほとけ」として除災招福の御利生をもって信仰されるのである。

一般の常識では観音といえば柔和の慈悲相とかんがえているのに、庶民信仰では忿怒《ふんぬ》相、または不動明王のように羂索や器杖（武器）を持って威嚇する観音がすくなくない。十一面観音でも、前の三面は慈悲相をあらわし、左右の六面は忿怒相、そして後の一面は忿怒の極致で魔を笑によって払う大笑面《だいしょうめん》である。千手観音の手を見れば、いかに多くの武器を持つかにおどろくであろう。東大寺三月堂（法華堂）の不空羂索観音は天平彫刻の典型といわれるが、その厳粛な面相は異様な威厳をもって迫ってくる。それは一面三目八臂という異形だけから来るものではなくて、その内面の本誓から来るのである。しかし和辻哲郎氏はこの像をあまり好かな

かった。氏は『古寺巡礼』の中で

本尊（不空羂索観音）の姿の釣合は、それだけを取って見れば、恐らく美しいとは云へないであらう。腕肩胴などはしっかり出来てゐると思ふが、腰から下の具合がおもしろくない。

などと、その本誓よりも形態から来る印象だけで、聖林寺十一面観音の方が、この像より上等だと主張する。

しかしこの観音は『不空羂索神変《じんぺん》真言経』（菩提流志訳）や『不空羂索儀軌《ぎき》経』（不空訳）によって、鹿皮衣《ろくひい》観音と名づけられるように、鹿の皮を着ていることが、山岳修行者の鹿皮にふさわしい。こうした理由で金鷲優婆塞の後身たる良弁僧正によって造立されたものとおもわれる。鹿の皮は空也や革聖《かわひじり》行円（革堂《こうどう》行願寺開基）も着たし、『梁塵秘抄』に

聖《ひじり》の好むもの、木の節、鹿角杖《わさずえ》、鹿の皮、蓑笠、錫杖《しゃくじょう》、木欒子《もくれんじ》、火打笥《ひうちけ》、岩屋の苔の衣

とあるように山伏必須の道具である。現在の山伏も曳敷《ひっしき》として尻当に付けている。またこの観音は三面二臂の場合は、正面は慈悲、左面は大瞋《おおいかり》で口を張り、右面は微瞋《かすかないかり》を口に含むとされて、愛と怒の仏なのである。三面四臂、三面六臂の場合もおなじく正面慈悲、左右面忿怒で各面三目であるから、東大寺三月堂のように一面八臂の不空羂索観音は、慈悲と忿怒を止揚した威厳ある面相たらざるをえないのである。

しかもこの『不空羂索神変真言経』第二十八灌頂《かんじょう》真言成就品には、密教できわめて重要視

する光明真言が説かれている。そしてこの真言を聞くものは一切の罪障を消滅する功徳があるので、滅罪行を根本義とする山岳宗教に重要視されるようになった。また日本の庶民仏教では死後の滅罪を、念仏なり法華経なり真言なりに期待するから、この真言は各宗にわたってもちいられたのであるが、これが不空羂索観音の本誓から出ていることは興味深い。

以上のように、観音信仰はいろいろの形で日本に伝来した。これをはじめ単なる愛と慈悲の仏として受容したのは貴族階級であって、庶民はむしろ力の仏として、観音の咒力をもとめたのである。そのために、ほかに馬頭《ばとう》観音や楊柳《ようりゅう》観音（奈良大安寺）のように、おそろしい観音が信仰された。われわれはこれら多種多様な観音信仰から、庶民が仏に何をもとめたか、庶民の宗教とは何かということを学ばなければならないとおもう。

10　日本人の先祖供養観——仏教以前からのうけとめ方

葬式仏教と先祖供養仏教

日本仏教の現状は、好むと好まざるとにかかわらず、葬式仏教であり、先祖供養仏教である。理想はいくら高くともよいし、また仏教に対するいろいろの意見があってよい。しかし日本仏教が葬式と先祖供養によって社会的機能を果たし、また一般庶民の宗教的要求をみたしている現実だけは、直視しなければなるまい。

もちろん、これは日本仏教の最低線である。しかしこの最低線をしっかりおさえない理想論は、空想であり幻想であるといわれても、いたしかたがない。私のような凡庸から見ると、あまり高度な、恰好のいい空論が、宗教にも思想にも、政治にも教育にも横行して、その用語も論旨も理解できない。肯定するがごとく、否定するがごとく、肯定も否定もせざるごとき論理は、わかったかとおもうとはぐらかされ、はぐらかされたかとおもうと突きはなされて、真面目に読んでいると散々な目に会う。議論の前に、日本仏教は葬式仏教なり、供養仏教なり、という最低線をきめてかかると、そうした恰好だけの空論と、論理の混乱をまぬかれることができるのではないかとおもう。

そこで、なにゆえに日本仏教が死者の葬送と先祖の供養にかかわったかといえば、世界の宗教という宗教が、人間の現世と来世をつかさどるものであるという一般論も、その説明の一つの方法であろう。また宗教が個人の内面的思弁から社会的救済として外面化するとき、その一つは祈りによる現世の救済となり、その一つは葬送供養による来世の救済へ向かうのは当然のこととしなければならない。したがって日本仏教だけが葬式仏教ではないのだが、これがとくに日本仏教で問題にされるのは、明治以後の日本の仏教研究が、印度の原始仏教や中国仏教の思弁性にだけ傾斜して、その社会性、現実性を低俗なものとして軽視したことによるであろう。

このようなことがおこるのは、仏教の哲学的な側面や、仏像・仏画・仏寺建築などの文化的側面に対するブルジョア的評価が、庶民信仰や民俗としての仏教を低俗視させたからである。しかし宗教の生命は信仰であって、信仰には本質的に高級も低級もありえない。人の死をいたみ、その魂を救済しようという宗教的要求は、葬式と供養としてあらわれる。これももとは死者の霊魂へのおそれから、社会的災害がおこらないように、魂を鎮《しず》め和《なご》める鎮魂《ちんこん》の呪術をおこなうことから出発した。しかしいずれにもせよ、霊魂の実在を信ずるという信仰が前提になる。

これに対して仏教の哲学や、仏教芸術の鑑賞と研究は霊魂の実在という信仰とは、ほとんど無縁である。しかし肉親の死に出会った人は、その死後の霊魂の実在を信ぜずには居られない。霊魂というものは五官の感性によって実在を認識するものではないし、理性の思弁によって認識できるものでもない。それは人の死に直面して実在を信ずるだけであるが、それは感性や理性による認識よりもたしかだった証拠は、世界の宗教が死者の葬送と死後の供養を、古代から現代までつづけて止まなかったという歴史事実だけで十分であろう。

葬送の儀礼や供養の法会は、ある程度形式化したことはたしかである。しかし肉親の死に直面した人にとっては、それは形式どころか、信仰の実質そのものにほかならない。いつの世の中にも、人の悲しみやよろこびを傍観して、皮肉ったり文句をつける人間はおるものである。それは人と一緒に悲しんだりよろこんだりすることができないで、高いところから見下している擬似インテリに多い。そのような輩は、これだけ庶民の感情にとって止みがたい葬送を「形式」だといって、自分の葬式はしてくれるな、みなさんが集って想い出話だけしてくれればよい、と遺言したインテリに拍手喝采する。そして自分は無神論者であるといって自慢するのである。

民俗としての先祖供養

葬送と先祖供養の内容は、既成の宗教概念では説明が不可能である。これはいわゆる既成宗教のもう一つ深層に隠された原始のままの庶民信仰の表出にほかならないからである。それは民族宗教といってもよいもので、それぞれの民族によって異る葬送と供養の形式ができた。したがって日本の葬送と先祖供養は、世界宗教としての仏教の関知せざるところである。

葬式とかお盆行事などを仏教や経典で説明しようとすれば、かならず失敗する。これはその拠って立つ信仰基盤の次元がまったくちがうからである。したがって葬式と供養を仏教以前とよぶこともできるわけである。

ただ何故日本のような先祖供養の方式ができあがったか、をあきらかにするには、まず死者の霊魂や先祖というものを、日本民族はどうとらえていたかということをはっきりさせておく必要がある。いわゆる霊魂観や先祖観はその民族に固有のものが、庶民のあいだに伝承されてのこっており、これが民俗としての葬送や供養の方式を規定する。これを理解しておくと、葬送と供養の論理はまことに明快なのであるが、ことを知らないと葬式や供養のしかたぐらい、無意味で不可解なものはないであろう。

僧侶が葬式をきらう理由の一つが、民衆のやる葬式と供養を理解することができないということにある。何故四十九の餅をつくのか、墓に花籠を立てたり、傘を立てたりするのか、七本塔婆を書いてやると、それを初七日二七日と一本ずつ立てないで、一度に七本とも立ててしまうのは何故か、四十九院とか忌垣《いがき》を何故墓の上に置くのか、墓参りをするのに石塔に水をかけるのは何故か、などと疑問はかぎりない。お盆、とくに新仏のお盆となれば、これも棚を屋外に立てたり、施餓鬼をしたり、水向け供養をしたり、精霊船を流したりする。またお産でなくなった女人があれば、流灌頂《ながれかんじょう》をしたり、百日晒《さら》しを路傍でする。年忌年回の法要はともかく、三十三回忌となれば生木《なまき》や梢《うれ》のある弔切塔婆《といきり》（梢付《うれつき》塔婆・葉付塔婆）を立てたりする。よくもこれだけわからぬものを民衆は保存して来たし、学者はこれをよくも放置したものである。

これを説明するには、日本人の霊魂観に死後間もない霊はケガレが多く、そのためにタタリやすく、放っておけばおそろしいという観念があったことを、前提しなければならない。すなわち、新魂《あらみたま》は荒魂《あらみたま》で社会に災害をおよぼすということは、『日本書紀』にも具体的な事例がある。そこでこうした荒魂は封鎖鎮魂しなければならない。そのために荒魂がすさび出ないように封鎖の垣根をまわすのだが、これを仏教風にすると四十九院という垣根になる。そしてこの荒魂を鎮めるには、その生前の罪穢をほろぼしてやる必要がある。また垣根（四十九院・忌垣・犬はじき等）の上に花籠の傘をかけてやる。これがまた笠になって盛土の上にかぶせられ、あるいは唐傘を立てたり、洋傘を立てたりもする。

死者のための罪ほろぼしは、また善根をおこなうことである。私は民衆が罪と感ずるのは社会に迷惑をかけることだから、何か社会のためになることをするのが善根だとかんがえたのだろうとおもう。したがって貧しいものに施しをしたり、旅人に食物と善根宿をあたえたりする。葬式の会葬者にくばる「粗供養」も、そうした施しの変化したものである。あるいは道をつくったり、橋をかけたりするのも善根である。名古屋の熱田神宮に近い有名な「裁断橋《さいだんきょう》」は、天正十八年に小田原の陣で戦死した十八歳の若武者、堀尾金助の滅罪のために、その母が架したものである。行基の造道架橋の社会事業は、こうした善根をなす滅罪の「作善《さぜん》」に参加する人々によってつくられたにちがいない。この作善は生前に果たしておくべきものを、家族がその死後に本人に代わってするので「追善《ついぜん》」という。追善は僧侶をたのんで読経してもらうだけでなく、社会に対する善根を積むべきものである。それは仏教の教えというよりも、庶民の社会的連帯感から出たものであるとおもう。仏教は個人の悟りを目的とするが、仏教以前の庶民信仰は社会全体とともに生き、集団全体で往生しようとする連帯感を根底として成り立っている。

祖霊と神霊

日本人の仏教以前の信仰では、死者の魂は死んだ直後は罪にケガレ、タタリやすい荒魂であるが、四十九日までの供養で鎮魂され、それから百ヶ日とか一周忌、三周忌などの供養で一そう浄化されて、神（あるいは仏）に近づいてゆく。日本人は罪には重量があるとかんがえ、滅罪されない魂は地下（地獄）に沈淪しているが、滅罪あるいは贖罪《しょくざい》の儀礼がすすむにしたがって、魂は軽くなり天に上ってゆく。これが「うかぶ」である。子孫に供養してもらえず、生前の重い罪を背負ったままの怨魂は「うかばれない」のである。

日本人の仏教以前の庶民信仰では、死霊はこのような滅罪・贖罪・浄化をかさねて祖霊となり、最後には神霊となる。これを私は「霊魂昇華説《しょうか》」と名付けているが、死者が神になる例は英雄豪傑偉人にその例が多い。しかし誰でも供養されると神になるのであって、三十三回忌は「弔《と》い切《き》り」とよばれて、仏教的供養の最後とされる。ちかごろ五十回忌・百回忌とあるのは、特別に罪が重くて神になれないのか、お寺の営業政策かのいずれかであろう。十三仏も三十三回忌の虚空蔵菩薩までで、五十回忌・百回忌はうけとってくれる仏さえなかったのである。

三十三回忌法要にはもはや位牌は不要になるので、これを川へ流したり、墓に捨てたり、霊場寺院におさめたりしてしまう。これが「位牌まくり」で、三十三回忌には赤飯を炊いて祝う。また神前法楽《ほうらく》に読む大般若経を転読して、仏は神の位になったというところもある。大体氏神というのはその氏の始祖《しそ》をまつることが多いが、二代目以下の先祖もこの始祖霊に帰一するとかんがえられる。皇室はその典型的なもので、始祖天照大神は氏神にあたる伊勢大神宮と宮中内侍所《ないしどころ》にまつられ、歴代天皇の霊は神殿《しんでん》にまつられている。

したがってわが国では仏教による祖霊《それい》の供養は、神道による氏神祭と同一線上にあり、ここに神仏習合の根本的な構造がある。そして第一段階の死霊が恐怖的存在であったのに対して、祖霊は恩寵《おんちょう》と恐怖の二面性をもっている。子孫をいつくしみ護るという反面、何かといえばタタリをなし、怠惰な子孫をいましめる。そして神霊となれば、もっぱら恩寵的存在として崇拝される。

この霊魂の三態のうち、死霊段階ではもっぱら鎮魂の原始咒術としての葬送がおこなわれる。ここではいまは読経とか引導《いんどう》作法とかがおこなわれるが、そのはじめは僧尼発哭《みね》、あるいは梵衆《ほうしどもの》発哀《みね》がおこなわれたにすぎない。天武天皇十四年（朱鳥元年＝六八六）の天皇崩御にあたって

諸の僧尼、殯《もがり》の庭《みや》に発哭《みね》たてまつりて、乃《すなわ》ち退《まか》りぬ

とか、翌持統天皇元年（六八七）の正月元日にも殯宮に

梵衆《ほうしども》、発哀《みね》たてまつる、

とあるのがそれである。これは皇太子、公卿、百寮人から膳部《かしわで》、采女《うねめ》などにいたるまで発哀、慟哭《みね》を奉ったもので、これこそ仏教以前の「たまよばひ」（招魂）の原始咒術にほかならなかった。これにともなって、病人や貧民に、絁《あしぎぬ》、綿などを施したのも今日の「粗供養」にあたるものので、けっして仏教儀礼としておこなわれたものではない。ことに「たまよばひ」はすでに遺《なき》骸《がら》から去った霊を呼びもどすものではなく、鎮魂の咒術であった。いうのは崩御五ヶ月たった招魂であるから、浮遊する荒魂《あらみたま》を殯の宮に鎮めまつって、やがて滅罪浄化されるのを待つ仏教

以前の咒術であった。

このようにして四十九日までに鎮魂された死霊は、祖霊の世界に入ってゆくと信じられた。このとき四十九の餅を喪家《そうか》の屋根を越して投げるのは、餅にケガレをうつして祓い清める意味である。これで死霊は屋根棟をはなれるなどというが、いまはこの意味がわからないので、四十九の餅は墓へあげたり、お寺へ届けたりする。これで第一次の浄化が済むので「仕上《しあ》げ」だとおもっている人が多い。しかし全国の民俗事例をあつめて見ると、これは「ひあげ」で、「ひ」は死霊のケガレの意味だから、第一次のケガレ浄化であったことがわかる。

祖霊はそれでもまだ、ケガレと荒魂のタタリがすっかりとれたわけではない。これからの滅罪と浄化は仏教の読経によってなされることが多いが、それでも墓に水をかけたり、線香をあげたり、灯明をともすという水と火による原始的浄化咒術もおこなわれる。この段階では祖霊は多く「詣り墓」の方でまつられるのは、死体を埋めた「埋め墓」のケガレをはなれた意味で、日本の独特の墓制である両墓制（複墓制）というものも、きわめて明快な庶民の論理をあらわしている。また四十九日法要とともに、その地方の霊場寺院へ「忌明《きあ》け参り」をするのは、第一次の浄化の済んだ祖霊を霊場のある山へ送り、ここに鎮まってもらうことであった。この霊場の山が村内の寺や堂にある「詣り墓」で代用され、寺墓とかラントウバ（檀徒墓）とよばれるようになったとするのが、私の両墓制論における「霊場崇拝説」である。

四十九日までの鎮魂や十分な浄化供養をうけられなかった霊魂は、墓にも霊場にも鎮まらずに浮遊して「餓鬼《がき》」になるとしておそれられた。しかし第一次の浄化鎮魂の済まない死霊一般も餓鬼であって、この第一次の浄化を最初の盂蘭盆《うらぼん》とする段階では、死霊は「新仏」あるいは新精霊《あらそんじょ》とよばれて、屋外の餓鬼棚でまつられなければならない。

祖霊の第二次の浄化は一周忌であり、第三次の浄化は三周忌である。私はこれは日本庶民の原始的葬法が風葬だったため、死体が浄化されて白骨化する時期だったとおもう。事実古代文献での殯《もがり》（風葬）は二年間が多くて、三周忌にあたる。これで死体の完全な処理が終れば、あとは霊魂だけの祭となり、これが先祖祭である。ここで実際には先祖供養は墓と仏教をはなれて祭となったものとおもわれるが、仏教の庶民的浸透とともに、七回忌、十三回忌、三十三回忌まで仏教で供養するようになったのである。

先祖祭では祖霊はすでに神霊の位にあがっている。それは生存時の個性は失われて先祖神（『常陸風土記』にいう祖神尊《みおやのかみのみこと》）一般の中に融合してしまう。そして同族結合の中核としてまつられて来た。この段階では先祖祭は仏教からはなれたかのごとく見えるがこの祭を管理する宗教者として神道と仏教を習合した修験道の山伏法印が登場し、村落の氏神祭を司祭するようになったのである。

11　高野山の浄土信仰と高野聖

高野浄土と日本総菩提所

われわれは現在目の前にあるものは、みな昔からこの通りだったとおもい、また未来にもおなじだろうとおもいがちである。しかし現在は過去から未来にわたっての歴史の流れの中の一点、その仮の姿にすぎない。

したがって現在を知るためには、過去を知らなければならないし、それは未来へ向かってのわれわれの歴史的使命を自覚する道でもある。その意味で現在に固執することは、事の真実を見失わせることになる。

いま高野山は真言宗という大教団の中心であり、また真言密教のシムボル的存在である。厳密には古義真言宗高野派の総本山であるけれども、信仰的には日本総菩提所《そうぼだいしょ》として、海外にまでその名を知られている。この真言宗の総本山ということから、われわれは高野山は弘法大師の昔から、真言密教の教学と信仰が連綿としてあり、その結果として今日の日本総菩提所になったとおもっている。

これは歴史を見ないものの常識であって、弘法大師と日本総菩提所をつなぐ中間項として、浄土信仰があったことを無視することはできない。しかも高野山は未来に向かっても、菩提所としての宗教的機能を果たすとすれば、その浄土信仰をあきらかにしておくことが、高野山の将来をかんがえる上で重要なことであり、高野山と民衆をつなぐ線がここにあることを知ることができよう。

一般に真言密教は現世利益の祈禱仏教であって、葬式仏教はもっぱら浄土宗・浄土真宗その他の浄土教の担当だとおもわれている。そういいながら真言宗も、その存立の基盤と社会的機能は葬式と供養で果たすのが実状である。しかしこれは高野山に浄土信仰があったからというのではなくて、宗教そのものの存在理由が、死者の霊のまつりにあるからにほかならない。死者の霊が実在する以上、その霊の世界が設定されるのは当然で、これが浄土あるいは地獄とよばれる「他界」（あの世）である。

日本人の他界観念は、もっとも古くは山であったとかんがえられる。これは京都東山の山麓の鳥辺野《とりべの》が葬場であったように、その地方でよく目立つ山の麓に死者を送った（風葬にせよ埋葬にせよ）ことからおこった他界観念であろう。信州は楢山《ならやま》（冠着山《かむりぎ》）の山麓に死者を送ったことから、ここに「おはつせ」（小泊瀬）の信仰がおこり、やがて「おばすて」（姥捨）となった。大和の泊瀬《はつせ》（初瀬）が「隠国《こもりく》の泊瀬」とよばれたのは、霊の籠《こも》り隠れている他界という意味であった。

このような他界信仰をもった山は、全国いたるところにあり、善光寺の背後の大峯山もそれで、ここに地獄信仰がおこり、本田善光の息子善佐《よしすけ》の地獄めぐりの「善光寺縁起」ができ、また死者の霊にめぐり会えるという地下の戒壇《かいだん》めぐり（廻壇）がつくられた。いまも人が死ねば、霊魂は善光寺詣りをするという伝承は全国的である。また大和の三輪《みわ》山には六道という地名があったのは、古くはこの山に地獄信仰のあった証拠とかんがえられるし、また「大神《おおみわ》の餓鬼《がき》」が『万葉集』によまれたのも、この三輪山の地獄が反映しているだろう。越中立山の地獄谷の場合は、平安時代から全国にその名を知られていて、『本朝法華験記』では

日本国の人、罪を造れば、多く立山の地獄に堕在《だざい》す

と書かれている。

このように山に死者の霊があつまるという信仰が、高野山浄土信仰の起源をなす庶民信仰であった。したがってこれはこの山の麓の人々の信仰であって、いまも紀州伊都《いと》郡、那賀《なか》郡の各地から四十九日の「骨のぼせ」があるのはその名残りにほかならない。これを全国的信仰に拡大して、日本総菩提所の地位にまで押し上げたのは、全国を巡って高野山の霊験を説き、この

山への納骨納髪をすすめた高野聖《こうやひじり》であった。したがって高野浄土信仰と高野聖は、切っても切れない関係にある。

この高野浄土もはじめは弥勒の浄土であった。いやとくに何仏とも限定されない諸仏の浄土であった。この諸仏の浄土というのは死者の霊のあつまる山中他界の意味であったことは、明遍杉《みょうへんすぎ》の由来として語りつがれた話がこれを証明している。すなわち高野聖の偶像的存在であった明遍僧都《みょうへんそうず》が、ある夜、奥之院の霊域に入ろうとしたら、諸仏充満して入ることができなかった。そこで御廟橋《みみょうのはし》の袂に杖を立てたまま、引き返したが、その杖が根付いて明遍杉になったというのである。ここに諸仏というのは、この山にあつまっている無数の霊魂のことである。こうした霊魂は『聖衆来迎図《しょうじゅらいごうず》』では化仏《けぶつ》として、空中一面にうかんで多数描かれるものである。いま明遍杉の下で、参詣者は目ざす仏のために水向《みずむけ》供養をする。高野山に参詣した人なら、誰でもお寺で自分の仏の戒名を書いてもらった経木塔婆を持って、この明遍杉の下にならんだ水向《みずむけ》地蔵にあげて、水をかけた記憶があるであろう。何の意味とも知らずにおこなう人が多いが、これこそ高野浄土信仰のもっとも古い形だったので

高野山・水向地蔵

ある。しかも経木塔婆になる以前は、霊の依代《よりしろ》としての槇《まき》の枝を立てて水向けしたとおもわれ、これが高野山へ参れば槇の枝を買って帰るという習俗のもとになったのである。しかもこの習俗は高野山ばかりでなく、京都のお盆の精霊迎えに東山山麓の鳥辺野の入口にある、六道《ろくどう》の辻（珍皇寺と西福寺）に詣って、槇の枝を買って帰り、精霊を迎えることとおなじなのである。

高野浄土信仰は弘法大師の甥の真然《しんぜん》僧正のとき、陽成《ようぜい》天皇の勅問《ちょくもん》に奉答《ほうとう》したのがはじめといわれる。

　金剛峯寺は前仏の浄土、後仏の法場なり。（中略）一たびも歩みを運ぶ者は、無始《むし》の罪を滅す。仮にも縁を結ぶ者は、竜華《りゅうげ》（弥勒浄土往生）の果を得。

とあって、当時徒歩で高野山に登る苦行は堕地獄の罪をほろぼす滅罪行となり、また同時に弥勒浄土に往生できるということにもなった。しかしこの勅問奉答は、おそらく平安中期の勧進聖の作為であろう。それはおなじ内容の思想を、仁海《にんがい》が関白道長への高野山勧進にのべているからで、それには次のようにある。

　高野山は十方賢聖《けんじょう》常住の地、三世の諸仏遊居《ゆうご》の砌《みぎり》、（中略）一度《ひとたび》此の山を蹈《ふ》むの輩は、永く三途《さんず》の故郷（地獄）に還えらず。仮令《かりそめにも》、彼地を信ずるの人は、必ず三会《さんね》（弥勒菩薩の説法）の下生《げしょう》に遇うなり。

このような弥勒浄土としての高野浄土は、平安末期の高野聖の組織化とともに、阿弥陀浄土信仰に転換していった。

高野山往生伝

高野山に阿弥陀浄土信仰が入ったのは寛治七年（一〇九三）以前のことで、それはさきの道長が仁海のすすめにしたがって高野山へ登った治安三年（一〇二三）以後のことである。この信仰をもたらした初期の念仏者として、『高野山往生伝』は沙門教懐《きょうかい》をあげている。

その伝によれば、教懐は寛治七年五月二十七日に九十三歳で往生するまでに、高野山で二十余年をすごしたとある。そうすると延久の末年（一〇七三）ぐらいに高野山へ入ったことになるが、それは奈良興福寺系の念仏聖のあつまる南山城の小田原別所からであった。したがってこの浄土信仰は南都系のもので、天台系浄土教よりも庶民的であったといえる。しかもかなり密教色が濃厚で、毎日の勤行は両界曼荼羅修練と弥陀行法であり、また大仏頂陀羅尼《だらに》と阿弥陀真言を念誦した。また不動尊像数百体を模写したりしている。

往生伝によると教懐はかなり高貴な公卿の家に生れたが、その親が讃岐守であったとき、犯科人に苛酷な拷問を加えたため、その怨霊のたたりで一族がみな死んだ。そして教懐の一人だけがのこったが、なおその怨霊が責めるので出家して念仏聖になった。その草庵が南山城の小田原別所にあったので、高野山では小田原聖《ひじり》あるいは迎接《ごうしょう》房《ぼう》聖とよばれた。彼の住んだ跡は高野山浄土院谷の浄土院弥勒堂（現在の安養院あたり）であったが、このあたりを小田原通りとよぶようになり、高野山商店街の名となった。

彼の通称が高野山中心街の地名にのこったということは、いかに彼が有名人であったかを証拠だてるものであろう。したがって初期高野聖の偶像としてあがめられた。彼の住房跡には教懐聖人堂が建てられ、盛大に盂蘭盆会《うらぼんえ》がいとなまれた。この盂蘭盆会にまねかれるのは聖たちのもっとも名誉とするところであった。また教懐の往生については、『高野山往生伝』に見える維範阿闍梨《いはんあじゃり》の往生の際、来迎の聖衆《しょうじゅ》（菩薩）の中に教懐が雲にのってあらわれたことで、たしかなこととされていた。その有様は石造彫刻にのこされたということも書かれている。

『高野山往生伝』という本はまことに面白い本で、往生者の伝記の中に、著者（名不詳）がいろいろと聞いたり見たりしたことを書きそえ、それをたしかめるような記述をしている。しかもこれと照合できる史料として『寛治二年白河上皇高野御幸日記』や、久安三年から六年（一一四七―五〇）の『御室《おむろ》御所高野山御参籠日記』などが現存している。これとあわせてこの往生伝は、かなりたしかなものと信じてよい。これほどにたしかな往生伝があるのに、私の『高野聖』が出るまで、高野山の浄土信仰にたしかなメスをあてた研究がなかったのは、やはり高野山は真言の山という常識にとらわれたためであろう。

教懐について面白いのは、この伝説的な念仏者が白河上皇の高野登拝のとき生存していたことで、このとき上皇は奥之院に三十万灯の万灯《まんどう》をあげ、教懐をふくむ三十口《さんじゅっく》別所聖人に、小袖綿衣三十領を下賜された。この三十万灯というのは実際は三十灯で、一灯を一万灯とかぞえたのである。その一灯は白河灯の名で、現在も奥之院灯籠堂にもえつづけている。

ここに三十口聖人というのは、高野山の別所聖、すなわち高野聖のもとをなす念仏聖の頭株三十人のことである。この三十人のために白河上皇は第二回目の高野山登拝、すなわち寛治五年（一〇九一）に、一日一升ずつの僧供料として、年間百八石を寄進された。このような念仏聖への優遇は、教懐の名声によるところが大きかったが、これは同時に高野山に阿弥陀浄土信仰の勢力が、あなどるべからざるほどに生長したことをものがたるものである。

このころの浄土信仰の遺品として、有名な『聖衆来迎図』が高野山にあるが、これは残念ながら高野山のものではない。これは比叡山横川《よかわ》谷にあったものを、元亀二年（一五七一）信長の比叡山焼打のとき、この絵を持って高野山に逃げて来た僧があって、高野山の所有に帰したのである。しかしまた『高野山往生伝』には南筑紫聖人という九州出身の聖がおって、北筑紫聖人とともに日夜行道し不断念仏をして長治元年（一一〇四）に往生したという。これも三十口聖人の一人だったとおもわれるが、南筑紫聖人の住房の跡は、のちに天徳院となった。この寺の本尊彫像は「山越弥陀《やまごえのみだ》」と称し、南筑紫聖人住房の本尊であったという。この山越弥陀は画像が多く、臨終仏として掛けられ、五色の糸を中尊阿弥陀如来の定印に付け、これを臨終者がにぎって往生するものであった。しかし山越弥陀の図柄は山中に浄土があって、そこから阿弥陀如来と観音、勢至の三尊が、山を越えて往生者に来迎することをあらわしている。阿弥陀如来独尊で来迎した例としては『熊野影向図《ようごうず》』というものがあり、これは熊野本宮（証誠殿《しょうじょうでん》）の阿弥陀如来が、四十八度熊野参詣の立願をした老尼のために、那智の浜まで来迎したという物語をしめす図である。この熊野本宮もまた山中の浄土であり、那智はまた補陀落《ふだらく》の観音の浄土であった。

『高野山往生伝』にはほかに興味ある話が多いが、「散位情原正国」の伝には、造悪無碍《ぞうあくむげ》の武士であったが、六十一歳でにわかに出家し、毎日十万遍の念仏を唱えていたという人の話がある。ところがそれから二十七年たった八十七歳の年、夢に入唐上人日延があらわれて

汝、極楽に往生せんと欲せば、高野山に住すべし

とのお告げがあった。そこで寛治七年（一〇九三）九月二十三日に高野山へのぼり、同十月十一日に往生をとげた、とある。これも高野山の浄土信仰が広く知られていたことをしめす話である。

高野聖と苅萱道心石童丸

高野山といえば石童丸というほど、苅萱《かるかや》道心石童丸の話は有名である。宗教的霊場にはこの

ような通俗文学の語り物があって、いつまでも庶民をひきつける。しかしこの文学は高野山信仰のいろいろの問題をふくんでいる。

まずこのような語り物をつくって全国に広めたのは誰かということであるが、これは高野聖の一派、萱堂聖《かやどうひじり》とかんがえられる。しかもそれは鎌倉末期から南北朝時代にかけて、高野聖が時宗《じしゅう》化したのちのことで、おそらく室町時代の初期の所産であろう。この物語と並行して高野聖の語り物に『三人法師』と『さいき』があったが、この方は御伽草子《おとぎぞうし》となって文学化されている。しかしこれらのいわゆる高野山文学は、もと高野聖の語る説経で、節付して語られたのである。現在は『かるかや』の方だけが説経に入れられ、しかも五説経の一つにかぞえられている。しかしもとはすべて説経であって、これを文字にしたのが御伽草子だったのである。

その中でも『さいき』は古い形の説経であり、御伽草子としても古い型であった。豊後国（御伽草子は豊前国）佐伯の地頭が京へ出て契った女房を嫉妬した国元の本妻が、神仏の導きで妻の座を愛人の女房にゆずって出家する。これに感じたその愛人も出家し、これを追って地頭も出家して高野山へのぼるという筋である。そして三人とも往生の素懐をとげ、弥陀・観音・勢至としてあらわれるという結末が、説経としても御伽草子としても古いのである。

そのほか高野聖文学として知られる『荒五郎発心譚』なども、すべて高野聖文学は人間の愛欲と嫉妬を主題とし、これを発心と懺悔で昇華する。これをきく人々は、単なるありがたずくめのお説教とはちがって、身につまされながら人間の運命と神仏の導きに感動した。これはこのような文学を生み出した高野聖の真実の姿であって、彼らは世俗生活で何らかの負い目をもった人々であり、その罪の意識を出家と懺悔によってほろぼそうとしたのである。そのみずからの姿を戯作して語り物とし、人々に娯楽をあたえながら高野山の堂塔再興の勧進に加わらせたり、高野山納骨をすすめたりしたのである。

このようにして高野山は弘法大師の廟があり、この世の浄土であるばかりでなく、厳しい懺悔滅罪の生活を送る浄行者の住む女人禁制の聖地、というイメージがつくりあげられた。このイメージは明治の女人解放や昭和以後の観光化によってくずれてはいるが、人々は現世が汚《お》濁《じょく》と罪悪にみちておればおるほど、そのような聖地にあこがれるのは当然のことであろう。

ここで問題となるのは高野山の女人禁制である。これは一般に高野山僧の勉学修行のさまたげとなる女人を禁制したというように説明されているが、山岳霊場はすべて女人禁制だったのである。これはさきにのべたような死者の霊の住む山は、精進潔斎して登らなければ山神の祟《たたり》があるからであった。この山神というのも実は死者の霊のもっとも浄化された霊格であって、その山に入るものに恩寵をあたえるとともに、穢れと邪心あるものに懲罰をあたえる。そのような山に入るときは御嶽精進《みたけそうじ》とか熊野精進《くまのそうじ》といわれるような潔斎が必要であり、それは女性を遠ざけることを第一条件とした。

したがって女人禁制があったということは、ここに死霊あるいは祖霊のあつまる浄土信仰があったことをあらわすものである。高野聖たちはこの女人禁制を生かして苅萱道心石童丸の物語をつくったが、実際には高野山麓に里坊を持って妻子を置くものがすくなくなかった。その代表的存在が高野聖時代の西行《さいぎょう》で、山麓の天野に妻子を置いたことは、隠れもない事実である。しかし高野山の浄土信仰を広く日本全土に広め、日本総菩提所とした歴史的功績は高く評価する必要があるとおもう。

12　山の薬師・海の薬師

峯の薬師と香薬師

よく「峯の薬師」とよばれる薬師信仰が各地にある。『薬師如来本願経』に説かれた薬師如来ならば、別に高い山の上になくともよいのに、日本では薬師如来を本尊とする山岳寺院が多いのは何故だろうか。これはどうも日本の薬師信仰の特色であるばかりでなく、日本人の庶民信仰の秘密がこのようなところにあるらしい。

三河鳳来寺は仏法僧の鳴声で有名になったが、「峯の薬師」として知られる庶民信仰の山であった。徳川家康は両親がこの薬師に願をかけて生れたということで、江戸時代には特別に保護されたけれども、もともと熊野系の山岳寺院であった。

法隆寺の西円堂《さいえんどう》も「峯の薬師」で、旧学問寺、いまは観光寺院である法隆寺伽藍の西隅に、忘れられたように立っている。しかしもとはこの附近住民の庶民信仰の薬師として、この方が繁昌していたのである。二月三日の修二会《しゅにえ》結願（寺では追儺会《ついなえ》という）には民衆があつまって来るし、堂内にあげられたおびただしい鏡は、三河鳳来寺「峯の薬師」の鏡岩《かがみいわ》や鏡堂（いまは焼失）と、共通の信仰があることを暗示する。いうまでもなくこの西円堂の薬師如来は、法隆寺裏山の梵天山《ぼんでんやま》（梵天は山伏の御幣のこと）にあったもので、いまも悔過池《けかいけ》と座王権現《ざおうごんげん》堂阯がのこっている。これでわかるように、「峯の薬師」は山中浄行者（山伏）が薬師悔過を修行するためにまつられはじめたのである。

「山の薬師」は比叡山の根本中堂本尊としてもまつられているし、高野山金剛峯寺の金堂本尊も薬師如来である。醍醐寺は山下の金堂は釈迦如来であるが、「上《かみ》の醍醐」は薬師堂が中心である。平地仏教、都市仏教としての奈良の薬師寺や新薬師寺にばかり薬師信仰があったのではない。ところがその新薬師寺といえども、実は春日山中の香山《こうぜん》（高山）にまつられた峯の薬師から発祥するのである。

新薬師寺には白鳳仏の傑作といわれた香薬師《こうやくし》があった。金銅製の像高七十三センチという小さな仏像で、その可憐《かれん》な童顔と流麗な衣文《えもん》は、東京深大寺《じんだいじ》の白鳳仏や橘夫人念持仏などとともに、美術愛好家の脳裏に深くきざみこまれているのに、いまのこの寺にはない。戦前は私もこの寺を訪れて、しばしばこの像の前にただずんだ。しかし戦後盗難に遭って一度は寺に帰ったが、二度目に姿を消してからいまはお目にかかることができない。

この香薬師が春日山中の香山寺《こうぜんじ》にあったことはうたがいがないので、新薬師寺の前身は峯の薬師であったということができよう。このように言うと、新薬師寺と香山寺の関係についての、美術史家の過去の論争を無視するといわれるかもしれないが、その論争には平地の大伽藍も、山中の一行者の庶民信仰から出発するという、庶民仏教のあり方の考察が足りなかったとおもう。したがって古くは内藤藤一郎氏をはじめ、福山敏男氏や秋山大氏は香山寺と香山薬師寺《こうぜんやくしじ》あるいは香薬寺《こうやくじ》は新薬師寺と同寺異名とした。これに対して板橋倫行氏や千葉真幸氏などは、香山寺、香山薬師寺は春日山中にあった寺で、平地の新薬師寺とは別寺であると主張した。これをうけて毛利久氏は『新薬師寺考』（昭和二十二年）で、香山寺と新薬師寺は別寺であるが、のちにこの二寺は合併して香山薬師寺とも称したと断定するまでになっている。

この合併はすくなくとも天平勝宝八年（七五六）の東大寺絵図に、香山寺は香山堂と書かれている時点では完了していたことになるが、天平勝宝元年（七四九）七月の『続日本紀』の記事に、新薬師寺だけあって香山薬師寺がないから、このころまでに合併したのであろうという。しかし私は天平十九年（七四七）の新薬師寺造立のときには香山寺は新薬師寺に吸収されたので、新薬師寺は香山薬師寺とも別称され、略して香薬寺とも書かれたものとおもう。ただ香山寺の山房のみは香山（高山）にのこっていて、香山堂とも香山寺ともよばれていたのである。東大寺古絵図に「山房道」がいくつもあるのは、まだほかにも山中修行する浄行僧の山房があったことをしめすもので、そのような山房が大伽藍になった例をあげておこう。

山の薬師と悔過

「山の薬師」の問題は、実は日本にいかにして仏教が受容されたか、そしてそれは庶民といかなる関係をもったかに示唆をあたえる。日本仏教は印度から中国、朝鮮を経て、欽明天皇十三年（五五二）または欽明七年戊午に、国家仏教として受容され、それが民間にも弘まったという常識が支配的である。しかしそのような常識では日本仏教の本質は理解されないし、「山の薬師」や「海の薬師」の謎は解けない。むしろ仏教は民間ベースで早くから潜在的に受容され、のちに仏教公伝《こうでん》となったものとかんがえるべき多くの理由がある。それをいまのべる余裕はないが、潜在的な民間仏教がやがて顕在化して、国家的仏教になるということは、香山寺のような山の薬師が新薬師寺のような都の薬師になるという歴史現象にも見られるのである。

この事例の一つとして東大寺と金鐘《こんしょう》（鍾《じゅ》）寺をとりあげて見よう。東大寺の前身である金鐘寺は、奈良の東山で執金剛神《しっこんごうじん》塑像（攝像）の足にしばった縄を引きながら「礼仏悔過《らいぶつけか》」する山岳修行者の一山房から出発する。私は『日本霊異記』に、国家仏教から無視され、抹殺された民間仏教の歴史事実を多数見出すことができるから、この山岳修行者は金鷲優婆塞《こんじゅうばそく》とよばれる私度《しど》の山伏であった、ということをみとめないわけにはゆかない。彼は五体投地《ごたいとうち》の礼拝を、何百回も何千回もつづける、滅罪《めつざい》の苦行（悔過）をしていた。これとおなじ悔過を、薬師如来を本尊としておこなっていたのが、香山寺の優婆塞であり、そのはじめは香薬師《こうやくし》金銅像の白鳳期には、すでにこれがおこなわれていたとしなければならない。したがって『続日本紀』（天平十七年九月）に

　癸酉、（中略）天皇不豫なり。（中略）京師と畿内の諸寺及び諸名山浄処をして、薬師悔過の法を行わ令《し》む。

とある京師の名山浄処に、香山もふくまれていたはずである。これを動機として二年後の天平十九年三月には、天皇不豫を祈らんがために、光明皇后の発願によって香山の麓に新薬師寺が建立されることになった。これはまさしく山岳修行者の民間仏教が顕在化して、国家的寺院に発展したものであって、そのために新薬師寺は香山薬師寺《こうぜんやくしじ》の別称をもったものである。しかも香山寺は新薬師寺に属する悔過所《けかしょ》として、香山堂をのこしたのであるし、『正倉院文書』（天平宝字六年四月一日、造東大寺司告朔解）の造香山薬師寺所作物の条に「供奉薬師悔過所」とあるのは、この香山堂であったにちがいない。

この香山堂の阯は春日奥山である花山《はなやま》（四九七メートル）の南の峰に見出されている。これがいまは高山《こうぜん》（四三〇メートル）とよばれ、その麓に高山神社と雷電神社と龍王池がある。すこし下っ

て春日奥山巡り道路の横に石製高山水船《こうぜんみずふね》があるが、これは鎌倉時代以前から雨乞にもちいられたもので、

東金堂施入　高山水船也

正和四年乙卯五月　日置之　　石工等三座

の銘を読むことができる。したがってこのあたりが香山《こうぜん》（高山）であることはうたがいないが、これは春日山とどんな関係をもつものであろうか。

私は春日山の山岳信仰のもとはこのあたりとおもうので、春日山中の石仏をもとめながらしばしばここへ登った。ここから東へゆけば地獄谷石仏のあるところへ出るが、原始的山岳信仰は地獄谷からはじまる、という私の山岳信仰発生論からいえば、このあたりは春日山山岳信仰のもっとも重要な地点である。このことを詳述する遑《いとま》はないので、簡単にのべると、春日神社のまつられる以前から春日山の山神をまつったのは春日若宮であって、その御神体は龍または蛇体であるといわれる。すなわち栂尾《とがのお》の明恵上人の渡天《とてん》（天竺へ渡ること）をとどめた春日龍神というのは、実にこの若宮だったのである。そうすると謡曲『春日龍神』にうたわれた、

昔は霊鷲山《りょうじゅせん》、今は衆生を度せんとて、（春日）大明神と現じ、此山に宮居し給へば、即ち鷲の御山とも、春日の御山を拝むべし

という「春日の御山」は、いま七本杉のある春日山（二八二メートル）、別名御蓋山《みかさやま》ではなくて、

春日山の最高峯であるいまの花山であり、これが本来の香山（高山）だったものとおもわれる。この山はいまの春日山と春日若宮と一直線上の真東にあたる。しかし香山寺がその南の峯に建てられたので、香山の名は花山の南の方にうつり、高山神社も龍王池もその方へうつった。いわば花山（高山）が奥社で、高山神社が中社、春日若宮が下社の関係にある。

鎌倉時代の説話集『古事談』（巻五）は、猿沢の池の龍王が采女《うねめ》の投身で池が穢れたのをきらって、この香山に逃げたといっているのは、香山の龍王池のことであろう。しかもこのあたりへも死人を捨てるので、龍王はまたここをきらって室生の龍穴へ逃げたという。

室生龍穴は善達龍王の居る所なり。件の龍王は初め猿沢池に住す。昔采女投身の旼《とき》、龍王避けて香山（春日山の南也）に住す。件の所に下人死人を棄つ。龍王亦避けて室生（龍）穴に住す

とあるのがそれで、このあたりから地獄谷にかけての春日奥山は風葬の地であり、そのために死霊や祖霊の住む他界（あの世）としての山岳信仰がおこったのである。このような春日山の信仰と春日若宮の信仰がわかれれば、若宮の「おん祭」に龍の形の注連縄《しめなわ》や蛇体をあらわす鱗形《うろこがた》のお仮屋が建てられ、御霊会《ごりょうえ》の形式で「おん祭」がおこなわれる理由も納得できるであろう。

山の薬師と鏡

次に「山の薬師」におこなわれる悔過はどのような意味をもつものであろうか。東大寺二月

堂修二会《しゅにえ》（お水取り）が十一面悔過法で、十一面観音を本尊として衆罪を懺悔《さんげ》するために、別火精進と参籠苦行するものであることはよく知られている。また法隆寺金堂修正会などは吉祥天悔過法で、これは諸国国分寺でおこなわれたことが『続日本紀』（神護景雲元年正月八日）に

　勅すらく、畿内七道諸国、一七日の間、各々国分金光明寺に於て、吉祥天悔過の法を行へ。此の功徳に因って、天下太平、風雨順時、五穀成熟、兆民快楽《けらく》にして、十方の有情、同じく此の福に霑《うるほ》はむ

とあることでわかる。『日本霊異記』にも、金鷲優婆塞の執金剛神悔過のほかに一持経者（山伏）が観音悔過をおこなったことや、十一面悔過をおこなったこと、一禅師（山伏）が方広経による悔過をおこなったことなどが出る。

　これらの持経者や禅師の悔過は、天下国家の人民や信者に代わって苦行し、それらの人々の罪や穢れをほろぼすのが目的である。すなわち滅罪の代受苦が悔過なのである。そうすれば罪や穢れのために引きおこされる病気が治り、旱魃《かんばつ》や饑饉や流行病が治り、天下太平、五穀豊登《ほうとう》、万民快楽となる。

　このような悔過の代受苦は本来、山中修行の浄行僧のおこなうものであったが、その潜在的な庶民仏教の呪術的苦行は、国家仏教にとりあげられれば、官寺や国分寺、定額寺《じょうがくじ》での悔過法修正会となる。実際に修正会の吉祥天悔過を国分寺でおこなうことが定められた神護景雲元年

(七六七)より十七年前の天平勝宝三年(七五一)には、浄行僧である笠置山の実忠《じっちゅう》等によって、東大寺二月堂修二会の十一面悔過が、潜在的庶民信仰としておこなわれていたのである。

ひるがえって春日山中の香山寺では、すくなくもこれより早い天平十七年(七四五)には薬師悔過がおこなわれていたであろう。これはすでにあげた『続日本紀』(天平十七年九月十九日)に、聖武天皇の御病気を京師奈良の名山浄処で、薬師悔過をおこなわしめたと出るからである。しかしこれは顕在化した悔過法だから、もっと以前から浄行僧(山伏)による種々の悔過が、庶民の依頼にこたえておこなわれていたにちがいない。その評判が天皇にもきこえたので、この庶民信仰は国家的悔過として顕在化したにすぎない。

しかしこれより早い天平五年(七三三)以前に、奈良東山で金鷲優婆塞は執金剛神悔過をおこなっていたのであった。『東大寺要録』(本願章第一)に

> 僧正(良弁)は相模国の人、漆部氏なり。持統天皇の治三年己丑に誕生す。義演僧正の弟子、金鷲菩薩是なり。天平五年金鐘寺を建つ

とあるように、金鷲優婆塞はその悔過の功験をみとめられて得度を許され、一山寺を金鐘寺《こんしょうじ》として山麓に建立することが許されたのである。金鐘寺の前の山房には寺号がなかったか、あるいは金鷲《こんじゅ》(金鐘《こんじゅ》)の名をとって金鐘《こんじゅ》寺といっていたかもしれない。『東大寺要録』(縁起章第二)では、良弁の前身を「一童行者」または「童行者」あるいは「金鐘《こんじゅ》行者」とよんでいるからで

ある。

この優婆塞の山房は東大寺三月堂（法華堂）から東の嫩草《わかくさ》山（三笠山）に登ったところといわれ、本尊の執金剛神像は現在まで三月堂の北戸に北向に立っている。したがって山房（金鐘寺といったか）と不空羂索《ふくうけんじゃく》観音を本尊とする羂索院《けんじゃくいん》を併せて金鐘寺《こんしょうじ》としたものであろう。これがやがて東大寺という大伽藍に発展していったことはのべるまでもない。ところが羂索院法華堂をまもる山伏である法華堂衆が、千日不断供花《くげ》行の花（樒《しきみ》）を採る山は花山、すなわち春日奥山で、峯の薬師香山寺のあった香山のあたりである。したがって香山のあたりが春日山山岳信仰の中心であったというのも、そうした理由からである。このあたりの地獄信仰についても『沙石集』（巻一の第六話）に

我大明神（春日明神）ノ御方便ノ忌敷《いみじ》キ事、聊《いささか》モ値遇《ちぐう》シ奉ル人ヲバ、イカナル罪ナレドモ、他方ノ地獄ヘハツカハサズシテ、春日野ノ下ニ地獄ヲ構《かまえ》テ取入ツツ、（中略）此方便ニヨリテ、漸ク浮出侍《うかびいではべる》也。学生《がくしょう》ドモ（の霊）ハ、春日山ノ東ニ香山《こうせん》トイフ所ニテ、（明神が）大般若ヲ説給フテ聴聞シテ、論義問答ナド人間ニ違《たが》ハズ

とあって、一般人や罪の重いものは春日野の下の地獄、東大寺、興福寺などの僧は香山の地獄に堕ちると信じられたらしい。これはおそらく僧侶の葬所がこの山中であったことを想像させるもので、そのような霊を鎮めるための悔過も香山寺でおこなわれたであろうとおもわれる。

なおこれにあわせて峯の薬師法隆寺西円堂の鏡の問題がある。三河の峯の薬師である鳳来寺には、大正年代の焼失まで鏡堂があって、おびただしい鏡が奉納されていた。そうすると、峯の薬師に病気平癒を祈願するときは、鏡を奉納するという信仰があったことはたしかである。しかしその起源については従来あきらかでなかったが、私は鳳来寺鏡岩下の納骨遺跡発掘の結果、次のような結論に達した。

発掘は昭和四十一年三月五日から五日間おこなわれたが、その詳細を語る余裕はない。ただいえることは、峯の薬師への鏡の奉賽の前には、鏡を高いところから投げる習俗があったことがわかった。これは重要なことで、鏡は罪や穢れを「うつす」（写す＝移す）ものであるから、これを高いところからできるだけ遠くへ投げ捨てたり池に沈めたりするのである。そうすれば病人の罪はほろびて病気が治り、死者の罪は消えて地獄の苦をまぬかれる。このような庶民信仰の論理が、やがて峯の薬師に鏡を奉納することに変わった、と推定する。実際に鏡岩下には無数に鏡が散乱していた。そして岩の途中の岩棚にとまったまま六百年を経た鎌倉時代の鏡も、鏡岩をザイルで下降しながら拾得できた。こうかんがえると、京都の高雄山神護寺境内の崖の上からカワラケ投げをすることも、もとは鏡を投げて厄除けとしたことがわかってくる。

法隆寺の西円堂「峯の薬師」にはいま二月三日の節分に修二会結願の「鬼走り」がおこなわれる。これを追儺《ついなえ》会といったのはあまり古くないことで、追儺はもと大晦日の行事で、修二会結願とは関係がなかった。平安・鎌倉時代には「呪師《しゅし》走り」（現在春日神社で三月十四日におこなわれる三人翁を呪師走りというのとはちがう）とか「鬼走り」といわれ、呪師十三手の中の「鬼の手」と「毘沙門の手」がのこったのである。したがって梅原猛氏の一世を風靡した『隠された十字架』（第七章「第六の答」）に、この行事を鬼（怨霊）を追い払うものと見て、「聖徳太子一族あるいは蘇我一族の怨霊鎮伏」としたのは、とんだ勇み足といわなければならない。このような誤解を梅原氏にさせたのは、法隆寺の方の説明にも罪の一半はあるのであって、鬼走りは呪師の散楽と舞楽の結合した芸能であった。そして鬼走りの「走《わし》り」は、舞楽の術語で勇壮活潑に舞うことにほかならない。けっして鬼が毘沙門天に追われて逃げるのではない。ただ私がここで言いたいのは、この呪師から転じた鬼役を法隆寺の東北の岡本山の住人がつとめるのは、かつて「峯の薬師」に奉仕した人々の後裔を意味するのではなかったかとおもわれることである。この鬼役はもと堂僧とよばれたが、これは堂衆の誤りで、山岳修行者が大伽藍に仕えるときの身分であった。このように「山の薬師」「峯の薬師」は日本の山岳信仰、とくに修験道に密接な関係をもっていたのである。

海の薬師と常世

次に日本の薬師信仰には、「海の薬師」ともよぶべき信仰がある。越後の有名な米山《よねやま》薬師なども、山の上にありながら海上航海者の目印となり、漁民の信仰をあつめた。磐城の閼伽井嶽《あかいだけ》(赤井岳)薬師堂は太平洋に面した六〇五メートルの山の中腹にあり、漁民の信仰があつい。寺は常福寺といい、旧八月十五日の縁日には万余の人が徹夜で参籠する習俗があった。この夜龍宮から龍灯《りゅうとう》が上ると信じられていたからで、これは「海の薬師」が海の彼方の楽土(龍宮)から来て、人々の難儀を救うという信仰があったことの痕跡なのである。

ここにいう龍宮とは何かということをかんがえる前に、もう一、二の事例をあげておこう。海の彼方から来た薬師としては、京都松原通烏丸の因幡薬師《いなばやくし》がある。いまはビルのあいだに埋没して知る人もすくなくなったが、中世までは京都随一のあらたかな薬師如来として、病を祈る人々の夜籠が絶えなかった。弘安七年(一二八四)には一遍上人が四条釈迦堂、市屋《いちや》道場、六波羅蜜寺、雲居寺《うんごじ》などとともに諸人群集《ぐんじゅ》の霊場として参籠している。因幡薬師と嵯峨清涼寺の釈迦如来と信濃善光寺の阿弥陀如来は、日本三如来といわれたのである。三如来はともに海の外から来た仏であるところに共通性がある。

日本人は古代から海の彼方から来た仏を特別に信仰するという宗教観をもっていた。これは日本人の舶来趣味や拝外主義にもつながるものがあるかもしれないが、実はそれと別な信仰パターンであることは、のちにのべる通りである。そのもっとも顕著な事例は『日本書紀』の欽明十四年の条に出る吉野寺(比蘇《ひそ》寺、現光寺《げんこうじ》ともいい、いまは世尊寺という)の放光仏で「河内の泉《いずみ》郡《こうり》茅渟《ちぬ》の海中」に流れて来た樟木《くすのき》をもってつくった仏像であった。私はこの「吉野寺縁起」を欽明十四年の条においた『日本書紀』の編者の意図は、仏教公伝の欽明十三年に遠慮して一年後らせたもので、実際は仏教公伝以前に流れて来たという縁起だったものとおもう。正史といわれる『日本書紀』に採用された寺院縁起のめずらしい例である。

この吉野放光仏は何仏とも明記してないので、のちには阿弥陀如来になってしまうが、薬師でも釈迦でもよかったのである。これはこの仏が仏教公伝以前だったから尊像の名称がなかったもので、善光寺如来も尊像の名称はなく、ただ「如来」であり「一光三尊善光寺如来」である。のちに阿弥陀如来となるけれども、像容は釈迦でもほかの仏でもよい。

ともあれ因幡薬師は因幡の国の加留津《かるつ》(いま賀露《かろ》の港)の海から上がったのを、因幡守橘行平《ゆきひら》が都に持ち帰り、邸を寺としてこの仏をまつったのが因幡堂であったという。庶民信仰の仏の常として堂にまつられていたのを、あとから高倉天皇が承安三年(一一七三)に平等寺の勅額をあたえて権威づけた。余計なことをしたものである。山陰地方にはよく海中から上がったという仏があって、伯耆大山《ほうきだいせん》の本尊地蔵菩薩も海中から美保《みほ》の浦に上がった仏であった。出雲の一畑《いちばた》薬師も海からであるらしく、目の悪い人はここにお籠りして、海の彼方から海岸に流れ寄る海草を拾って、毎朝仏前にあげる信仰がある。

出雲の美保の浦(岬)は『古事記』によれば、海の彼方から少名毘古那《すくなびこな》(少彦名)の神が上ったところであった。しかもこの神は「療病之方《やまいをおさむるのり》」や「鳥、獣、昆虫《はうむし》の災異《わざわい》を攘」う禁厭《まじない》の法を教えた神で、これが日本人にとっての薬師如来の原像であった。そして少彦名の神は、海の彼方の「常世《とこよ》」から来て「常世」に去りゆく神である。海の彼方の宗教的楽土から幸をもたらす神で、この常世は龍宮の原像であり、なおいえば日本人の浄土の原像でもあった。

「海の薬師」はこのように日本人の根元的な霊魂観、神観、他界観を、たまたま薬師如来として表出したのである。これをさながら歴史事実であるかのごとくよそおった記事が、六国史の一つ『文徳天皇実録』（斉衡三年十二月二十九日および天安元年十月十五日）に出ている。これは常陸国司の言上が載ったもので、大洗磯前《おおあらいいそさき》の海岸で塩を焼くものが、夜半に海上にかがやく光を見たかとおもうと、翌朝磯に二つの恠《かい》（怪）石が天降っていた。その形は沙門のようであったが、ただ目と耳がなかった。すると或る人に託宣があって、我は大奈母知命《おおなもち》（大己貴命）と少比古奈命（少彦名命）であるといった、というのである。それで常陸国ではこの両神を大洗《おおあらい》磯前《いそさき》神社と酒列磯前《さかつらいそさき》神社にまつり、「薬師菩薩名神」と名づけた。

これは日本海岸地方にあった現象が太平洋岸にもあったことをしめすもので、総じて日本人は海の彼方の楽土（常世《とこよ》）に先祖の霊がおり、子孫のためにしばしばこの国土へあらわれると信じた。この霊魂観がもとになって、海の彼方から出現した仏、あるいは「海の薬師」の信仰ができ、そうした縁起がつくられたものである。これはけっして舶来趣味、拝外主義ということはできないであろう。むしろ民族固有の宗教観によって薬師信仰を日本化したもので、舶来趣味、拝外主義的仏教は知識階級、文化人だけのものだったのである。

13　霊山と仏教

神仏分離と霊山

明治維新以後、霊山といわれる山に仏教寺院の栄えているところは、ほんとうに稀になった。高野山、比叡山はその稀な例の二大双璧であるが、吉野から大峯山にかけても、わずかに金《きん》峯山寺《ぶせんじ》と聖護院、醍醐三宝院の修行場としてのこり、日本の修験道の過去の姿をとどめている。また東北地方にはあまり目立たない霊山として山寺《やまでら》に立石寺《りっしゃくじ》が、恐山《おそれざん》に円通寺地蔵堂がのこったが、過去の霊山というものはどこへ行っても、あのようなものだったとおもえばよい。

出羽の羽黒山、月山、湯殿山も仏教の栄えた霊山として東北地方に雄飛した。江戸時代はじめまで真言宗であったが、天宥《てんゆう》別当のとき羽黒山寂光寺は天台宗となり、湯殿山の大日坊（大網口）や注連寺《ちゅうれんじ》（注連掛口）は真言宗としてのこった。月山はその双方から登る信仰の中心として、阿弥陀如来がまつられていた。神仏分離のときはこの御本殿（本堂）の前にあった十三仏の鉄仏だけが山から下されて、庄内平野の海岸に近い曹洞宗の名刹善宝寺（山形県西田川郡大山町）にうつされて現にまつられているが、阿弥陀如来はそのまましいといわれている。神仏分離のため派遣された役人も、月山山頂は敬遠したのであろう。

月山の四方の麓にはほかに本道寺口に本道寺が、大井沢口に大蔵坊が、岩根沢口に日月寺が、臂折《ひじおれ》口に阿吽《あうん》院があって、羽黒口、大網口、注連掛《しめかけ》口とともに七口全部を仏教が占めていた。羽黒山は一時潰滅して出羽《いでは》神社になったけれども、幸い湯殿山の大日坊と注連寺はそのままのこった。その羽黒山も明治二十年ごろに荒沢寺を中心に羽黒山修験本宗が復興し、山麓手向《とうげ》の黄金《こがね》堂を中心に正善院ほか数ヶ寺が羽黒修験の火をまもっている。

この神仏分離の嵐は日本の霊山の姿を大きく変えた。霊山を語る場合、この歴史の悲劇をさけて通ることはできないだろう。江戸時代の仏教は霊山を占める山岳寺院、修験道寺院と、平地の不動尊や地蔵尊や観世音や弘法大師をまつる庶民信仰の寺院をのぞけば、ほぼ葬式と宗門改と寺小屋以外の機能はなくなっていた。明治政府も葬式と庶民信仰には、文字通り、手の付けようがなかったが、山岳寺院の場合は昔から神と仏が同居していたので、神仏分離の標的はこれにかぎられたかの観がある。

比叡山や高野山の場合、それぞれの山麓の日吉山王《ひえさんのう》社や天野《あまの》明神社がはげしい廃仏棄釈に遭って、とくに日吉山王社の破仏は有名である。しかしその結果、比叡山頂まで日吉山王社の社地となったり、高野山上まで天野明神の社地にならなかったのは幸いであった。これが羽黒山や月山は山頂までが全部神社になり、仏寺建築がそのまま神社に名を変えた。

このあいだ、近江の高島町の白鬚《しらひげ》神社へ詣でたら、ここはもと比良《ひら》明神といわれて、比良修験の本拠の一つであり、入峯《にゅうぶ》口の一つであったらしいが、神社の御本殿は室町中期の護摩堂であった。しかしこの重要文化財の建物が破壊されずにのこったのは幸いである。また九州修験道の重鎮、彦山（神道では英彦山と書いてヒコサンとよむ）の奉幣殿《ほうへいでん》がやはり室町時代建築の霊仙寺大講堂であった。ここは全山の総称を高野山の金剛峯寺《こんごうぶじ》のように、彦山霊仙寺といったが、全山の衆徒の集合の場所として大講堂が建てられたのである。

霊山に大講堂があるのも一つの特色である。これは僧侶や山伏の集会がすべての中心をなすためで、平地寺院の金堂・講堂の関係とはちがう点である。山岳寺院では全山いたるところ、谷々峯々に院や坊が建つが、それは小さなもので、千坊とか三千坊などとよばれて散在する。したがって三千の大衆が一堂に会して集議をし、法会をおこない、論義（竪精《りっせい》）をかわすためには大きな講堂が必要である。比叡山の大講堂もここが山岳寺院時代の中心であったし、吉野金峯山寺蔵王《ざおう》堂や羽黒山本殿など、日本有数の木造建築はみなもと大講堂であった。高野山の大《だい》会堂《えどう》は小さくなったが、現在の金剛峯寺（旧青巌寺）そのものが大講堂の機能を果たしている。

立山芦峅寺《あしくらじ》の講堂はそれほど大きくはなかったが、白山の越前馬場《ばんば》（登山口）の平泉寺《へいせんじ》（勝山市）の講堂址の苔庭を見ると、その規模がいかに大きかったかがわかる。白山美濃馬場の長滝寺《ちょうりゅうじ》（岐阜県白鳥町）の大講堂は神仏分離ののち長滝《ながたき》白山神社の拝殿になって、のち改造されたが、規模の大きさは天井の高さで想像できる。

山神と本地仏

霊山が仏教化するのは、日本民族が仏教伝来以前からもっていた庶民信仰が仏教化することで、山には山岳信仰という庶民信仰があったのである。

庶民信仰を私は俗信と民間宗教に分け、俗信は呪術・巫術・占術の三部から成り、民間宗教は民間仏教と民間神道と陰陽道から成るものとかんがえている。そして山岳信仰はこのすべてにわたる庶民信仰なので、日本人の宗教の原点をさぐるにはこれほど便利なものはない。ちかごろ宗教史と文化史の分野から、山岳信仰と修験道の研究が急に高まり出したのは、その原点の探究と、その発展過程において、仏教や陰陽道や美術や芸能や文学ときわめて密接なかかわりがあることがわかって来たからである。

とくに山岳信仰が仏教の庶民化に果たした役割はかぎりなく大きい。その一つの例が比叡山・高野山をはじめ全国地方地方に分布する霊場寺院である。これらの寺院にはそれぞれ仏教の諸尊が本尊としてまつられているが、それはその霊山に関係があってまつられるのであって、その意味をあきらかにしないで日本仏教がわかるはずもない。たとえば本書の拙稿「山の薬師・海の薬師」にものべたように、山には山の神霊がおり、海には海の神霊がおる。これが仏教を受容する庶民信仰の台木《だいぎ》であって、この台木に仏教諸尊が接木《つぎき》されても、台木の性格はどこまでも相続されてゆく。したがって山の神霊に対して呪術がおこなわれていたり、口寄せの巫《ふ》術《じゅつ》がおこなわれていたり、死者供養（鎮魂）がおこなわれていたりすれば、それが薬師如来になっても、阿弥陀如来になっても、不動尊になっても地蔵尊になっても、失われないか、あるいは変化した形で相続されるのである。

霊山とはそのような神霊のおる聖なる山ということである。六根《ろっこん》清浄《しょうじょう》のお山精進や熊野精進、あるいは御嶽《みたけ》精進（大峯山）がおこなわれるのも、あるいは女人禁制したのも、この神霊が要求するのであって、阿弥陀如来や薬師如来や地蔵菩薩が要求するのではない。そのような諸尊は浄不浄をきらわず、女人も差別せずに参詣させたいのであるが、接木の台木の方がそれを許さなかったということができる。

従来、日本仏教を見るのに、この台木の方を、無視するか軽視することはなかったであろうか。これがなかったら、印度から持って来た薬師如来や観世音菩薩の挿芽を、直接地面に挿さなければならなかったので、活着する率はきわめて稀であったといわなければならない。活着しなかった例は、大陸伝来の伽藍配置をほこった都市寺院の官大寺であって、焼けたまま立枯れたか、庶民信仰に変質するか、観光寺院化するほかはなかったのを見ればわかる。官大寺の筆頭をほこった元興寺《がんごうじ》（もとの飛鳥寺すなわち法興寺）は伽藍はほろびて、僧房の一角（南階東室僧房の東半分）が、智光曼荼羅《ちこうまんだら》に対する庶民信仰のために、極楽坊としてのこった。官大寺第二位の大安寺（旧大官大寺）も伽藍はほろびていたずらに遺跡発掘の対象になるだけで、寺名は庶民信仰の弘法大師堂にのこった。

すこし他の例が多すぎたが、日本仏教にとって台木がいかに大切であったか、という大前提の上で、霊山と仏教をかんがえて見たい。そうすると、この山の神霊は民間神道では山の神または山神とよばれる神格である。しかしこの山神は『日本書紀』の崇神天皇紀に大和三輪山《みわやま》の山神である大物主神《おおものぬし》の荒魂《あらみたま》に象徴されるように、きわめて崇《たた》りやすく、気に召さなければ大きな災害をもたらす神霊である。

五年、国の内に疾疫《えやみ》多く、民《おおむたから》 死亡者《まかれるもの》有り、且大半矣《なかばにすぎなんとす》六年、百姓流離《さすら》へぬ。或は背叛《そむ》くもの有り、

七年、（中略）是の時に倭迹々日百襲姫《やまとととひももそひめ》命に神明憑《かみがかり》して曰く、（中略）我は是れ倭国の域内《さかひのうち》に居る神、名を大物主神といふ

とあって、「ものぬし」の「もの」というのは物の気の物で、霊あるいは怨霊、死霊のことで

ある。荒魂は死んで間もない祟りやすい死霊ということで、山神はよく祟りをするのでおそれられ、鬼や山姥あるいは天狗などに表象される。

ところがこの山神は三輪山の大物主神が山麓に住む三輪氏（もと大神《おおみわ》氏）の祖先であったように、祖霊の神格をもつから、これを厚くまつれば、恩寵を下さり、雨を降らし、耕作をまもり、災いを払い福をあたえる神となる。山神はこの二面をもつところが霊山の仏教諸尊にもうけつがれた。したがって山の薬師は懺悔悔過《さんげけか》の精進苦行をしなければ祟るから、薬師悔過がおこなわれ、その結果として病気を治し、無病息災があたえられる。しかもこの悔過の苦行を平地の人々に代わって常におこなう代受苦の宗教家が山伏として、山の神霊とその本地仏の薬師をまつることになる。

吉野から大峯山にかけて山伏がまつるのは、蔵王《ざおう》権現である。何故この忿怒《ふんぬ》形の三面六臂の仏がまつられたかといえば、多くの所伝にあるように役行者《えんのぎょうじゃ》が日本にふさわしい大峯の本尊の出現を祈請したところ、釈迦如来があらわれた。あまり柔和なのでもう一度祈ると弥勒菩薩があらわれ、三度目に蔵王権現が出現したので、この仏こそ本朝にふさわしい仏としてまつったとある。したがって大峯修験道の影響をうけた霊山は本尊としてか、客仏として蔵王権現をまつるのであって、木曾御嶽ももと座王《ざおう》権現を本尊にまつり、鳥取県の三徳山三仏寺《みとくさんさんぶつじ》本尊も蔵王権現である。客仏としては伯耆大山《ほうきだいせん》も彦山もその他各地の修験の山で、この仏をまつらないところはない。

また修験の霊山で釈迦如来がまつられるところがあるのは不思議であるが、これもすこしかんがえれば容易に解決される。たとえば彦山の南岳には俗体《ぞくたい》権現（伊弉諾《いざなぎ》神）とよばれて、本地釈迦如来とし、伯耆大山の南光院も釈迦如来を本地とする。彦山の三山は南岳のほかに中岳の女体《にょたい》権現が千手観音で、北岳法体《ほったい》権現が阿弥陀如来である。また伯耆大山の三院は中門院の大智明《だいちみょう》権現（いまの大神山《おおかみやま》神社）が本地地蔵菩薩としてよく知られ、西明院は阿弥陀如来である。

この霊山の釈迦如来の謎をとく鍵は、熊野にある。熊野三山は平安時代中期から鎌倉時代まで、日本国中の山岳信仰の中心であった。その三山の本地仏は本宮（家津御子《けつみこ》神）は阿弥陀如来、新宮（速玉男《はやたまのお》神）は薬師如来、那智（熊野夫須美《ふすみ》神）は千手観音であった。この中でもっとも早く仏教化するのは那智で、古く那智山（奈智山）とよばれたのは、妙法山である。那智の大滝はその雄大さと神秘のために信仰の対象のようであるが、これはもと奈智山（妙法山）へ登る禊《みそぎ》と潔斎《けっさい》の滝として信仰されたものとおもわれる。妙法山は熊野灘の海から仰ぎ見る「海の修験」のおるところであったが、その最高峰の山頂にまつられたのが釈迦如来であった。現在の本尊はめずらしく松材で、遊行者の作らしい平安時代のすぐれた彫刻である。ここに釈迦如来がまつられたのは『日本霊異記』（巻下の一）の熊野村で漁夫を教化した南菩薩《みなみぼさつ》永興禅師の話でわかるように、この霊山をまもる山岳修行者は、法華経の行者すなわち持経者《じきょうしゃ》であった。したがって法華経の教主釈迦如来が本尊となるのは当然であった。

霊山信仰にとって法華経はきわめて重要である。何故かといえばこれは滅罪経典として信仰されたので、法華経を読むということは滅罪の苦行を実践することと同一であった。またその滅罪の極致として穢《けが》れた肉体を捨てたり焼いたりする「捨身《しゃしん》」と「焼身《しょうしん》」（火定《かじょう》）につながっていた。まことに厳しい釈迦如来で、『日本霊異記』では熊野山中の崖から身を投げた捨身者が出ており、『本朝法華験記』では、「奈智山応照法師」の焼身を記して「是れ則ち日本国最初の焼身なり、親しく見、伝へ聞く輩、随喜せざるは莫し」と結んでいる。

霊山と地獄

ところが熊野那智妙法山は平安中期以降はその繁栄を、熊野大社と青岸渡寺《せいがんとじ》にうばわれてしまう。しかし山岳信仰の霊山には死者の霊魂があつまるという信仰があるので、そのもっとも原始的な霊魂信仰がこの山にのこった。そのためにこの山に納骨や祖霊供養するものがあったので、阿弥陀寺ができてその要求にこたえるようになった。もちろんその死者の霊はこの山に来て、法華経の滅罪の功力《くりき》で生前の罪穢をほろぼし、地獄の苦をうけないばかりでなく、阿弥陀如来に極楽へ摂取していただくという、庶民信仰に応じたのである。その信仰は近畿地方一般に、死者の霊は、死後すぐ野外（外くど）で炊く枕飯《まくらめし》（三合の飯）の炊けるあいだに、かならず熊野へ詣ってくるという伝承となって、いまも言い伝えられている。その霊は阿弥陀寺の無《む》間《げん》の鐘を、樒《しきみ》の一本花を持って帰って叩くのだともいわれる。その樒の枝を頂上の釈迦堂のまわりに落としてゆくので、そのまわりが樒山になったのだという。熊野は死者信仰と死者伝承がきわめて多いので、私はかつて熊野を「死者の国」と書いたが、これこそ日本人の霊山信仰の本質であり、すべての山岳信仰の基礎構造になっている。

この霊山の他界信仰、すなわち死者の行く世界、あの世の信仰が日本人の地獄信仰と浄土信仰の原像であることを、本書「山の薬師・海の薬師」（『大法輪』一九七七年七月号掲載）でのべた。ところが偶然同号には杉山二郎氏の「極楽浄土の起源および展開の諸問題」（1）が掲載されていて興味深く拝見した。この論文は続篇があるので、この第一回だけではわからないが、イランのターク・イ・ブスターン大洞の聖なる水の信仰と不老長寿の「生命の樹」の造形が暑熱と渇にあえぐ西アジア人の楽園のイマージュとなり、それが「極楽変相図」になったということらしい。次回にはもっと多くの例証が出るであろうが、その極楽は日本人の地獄極楽の信仰とはまったくかかわりがないかも知れない。というのは浄土教の地獄極楽はその形象やイメージだけでなくて、死後の霊がそこへ行くという信仰で成り立つからである。

また死後世界の他界観念は民族によって異ることが、比較宗教学によってあきらかにされている。日本民族の場合は天上他界も地下他界もあるが、私はこの現実の生活空間の延長線上にある山中他界と海上他界がもっとも根源的なものであろうとおもっている。いまその理由を説くスペースはないので、それを割愛して霊山信仰と他界観念の関係を簡単にのべると、日本人はもっともプリミティヴな段階では、山中に地獄を意識していた。それは死後に生前の罪穢をつぐなうための苦痛をうけなければならないからである。すでに平安中期には越中立山の山中に地獄ありと都にまで知られ、『今昔物語』(巻十四・巻十七)に三話も立山地獄の話がとられている。庶民信仰では極楽に生れることを願うより前に、地獄に堕ちないという切実な願があり、そのために法華経の滅罪性、般若経典その他の経典の滅罪性、真言密咒の滅罪性と念仏の滅罪性がつよくもとめられた。

したがって「修行僧越中立山に至り小女に会ふ語」では、立山地獄に堕ちた近江蒲生郡の少女の霊は、法花経の書写供養を修行僧にたのむ。また「越中立山地獄に堕ちし女、地蔵の助を蒙る語」では京七条西洞院辺の女人も法花経三部を書写供養してもらう。もっとも立山地獄の有様が詳しいのが「越中国書生の妻、死して立山地獄に堕ちし語」で、のこされた三人の息子が四十九日忌が済んでから、母の死後に行ったところを見たいと立山へ登るのである。このような要求で立山へ登るものは多かったであろうし、そのころの霊山信仰はこの地獄と、地獄の支配者である帝釈天の在す地獄谷正面にそびえる帝釈岳(現在の立山別山)であった。そしてこの立山へ登れば「貴き僧」の案内で地獄をめぐり、錫杖供養と法花経供養をたのむ。その間に山伏の死者口寄せ（託宣）があったと見えて、亡母が千部法花経供養をたのんだというのである。いまも日本国中の霊山で、地獄谷（阿久谷《あくや》又は阿古谷《あこや》ともいう）や賽《さい》の河原の地名のない山はない。それはこのような日本民族の他界観念が山にあったことをしめす貴重な痕跡なのである。

霊山浄土と来迎

日本人のあいだに仏教が浸透するにつれて、山中他界は地獄だけでなく、極楽が生れてくる。しかしその極楽のイメージは、日本人には地獄ほど切実でなかったといわなければならない。高野山にも平安中期には高野浄土信仰が発生するが、それは高野聖の前身をなす勧進聖の唱導の結果であった。立山の場合はいつのころからか雄山《おやま》に阿弥陀如来がまつられ、これと向かい合った浄土山とのあいだから二十五菩薩が来迎すると説かれるようになった。おなじころともわれるが、熊野本宮は阿弥陀如来と信じられるようになり、幾山河を越えて九十九王子をたどりながら、この阿弥陀如来を拝すれば、極楽往生を証明して下さるという「証誠殿《しょうじょうでん》」の信仰が生れた。熊野詣の苦難は滅罪となり、本宮へ着けばすべての罪は消えて、汝は極楽へ行けるぞ、という証明が得られた。いやそればかりではなく、それ以後の人生は幸運が開け、長寿できるといわれた。説経の「小栗の判官」には本宮へ詣ったものは二本の杖をもとめ、一本は音無川《おとなしがわ》に流して、死後冥途におもむくときの弘誓《ぐぜい》の船とし、一本は杖に突いて麓に下れば幸運が得られるとしている。すなわち霊山信仰にはつねに現世と来世の現当二世の利益というものがある。これを不純な信仰だとするのは、庶民の現世の苦しみを知らないもので、この苦痛からいかにしてのがれるかは、来世往生と紙一重でつながっていた。これは霊山の極楽は十万億土の彼方ではなくて、この現世と連続した山の彼方という現実性とおなじものである。庶民は極楽という楽の極まった絶対的楽土でなく、比較的楽土で満足した。それは山坂を越えた熊野本宮がその一つで、いまも伏拝《ふしおがみ》王子や湯の峯の車塚あたりから見る本宮旧社地の砂州は、三川合流の川の上に浮かんだ楽土とも見えるのである。

また入峯のはじめに擬死して、霊山の地獄に入って罪穢を落とし、そこから出たとき再生した人生の健康と幸福も、弥陀の救済、極楽のたのしみにつながったであろう。それは空しいイメージではなくてきわめて現実性をもったものであった。「隠れ里」の昔話はこの山中浄土の信仰が昔話化したものと解釈される。

霊山の浄土はまた絵画として造形され、絵解の材料あるいは臨終仏として、往生者に救済観をあたえた。すなわち来迎図であるが、わが国で発達した来迎図は、みな聖衆《しょうじゅ》も弥陀三尊も、弥陀独尊も山の中から出て来るか、山の上を飛翔する。この山があるために、日本人にはこの来迎は現実性をもって迎えられた。これを日本人の自然観照として解釈する向もあるが、もっと深く日本人の宗教意識とかかわっている。すなわち浄土(他界)は山にあるという意識である。

あの知恩院蔵の有名な「早来迎図《はやらいごう》」の重畳《ちょうじゅう》たる山岳は、ただの自然観照ではない。また奈良滝上寺の観経《かんぎょう》曼陀羅《まんだら》三幅本は往還来迎《おうげんらいごう》を添えることによって、来迎の現実性を附与したのである。観経曼陀羅は何といっても日本人には異質の世界である。宝楼閣《ほうろうかく》や宝樹や宝池は異邦的幻想的ではあっても現実的でない。宗教には幻想も必要だが、日本民族はそれを好まない。その幻想的な浄土に現実性を附与するのが山岳であり、重畳たる深山によって、われわれの世界とむすばれた幻想の浄土であった。

その意味でもっとも日本人向の来迎図は「山越《やまごえ》の弥陀」（やまごえでやまごしでない）であろう。京都金戒光明寺《こんかいこうみょうじ》の山越の三尊は、あの山の向こうに浄土があるという実感をわれわれの心に滲み通させ、このように美しい世界なら早く往きたいという憧れをさえ感じさせる。それはこの山岳の存在がそうさせるのである。この弥陀の手に五色の糸を付けて引いた跡があるが、その往生者の気持は私にもひしひしと迫ってくる。また京都禅林寺の山越の三尊は、山ごしにこちらを見ているのでなくて、もう観音、勢至は山を越えてこちらへ近づきつつある。

はっきりと熊野本宮の阿弥陀如来の来迎とわかるのは、京都檀王法林寺蔵の「熊野影向図《くまのようごうず》」である。所伝で奥州名取郡の老尼が熊野四十八度の立願を立て、四十八度目には老齢で雲取《くもとり》の険を越えられないとおもっていると、本宮の弥陀がおんみずから那智の浜までお出ましになって、四十八度の立願を叶《かな》えたということになっている。しかしこれは独尊来迎図と見るべきもので、まことに美しい熊野の風景にとけこんだ阿弥陀如来の来迎である。

山中浄土信仰あるいは死者救済の霊山信仰が広く庶民にうけいれられていたことは、実に多くの霊山に阿弥陀如来の信仰や本地仏があることでわかるが、地蔵菩薩を本地仏とすることにもあらわれている。伯耆大山は山陰を代表する霊山で、その山神大智明権現は地蔵菩薩として知られていた。この地蔵に死者救済の信仰があったことは、『大山寺縁起』(十一段)に髪田の浦人の母が大山地獄谷の地獄に堕ちたのを、この地蔵菩薩が助けた話となっている。しかもこの縁起には

五旬(人の死後五十日目)の終りに幣を捧ぐる事、是を始めとす。

と、四十九日忌が済んだら、この山に霊を送ってくる習俗が、鎌倉時代にあったことを語っている。これはいま大山寺河原の賽の河原に参ることのゆえかとおもわれるが、多くの霊山の納骨・納髪と忌明け詣は、すべて死者の霊を山に鎮まらしめる信仰であった。

以上のべたように、日本民族に固有の霊魂観、他界観はすべて山に関係があり、これが仏教と結合することによって霊山信仰が生れた。そしてこれにともなって霊場寺院が建てられ、現世利益の咒術信仰とともに納骨信仰や死者供養信仰がおこった。そして浄土信仰も霊山を媒介して日本人のあいだに定着した。それは修験道の内容を構成して、日本文化の美術や芸能や文学にも大きな影響をあたえたのである。

14　山岳信仰と弥勒菩薩

中世民衆の願望

京都の愛宕山中腹にある水尾の里にはめずらしい六斎念仏がある。もとは浄土宗関係の寺院に広くおこなわれた干菜寺《ほしなでら》系の六斎念仏がのこったものとおもわれるが、その讃に

釈迦の入日は　西に入る
弥勒の朝日は　まだ出でぬ
その間の長夜の　暗きをば
照らさせたまへ　阿弥陀尊

という歌がある。これはおそらく平安末期の今様（流行歌）をあつめた『梁塵秘抄《りょうじんひしょう》』の雑法文歌に

釈迦の月は　隠れにき
慈氏（弥勒）の朝日は　まだ遙かなり
そのほど長夜の　闇きをば
法華経のみこそ　照らいたまへ

とあるのをもじったものであろう。この干菜寺系六斎念仏は空也堂系六斎念仏に対して、京都近郊のみならず、丹波、若狭から近江、越前、和泉、甲斐、筑前、などにも広がった詠唱念仏で、鎌倉中期の法如道空のはじめたものといわれる（干菜寺蔵『浄土常修六斎念仏興起』）。したがってこの讃は法如道空のはじめたものかともおもわれるが、中世の民衆はこのような今様、念仏和讃によって、はるかなる未来の弥勒の救済をあこがれたにちがいない。

弥勒菩薩の信仰といえば、すぐ飛鳥仏の弥勒思惟《しゆい》像から奈良・平安時代の貴族の弥勒信仰、あるいは弘法大師の弥勒信仰や、藤原道長の金峯山埋経《まいきょう》、などがとりあげられるのが常である。しかしいくら貴族は気が長いといっても、どうして五十六億七千万歳もののちの救済を待つ気になったのだろうか。その説明はさっぱりなされていない。

これは貴族や知識人の救済観は観念的だからで、いますぐ、あるいは明日にでもというさし迫った救済を必要としなかったからではなかろうか。もちろんそんなに長い未来は待ちきれないからと、兜率《とそつ》天へ上生しようという信仰もあった。しかし庶民の方はどうだったのだろうか。

庶民の弥勒信仰は、修験道を媒介して、永世信仰にむすびついていた。それは修験道の神仙思想である、不老不死信仰とも一体化していた。修験道の理想は、山中修行によって即身成仏して、永遠の生命を獲得することであった。したがってその本尊は蔵王権現を三体立て、一体は釈迦と同体として過去の本尊、一体は観音と同体で現在の本尊、一体は弥勒と同体で未来の本尊である。三体蔵王権現はこのように過去・現在・未来にわたる永遠の生命を表現する。したがって弥勒菩薩には長生を祈るのが常であった。『源氏物語』の「夕顔」の巻には、山伏(優婆塞《うばそく》)が金峯山(大峯山)に登るための御嶽精進《みたけそうじ》の礼拝行が出ていて、

南無当来導師

と唱えながら、何千回となく額突《ぬかつ》きの礼拝をする。この「当来導師」というのが弥勒菩薩であるが、光源氏はこれをききながら、夕顔に永遠の愛の誓いと、弥勒の世までの長生を願うのである。

優婆塞が　行ふ道を　しるべにて
来人世(来世)も深き　契りだがふな

長生殿の古きためしはゆゝしくて、羽をかはさむ(比翼)とは引きかへて、弥勒の世をかね給ふ

このようにして弥勒信仰は、修験道の中で庶民にうけいれられた。この点について、従来の

弥勒研究は大きな見落としがある。これは経典からの弥勒だけを弥勒信仰としたためで、わが国では日本人の民族宗教である山岳信仰を媒介しなければ、庶民のもの、のみならず日本人全体の土着の信仰とはならなかったのである。

すでに奈良時代にも、笠置山の山岳信仰が弥勒信仰であった。東大寺の実忠《じっちゅう》和尚はこの笠置山の竜穴に入って、弥勒菩薩の浄土、兜率《とそつ》の内院《ないいん》に入ることができた。このように日本人の弥勒の浄土は、われわれと地続きの山の中にあった。きわめて現実性をもっていたのである。だから「弥勒来迎図」では弥勒菩薩は聖衆とともに重畳《ちょうじゅう》たる山の中から来迎する。そしてこれは日本の阿弥陀の浄土においてもおなじで、「山越《やまごえ》の弥陀」来迎図のように、山の彼方から来迎する。これは阿弥陀浄土も弥勒浄土も山岳信仰を通して、日本人の浄土観になったことをしめしている。

このようなところから、日本人の写経は多く山の頂上や、山中の聖地に埋納される。古代にも中世にも、そうした山岳埋経のおこなわれた遺跡は無数に発見されている。弥勒といえば誰でも引合に出す藤原道長の金峯山埋経も、吉野修験の聖地である金峯山の「宝塔」に埋納された(『御堂関白記』寛弘四年八月十一日条)。ここは吉野修験の発祥であった安禅寺の宝塔で、三体蔵王権現がまつられていた。これが山下へ下りていまの吉野蔵王堂(金峯山寺本堂)三体蔵王権現となり、大峯山上ヶ嶽(一七一九メートル)に上がって山上本堂三体蔵王権現になった。したがって道長の埋経はその根本聖地に対しておこなわれたのであるが、これがまた弥勒信仰の根本聖地でもあった。

黄金の国、ジパング

吉野金峯山の名は平安中期には大峯金峯山となって、『扶桑略記』の天慶四年（九四一）の条にあげる『道賢上人冥途記』では、蔵王菩薩の金峯山浄土とされるようになる。ここも黄金の山と信じられたが、根本聖地である吉野金峯山こそ「金の峯」あるいは「金の御嶽」であった。道長の埋経もこの吉野金峯山の方であったことは『御堂関白記』寛弘四年の条であきらかで、ここが本来の弥勒菩薩の浄土であったのである。

これでわかるように、弥勒の浄土は黄金と密接な関係がある。阿弥陀如来の浄土は宝楼閣や宝樹、宝池などで荘厳されるけれども、黄金を敷くことはない。ところが弥勒の浄土は黄金を敷くことが一つの条件であったところに、現実の富の救済がこの菩薩に附加されたもとであろう。中世に弥勒が「世直し」の仏と信じられたのにはもう一つ別の要因があるが、この黄金をもたらす仏ということも要因の一つである。

吉野金峯山が実際に黄金を蔵するから、弥勒の浄土になったのか、弥勒浄土の信仰があったから、黄金の山になったのかは、にわかに決定しがたい。むしろそれよりも『万葉集』（巻十三）

に吉野の「御金《みかね》の嶽《たけ》」をよんだ長歌に、

み吉野の　御金の嶽に　間無くぞ　雨は降るとふ　時じくぞ　雪は降るとふ（下略）

とあり、その反歌に

み雪ふる　吉野の岳にゐる雲の
　外に見し子に　恋ひわたるかも

とあることに注意しなければならない。これは死者の霊が吉野の岳にゆくことをふまえて、吉野の岳の雲を見て死んだ恋人を恋うる歌となっている。ということは、山の金の信仰は死者の霊が「光るもの」であり、山に帰るものである、という霊魂信仰と他界観念からできたものということをしめすものであろう。

しかし平安時代から、あるいは奈良時代から、この山には黄金があると信じられるようになった。それは『扶桑略記』（天平二十一年）に「或記に曰く」として出典はあきらかでないが、

東大寺大仏の料に、黄金を買はんがために、遣唐使を企つ。然るに宇佐神宮託宣して曰く、此の土《くに》より出づべしと。世伝へて云ふ。天皇使を金峯山に差《つか》はす。黄金の出づるを祈らしむる時、託宣して云ふ。我が山の金は、慈尊（弥勒）出世の時、取り用ふべし。（下略）（原漢文）

とあり、そののちいろいろの説話に語られて常識化した。そしていつの間にか吉野金峯山には黄金があると信じられ、平安末の『宇治拾遺物語』（巻二）の「金峯山薄打《はくうち》の事」では、京都七

条に住む金薄打の職人が、金峯山で金塊を拾い、それを七、八千枚の金薄に打って一儲けしようとして、神罰があたった、という話になった。

しかし黄金の話というものは、とかく尾鰭《おひれ》がついて大袈裟になるものである。その結果、日本では弥勒出世のとき、黄金を地に敷き、屋根も壁も黄金でつくられるという話は、中国にも伝聞されたものと、私は想像している。この伝聞以外に、マルコ・ポーロが『東方見聞録』に、ジパングは金で鋪装され、金で葺かれ、塗られていると書いたニュースソースはかんがえられない。ただこの伝聞では「弥勒出世の時は」という副詞句が脱落していたか、あるいはマルコ・ポーロが話を面白くするためにわざと落としたかのいずれかである。

この伝聞がもたらした世界史の結果は、私が説明する必要はなかろう。私はかつてコロンブスの新大陸発見と、日本の弥勒信仰の関係を放送で話したとき、「マルコ・ポーロ風の法螺をふけば」と謙遜してことわったが、いまでもかなり確率の高い仮説だとおもっている。たとえこれが法螺に終っても、マルコ・ポーロと一緒に世界史的法螺がふければ、まず幸福だといわなければならないだろう。

しかし金峯山はしばしば中国人の興味をそそったらしく、後周（九五一―五九）の時代に書かれた『義楚六帖』（巻二十一、日本国の条）にも、この山の女人禁制と重い精進を書き、

曽て女人上るを得たること有らず。今に至りても男子上らんと欲すれば、三月酒肉欲色を

断つ。求むる所皆遂ぐと云う、菩薩（金剛蔵王）は是れ弥勒の化身なること、五台の文殊の如し。（原漢文）

とのべて、ここが弥勒の聖地であることは知られていた。またわが国の民謡『会津磐梯山』は

　会津磐梯山は　宝の山よ
　笹に黄金が　なり下がる

とうたっているが、これはもっと古い『玄如節』から出ており、おそらく弥勒出世の世直しのときは、笹に米がなるばかりでなく、黄金も成るだろうという、饑餓農民の願望をうたったものと想像する。

というのは関東地方におこなわれた弥勒踊の『弥勒謡』では、世直しの「弥勒の船」には、伊勢や春日や鹿島香取の神がのりこんで、金と米を撒くということをうたっている。

　世の中は　万劫末代《まんごまつだい》　弥勒の船が　続いた。
　艫舳《ともへ》には　伊勢と春日　中は鹿島の　お社、
　（中略）
　一たびは　参り申して　金の三合も　撒こうよ
　金三合は　及びもござらぬ　米の三合も撒こうよ

などとある。このような農民の願望は、室町時代には弥勒私年号となって、しばしばあらわれた。

『会津旧事雑考』ではすでに承安元年（一一七一）にもあったというが、実際には室町時代に集中しており、文安三年（一四四六）、享徳四年（一四五五）、延徳二年（一四九〇）、永正三年（一五〇六）、天文九年（一五四〇）などに、弥勒や命禄の私年号がもちいられた。これらは総じて饑饉凶作の年であるから、「弥勒の世」の出現をのぞんで、農民や山伏が勝手に年号を変えたのである。それは供養板碑や、過去帳や巡礼納札にもちいられた。

その中でとくに長野県松代市皆神山の熊野神社の金剛界大日、胎蔵界大日、阿弥陀如来の三体の座像の台座裏の弥勒二年は永正四年で、施主の「祝家吉、生年七十二歳」なるものは、家系図によって、神主にして修験を兼ね、信州埴科郡英田庄東条の群神山（皆神山）大日寺弥勒院と熊野神社の双方を管理していた。このように室町時代の弥勒私年号は農民と山伏によってもちいられたもので、弥勒信仰の伝播者は修験であったということができる。

なおわが国の弥勒信仰のもう一つの要因に、海の彼方の楽土、ミイルクあるいはミイラク（五島列島には三井楽《みいらく》の港がある）が想定され、これが沖縄の海の彼方の楽土、ニライカナイと類似し、その共通の海上他界にトコヨ（常世）またはネノクニ（根の国）があることについては、紙幅の都合で割愛する。

15 日本仏教と咒術

祈りと咒術

第二次世界大戦末期の昭和十八年秋に、私は越中の大岩不動日石寺《にっせきじ》を訪れたことがある。この旅行不自由な時期が、私の民俗採訪を一番活発におこなった時代で、越中から越後への旅であった。大岩不動へは学生時代にも行ったことがあり、夏だったので滝に打たれてまことに爽快な印象をもっている。その滝の側の茶店の素麺《そうめん》と栃餅《とちもち》もおいしかったが、この滝に打たれる脳天への震動は、何か頭が良くなるような爽快感をあたえた。

昭和十八年の秋には夜着いたので、お寺へたのんで泊めてもらった。朝のしらじら明けに、巨大な桂の木の落葉がさかんに降るのを見ながら本堂へ出ると、もはや数人の参詣人が、蝋燭の光の中で、不動明王の真言を唱えながら一心不乱に「額突《ぬかつ》き」をしていた。この本堂は平安時代作の、壮大な磨崖仏不動明王を彫った大岩に、差掛けたようにつくられており、その外陣に額突台《ぬかつきだい》が置いてあった。

この台は長さ三メートルぐらいの丸太の両端に、高さ二〇センチぐらいの台足を打ちつけたもので、その前に座って頭を下げれば、ちょうど「ぬか」すなわち額《ひたい》がコツンとあたるのである。日本人の本来の礼拝《らいはい》はこの「額突き」だったから、神や仏の前に「ぬかづく」という言葉ができたことは、説明するまでもない（しかしちかごろ出た『日本国語大辞典』は「ぬかずく」は額突くか」と疑問としている）。したがって修験道の方では、仏前三礼《さんらい》といっても、額を床に打ちつけることをもとめる。

お寺の説明によると、ここではいくぶん精神分裂症気味の人は、こうして真言を唱えて「額突き」をすると治るということであった。なるほどこの「額突き」も、般若心経を唱えて滝に脳天を打たすことも、脳細胞に震動をあたえ、多少狂った排列をした細胞も正常にもどるのかもしれない。しかしこうして暗いうちから、一心不乱に仏に祈るという実践が、病気を治し健康をもたらさないはずはないのであるが、これを宗教ではその誠心が「神仏に通じた」とうけとる。呪術というのは、こうした「祈る」という行為そのもの、あるいはその形式化したものを指すのである。

これに似た経験を、私は戦前にも見たことがある。いまもおそらくおこなわれているかとおもうが、出雲の一畑《いちばた》薬師へ詣でたとき、目のわるい人が朝早く海岸の海藻を拾って来て、薬師の真言を唱えながらこれを仏前にそなえるのを見た。そのような人々のために籠堂《こもりどう》があって、この苦行を何ヶ月もくりかえしていると、不思議に目が見えるようになるという。これも誠心が「神仏に通じた」とうけとるが、このような実践が全身を健康にし、したがって目も良くなると説明することも可能であろう。また海の彼方から寄って来る海藻は、常世《とこよ》の贈物であり、もっとも清浄な供物であるから、仏もこれをよろこびたまうという信仰があったのかもしれない。しかし一番大切なのは、一心不乱に「祈る」という行為そのものであって、これはかならず苦行をともなうものであった。

日本人はこうした苦行を通して、誠心を神仏にしめすことによってはじめて、その加護をもとめることができると信じた。しかし苦行の精神構造を分析すると、われわれの病気や災難は、自分自身または先祖の犯した罪や穢（因）の報い（果）とうけとり、その罪穢をほろぼすための実践であった。そこには因果応報の庶民的論理がはたらいている。しかし神や仏という信仰対象者を立てると、それに誠心を照覧してもらって、その加護をもとめる「祈願」になる。一般に呪術というのは苦行をともなわない「祈願」の形式化したもの、と規定することができるであろう。

しかしそうだからといって「祈願」そのものを否定することはできない。インテリゲンチャーは「祈禱仏教」を軽蔑するけれども、祈禱は本来の意味では宗教の生命である。平安時代の仏教は祈禱仏教、伽藍仏教になったから、鎌倉新仏教が誕生した、などと説く。このような歴史の形式化、教科書化こそ、宗教のためにもっとも有害である。ただ祈禱が一部の貴族や権力者のためだけにおこなわれたり、祈禱が形式化した場合は、批判されなければならない。しかしほんとうの祈禱は誠心あるいは慈悲心の表現であって、その実践は呪術と苦行である。これはすすんで社会的救済にまで発展することもあるが、それはあくまでも「祈り」の表現と実践にほかならないのである。

苦行と呪術

私は従来の呪術論が、あまりにも呪文（真言）や呪物《じゅぶつ》や呪的行為（印や呪的動作）の表面的な形態だけをとりあげて、その内面を無視して来たようにおもう。とくに呪術と宗教の関係はキリスト教を基準にして論じられたために、呪術は宗教ではなく、未開野蛮であり、異端的・悪魔的であり、悪であるときめつけられていた。その尻馬にのった日本の宗教学者や哲学者やインテリも、呪術といえば顔をそむけ、迷信の親玉のようにかんがえて、行者とか祈禱師を蛇蝎《だかつ》視する。天台や真言などの密教を中心とする宗派は、「祈禱仏教」の烙印《らくいん》をおされるのをおそれて、その教学や哲学にだけ精を出すということになった。

私の教え子で、宗門大学を出て田舎の寺へ帰ったら、檀家のものがいろいろの祈禱をたのみに来るので困るという相談をうけたことが、しばしばあった。このようなとき護摩《ごま》を焚いたり、一尊法を修するのは上等の方で、大ていは本尊さんの前に座らせて、もっともらしく護身法の印などむすんで、「アビラウンケン」を唱えたり、数珠で頭をなでてやったりするというのが多い。そのようなとき、袖の下で印をむすんだり、三鈷《さんこ》でカリカリと数珠を加持したり、散杖《さんじょう》で頭の上に灑水《しゃすい》したりするのが、信者には意外の心理的効果をもたらすということも事実なのである。

そのような効果は、信者の心がきわめて素朴で清らかであり、呪術者である僧侶を無心に信頼するときにおこることは言うまでもない。またもう一つは信者の苦痛や災難がきわめて大きいために、「溺れる者は藁をもつかむ」たとえのように、平素は因業《いんごう》な人間であっても、ひたすら純真に呪術者を信ずる場合である。このように無心なもの、純真なものをあざむく呪術者もまれにはあるが、その罪は呪術者のモラルの問題であって、呪術そのものの罪ではない。

したがって呪術そのものは、すでにのべたように、「祈り」という宗教の本質の表現であり実践であって、それ自体が悪なのではない。問題はこれを実践する宗教者、呪術者の信仰内容とモラルにあると見なければならない。キリスト教の最高の宗教儀礼はミサ（聖餐式《せいさんしき》）であって、そのクライマックスはサクラメント（秘蹟《ひせき》）に、パンをイエス・キリストの肉に変え、葡萄酒をイエス・キリストの血に変えることである。これを飲食することによって神の恩寵が身に入り、幸福が得られるとする。これなども一種の咒術なのであるが、日本ならば神仏にそなえられた御供《ごく》の餅をいただいたり、神酒《おみき》をいただいたり、ときには護符《ごふ》を切って飲んだりするのと、まったくちがいはない。

しかしきわめて大切なことは、カトリックでサクラメントをおこなうことのできるのは、童貞の神父だけにかぎられるという点である。この点に咒術の秘密があるといえよう。すなわち咒術者は普通の人間ではないということである。人格の大部分は普通の人間であっても、ただ一点だけでも人間を超え、神や仏に近いものがなければならない。それは神や仏と人間のあいだに立つ「宗教者の条件」でもある。「人間の条件」だけで、宗教者の「必要にして十分なる条件」とすることはできないというのが、素朴な庶民信仰なのである。

カトリックのこの厳しい条件のために、神父の数はだんだん減少しており、パリなどでは平素の教会の世話やミサの準備万端は妻帯のディアックル（助祭）がする。その代わり、サクラメントのときだけは、掛持《かけもち》の神父がかけつけるようになっている。これは咒術者には特別の宗教的資格が要求されることをしめすもので、日本仏教の聖《ひじり》でも、平素は肉食妻帯するけれども、一定期間の脱俗修行をしなければならなかった。それは参籠《さんろう》や入峯《にゅうぶ》修行、あるいは水行・滝行などの潔斎、または五穀断《ごこくだち》、十穀断などの木食《もくじき》や断食であった。

いまでもこのような苦行によって咒術者はその資格を得ているのであって、それがなければ信者は付かない。身延山の荒行《あらぎょう》も、そのような咒術者としての験力《げんりき》（能力）を獲得する行であるから、これを満行した行者には多くの信者が付くことは、今日われわれの目の前に見る通りである。こうして人間以上の能力を獲得したことがみとめられると、信者はその行者との信頼関係ができ、その信頼を通して咒術は効果（験《げん》）を発揮するので、病は治り、不安はとりのぞかれて、災いが去る。これが咒術のメカニズムであるが、信頼こそ奇蹟を生む根源である。またその信頼をつくるのは咒術者の超人間性をしめす苦行なのである。この苦行なしに咒術は成り立ちえないし、虚偽の咒術となる。従来咒術を悪としたのは、この身命を捨てるまでの苦行と、救済の「祈り」のないものに向けられた悪評にほかならない。

行基《ぎょうき》のまわりに民衆がむらがりあつまったのも、三十七歳までの山林棲息による咒術への信頼があったからであろうし、空也《くうや》も青年期には五畿七道を歴遊したり、阿波の湯島《ゆしま》での腕上に香を焼くような苦行をおこなった。その腕上焼香の焼痕が死ぬまでのこっていたというから、これを見て民衆は空也の咒術を信頼したものとおもわれる。高野聖や念仏聖なども、高野山なり熊野なりの聖地に隠遁して年を経ることが、その咒術への証明になった。そのような例をあげれば枚挙に遑《いとま》がないであろう。

密教と呪術

オカルト・ブームが叫ばれて久しい。まだまだおさまりそうにもないのは、現代人が呪術への憧れをいだいている証左である。その憧れは密教に向けられ、曼荼羅に向けられている。民衆の志向を先取りする出版界がまたこれをあおり立てるが、これというのも観念的な仏教、教理だけで実践のない仏教、哲学だけで奇蹟のない仏教に民衆は見切りをつけた、と見て取ったためであろう。

宗教は超現実性と超人間性を本質とするがゆえに、神または仏と奇蹟が要請される。この超現実的な奇蹟をおこすための実践方法として呪術があるが、その実践者こそ宗教者であり呪術者である。密教が除災招福や治病安産、祈雨止雨《きうしう》、五穀豊登、天下安穏、家内安全、ちかごろでは交通安全などの祈禱をするのも、呪術によって奇蹟をもたらそうとする実践である。

しかしこれを宗教史的に見れば、このような呪術は宗教の起源であって、この呪術を儀礼化し、教理化し教団化して普遍的な成立宗教になる。呪術の段階にあった密教は、いわゆる雑部《ぞうぶ》密教であったが、空海が真言宗という教団を成立させるためには、正統密教による儀礼化（事《じ》相《そう》）と教理化（教相《きょうそう》）を必要としたのである。そうはいっても、実際に民衆の除災招福や治病安産、祈雨止雨等々の宗教的要求にこたえるにあたっては、雑密的呪術がおこなわれたもので、その本質が変わったわけではない。しかしこうなると密教的呪術は、国家や貴族の要求する儀礼的呪術と、民衆の要求する苦行的呪術、すなわち原始的呪術に分かれた。一方は高級僧侶が華麗な道場荘厳《しょうごん》と莫大な供物や布施のもとに、一種の儀式として修法される。後七日御修法《ごしちにちみしほ》や仁《にん》王会《のうえ》などはこれである。

私も大戦末期に、近衛文麿公（実際にはもっと上層部か）の発願による敵国降伏の大元帥法《たいげんのほう》道場を、高野山金剛峯寺金堂で拝観したが、すばらしく豪華なものであった。その前にも東寺（教王護国寺）灌頂《かんじょう》堂での後七日御修法道場を見て、その荘厳におどろいたことがある。しかし平安時代の仁王会や御修法、あるいは七仏薬師法や熾盛光法《しじょうこうほう》などの密教修法がいかに豪華であったかは、『年中行事絵巻』を見れば十分想像できる。この前行として、どのような苦行や潔斎があったかはあきらかでないが、貴族出身の僧正や歌読みの僧正にはだいたい程度は知れている。このあいだ国東半島の六郷満山《ろくごうまんざん》でおこなわれる修正鬼会《しゅしょうおにえ》（修正会鬼走《しゅしょうえおにはしり》）を拝観し、天台僧が金襴の九条袈裟で修法するのを見た。これなども貴族化した密教修法として修正会《しゅしょうえ》がおこなわれているもので、民間の修法ならば行衣や浄衣、あるいは如法衣でおこなわるべきものであろう。

これに対して民間の密教呪術は苦行をともなうのが本来である。このような呪術者は「浄行者」ともよばれており、平安時代はじめの元慶二年（八七八）には「七高山阿闍梨《あじゃり》」というものが、伊吹山、比良山、比叡山、愛宕山、神峰山、葛城山、金峯山に置かれたことが見える。これは公認された山伏、修験のはじまりともかんがえられるもので、それ以前から民衆のために呪術修法をおこなっていたのである。その苦行はすでにのべたように、神や仏に近づいて、その超人間的呪力（験力）を身に付けることによって、呪術を効果（験）あらしめるための必須条件であった。その論理は苦行というものは、自己および他人の罪穢をほろぼし清める実践であるから、苦行をすれば身心が清められて、神や仏が行者の身に宿ることになる。これを神道ならば神が行者の身に「憑依《ひょうえ》する」といい、仏教ならば仏と行者は瑜伽相即《ゆがそうそく》して一体化する「即身成仏」という。

即身成仏については密教々理では煩瑣《はんさ》な理論を展開するけれども、このような私の理解は、日本の庶民信仰と思考形式をふまえたきわめて単純明快な理解である。そして民衆や庶民的密教僧、あるいは山伏の即身成仏の目的は、五仏の宝冠を涌かして人をびっくりさせたり、入我々入する即身成仏の気分を味わうためではなくて、超人間的呪力で人々の病気を治したり、災害を払う呪術を効果あらしめるためであった。すなわち庶民の密教は呪術的であるとともに、きわめて実用的だったのである。

僧尼令と呪術

私は民俗学の立場からは、呪術を「民間信仰」の一部として分類している。「民間信仰」はまた「民間宗教」、すなわち民間仏教や民間神道、あるいは修験道や陰陽道に対して、その根源となる俗信的、原始的な信仰形態である。

ところがこの「民間信仰」は、呪術と巫術と占術から成っているというのが、私の見解である。巫術《シャーマニズム》と占術《オラクル》も呪術《マジック》に入れる説もあるが、私はこれを別けるべきものとかんがえている。私のこの三分類は、実は『大宝律令』の「僧尼令」によったもので、その第二条には、

凡そ僧尼、吉凶を卜相《うらなひはか》り、及び小道《しょうどう》、巫術《むじゅつ》して病を療せらば、皆還俗せしめよ。其の仏法に依りて呪を持して疾を救へらば、禁《いましむる》限りに在らず。

とあって、「小道は厭符《まじなひ》の類なり」といわれて呪術だったわけである。これは仏教の呪を陰陽道その他の「厭《まじなひ》」あるいは「厭魅《まじなひ》」と対立させたのであるが、現在の用語でいえば、いずれも呪術にあたる。卜相吉凶が占術にあたり、巫術《むじゅつ》が巫術にあたることはいうまでもない。

いま占術、巫術の説明はしばらく擱《お》くとして、呪術というものは農耕呪術、鎮魂呪術、医療呪術に分けることができるであろう。仏教はこれらのいずれにも関係があって、孔雀明王《くじゃくみょうおう》呪法や請雨経法《しょううきょうほう》などで祈雨法をおこない、大般若経による雨乞や豊穣祈願をおこなっている。

空海の神泉苑祈雨は大雲輪請雨経法に善女竜王（善如竜王）を勧請《かんじょう》したものといわれているが、『性霊集《しょうりょうしゅう》』（巻六）には大般若経転読による雨乞もしたことが記されている。大般若経はまた農作の害虫にも転読されるが、のちに虫送りの効験はもっぱら念仏に依存するようになる。いわゆる「虫送り念仏」である。これはつい最近まで各地にあったが、いまは一種の年中行事として観光化してしまった。これを「虫送り念仏」でなく、「虫供養念仏」に代えたのが、尾張知《ち》多《た》半島各地でおこなわれる「虫供養」である。しかしこれらは「大念仏」の方式であって、死者の怨魂が害虫になるという信仰から、大念仏（踊念仏や念仏行道《ぎょうどう》あるいは盆踊り）によって怨魂を鎮め、その結果として害虫を駆除しようとしたものにほかならない。このように念仏は強力な鎮魂の咒力ある咒文として、咒術にもちいられたのである。

日本仏教の咒術は、当然のことながら鎮魂咒術がもっとも重要であった。これは日本人の固有信仰では、すべての災害はみたされない死者の霊魂のしわざとされていたのを、仏教の咒術で鎮魂しようとしたからである。ことに非業の死者の怨魂は、強力な鎮魂咒術によって鎮めなければ、饑饉や旱魃《かんばつ》や害虫や疫病や洪水、暴風をもたらすと信じられた。「物怪《もののけ》」もその一つで、平安時代までは大般若経が物怪の鎮魂にしきりに転読されたことは、六国史を見ればよくわかる。たとえば桓武天皇の御病気は廃后の井上《いかみ》内親王とその子の廃太子、他戸《おさべ》親王の霊のしわざとされて、延暦二十四年（八〇五）二月六日の『日本後紀』には、僧百五十人を屈請して、宮中と東宮坊で大般若経六百巻を転読し、霊安寺《りょうあんじ》に莫大な献納をし、「神霊の怨魂を慰むる也」とした。

奈良時代の行基とその徒衆の宗教運動もこの鎮魂咒術をおこなったらしく、『続日本紀』の天平二年(七三〇)九月二十九日条には

安芸・周防の国人等、妄《みだ》りに禍福を説き、多く人衆を集め、死魂を妖祠して祈る所ありと云う。また京(奈良)に近き左側の山原に多人を聚集し、妖言して人を惑わす。

などといわれて、これは行基等のしわざとかんがえられていた。この集団に対してはすでに養老元年(七一七)四月二十三日の禁令に、

方今小僧《しょうそう》行基並びに弟子等(中略)輙く病人の家に向ひ、詐《いつわ》って幻恠の情を禱り(咒術)、戻《もと》りて巫術を執り(巫術)、逆《あらかじ》め吉凶を占ひ(占術)、耄稚《もうち》を恐脅《おびやか》し(下略)

と非難されたのは、怨魂死霊の恐怖を説いて、その鎮魂の法会に大衆を動員させたからである。

このような鎮魂咒術は空也のころから念仏と踊でおこなわれることが多くなり、中世になるともっぱら大念仏によるようになった。たとえば『平家物語』(巻三)では、少将成経《なりつね》は備前有木《ありき》別所で非業の死をとげた父成親《なりちか》のために七日七夜の大念仏をおこなった。また謡曲『隅田川』では人買にかどわかされて、隅田川のほとりではかなくなった梅若丸のために、村人は梅若塚の大念仏をしたとある。

医療呪術もその病気が怨魂のしわざということが巫術でわかれば、鎮魂が医療呪術になる。しかし冒頭にのべたような「額突き」も滝行も実践的な医療呪術であって、これによって身心の罪穢をのぞき去り、健康を得ようとする祈りにほかならない。そのとき呪文としてアビラウンケンを唱えたり、九字（臨兵闘者開陣列在前）を切ったり、般若心経を唱え、不動真言を誦するようになって呪術が成立してゆく。すなわち呪術は祈りと苦行が、次第に儀式化し、形式化し、教理経典曼荼羅化してゆくところに成立するものである。したがって祈りと苦行の裏付けをもった呪術は真の宗教であり、信者の心身に奇蹟をおこすものといって差支えない。その代わり祈りと苦行の実践を欠いた呪術は、いかに道具立ては立派でも、虚偽の宗教であるといわなければならない。

（追記）本論は「胡瓜封じ」とか「釘抜地蔵」の釘抜などの呪物による呪術を論ずるはずであったが、紙幅の都合で割愛した。

16　日本仏教と葬制

葬式仏教

昨日会った出版関係の人から、仏事や葬儀、墓地や先祖供養の出版物が、隠れたベストセラーであるときいた。ベストテンの上位にあるそうである。これは民衆の心を正直に反映したもので、われわれの心の片隅にはいつも死者がいる。いわば無意識の中の「影」のようなもので、影のない人間はありえないように、心の中をほり下げればかならず死者がいる。いやそればかりでなく、老少不定、無常迅速で、いつ近親・朋友の死に会うかもしれず、そういう御当人がいつお迎えをうけるかわからない。

葬儀仏事や墓地の知識をもとめるのは、もちろん「死とは何ぞや」というような高度の求道心や哲学とは別である。しかしそれは死者の魂の実在を信じ、その魂の加護や戒めをもとめるという素朴な信仰心から出ている。それはいわゆる建前としての仏教とは別であるかもしれないけれども、仏教が広い意味での宗教であるかぎり、その素朴な信仰にこたえなければならない。

いままでの日本仏教はまさにその素朴な信仰にこたえて来た。葬式仏事を拒否したら日本仏教は存在しえなかったばかりでなく、いまでも大部分の僧侶と寺院は無用の長物になるだろう。それにもかかわらず、「葬式仏教」という言葉は、仏教者側からの内部告発のような形で出されている。そういって葬式坊主を見下して伝道紙というパンフレットでも配っていれば、まことに恰好がいいのである。それは仏教は知恵の宗教であり、覚《さと》りをもとめる宗教だという主張から出ており、仏教の社会的機能は社会福祉や教育をやっていれば十分だという。「葬式仏教」と自嘲する人は大ていそのどちらもやっていないのであるが、そういう人に私は、あなたの宗派だけでも葬式を止めたらどうだろうか、日本仏教の中に一つぐらい葬式をしない宗派があってもいいのではないか、と答えたことがある。その代わりそのような宗派は覚りと求道に専念し、社会福祉に全力を傾倒すれば、それは十分に存立価値があるし、また教団としても成り立つだろうとおもう。ただ困ったことに、そのような立派な坊さんがあれば、葬式をしてほしいという申込みが殺到することである。

葬式仏教という声があがったことは、日本仏教にとって一大転機を迎えたことを意味するだろうとおもう。それは肉親を失った檀家や民衆側の要求にこたえて、マンネリズムの葬式をしておればお寺は安泰であるという意識に反省をもとめている。それは檀家側の真剣な信仰心にこたえられない僧侶側の、うしろめたさへの反省でもある。民衆はパンをもとめているのに、僧侶は石をあたえているのではないかという不安の表明である。

このような葬式における民衆と僧侶の食いちがいは、肉親を失った人々のもつ霊魂の実在の実感を僧侶がもちえないということにあるだろう。喪家の実感に共感するとともに、死者の霊を成仏なり往生なりさせるという自信をもたなければ、僧侶の葬式の執行は空々《そらぞら》しく形式的で、マンネリズムにならざるをえない。

願以此功徳　普及於一切　我等与衆生　皆共成仏道

願以此功徳　平等施一切　同発菩提心　往生安楽国

という廻向文《えこうもん》ぐらい、言うはやすく行うは難い言葉はない。これをやれやれお勤めが済んだといわんばかりに、だらだらと唱えられると私などは腹が立ってくる。この廻向文こそ死者の霊を成仏させ、往生させる証しであった。民衆の僧侶にもとめるものは、生きている「我等と衆生」はどうでもよいのであって、いま死んで迷っている霊魂が地獄へ行って苦労しないように、成仏させてほしい、安楽国に往生させてほしいということである。

これら廻向文が『法華経』の「化城喩品《けじょうゆほん》」や、善導の『観経玄義分序偈』に出ているときは、もちろんそのような意味をもっていない。しかし日本仏教では「菩提」は「弔う」ものであり、「成仏」は死者の成仏、すなわち死霊の鎮魂であった。それを理解しないから、廻向文は空文になってしまう。この「廻向」ということも、観経的には至心廻向や二種廻向（往相《おうそう》・還相《げんそう》）や三種廻向（菩提廻向・衆生廻向・実際廻向）などを説くけれども、日本人の廻向は死者の霊をまつり、慰さめ、鎮めること以外の何物でもない。ことに大火や大地震があって大量の死者があれば、回向院で慰霊大法要があるのはそのためである。それにもかかわらず菩提とはボーディの音写、廻向とは往相・還相などといっておれば、パンをもとめるものに石をあたえるの愚を犯すことになる。

霊魂の実在

仏教は悟りの宗教、宇宙の真理を諦める宗教だから、生きたもののための宗教でこそあれ、死人をつかう宗教ではないという勇ましい発言もよくきかれる。いかにも御尤《ごもっと》もなので、そのような坊さんはどうか葬式は辞退してほしいとおもうが、いまでは病気になやめる生者のためには病院があり、貧苦になやめる生者のためには不十分ながらも社会福祉がある。それでもみたされない精神的な悩みをもつ生者のためには、精神医学や精神分析の有能なカウンセラーが、白衣を着て作り笑いなんかしながら待っている。そこで「何々を語る会」などという懇談会や読書会を寺で開くことになるが、それも月を追ってさびれてゆく現状である。

やはり宗教は「生」とおなじというよりは、生よりも重い「死」のためにある。三十六億の人口には三十六億の死がかならずあり、一億三千万の人口には一億三千万の死がかならずある。それをうけとり、その霊にやすらかな無限の世界をあたえるのは、宗教のほかにはない。これは日本仏教にはかぎらないのであるが、とくに日本人は死者の霊魂の存在をつよく信じ、これを鎮めたり慰めたりして、その恩寵をもとめる民族であった。それも先祖から子孫へと伝わる系譜的霊魂の実在を信じたから、葬式と供養が日本の家原理を支え、社会秩序と歴史の原理にさえなっている。日本仏教はただ葬式だけを執行して来たのでなく、葬式を通して日本人の精神生活を豊かにし、社会と歴史を支えて来た。

坊さんの執行する一つ一つの葬式は暗くささやかであるかもしれないが、日本仏教として総合された役割は大きかった。そのために大きく言えば、日本の仏教文化は花開いたのである。葬式と供養の場として寺が建てられ、仏像がつくられ、経典が写された。平安鎌倉の写経奥書も、石造美術の銘文も、目ざす死者の成仏と往生のためでないものはない。阿弥陀如来像はかつて日本に存在したもっとも華麗な道長の法成寺《ほうじょうじ》の九躰阿弥陀をはじめ、村々の阿弥陀堂の本尊にいたるまで、臨終仏や供養仏として造立された。拝観者や展覧会のための作品でないことはいうまでもない。山越《やまごえ》の弥陀図や聖衆来迎図などの絵画もおなじことであるし、融通念仏や六斎念仏、あるいは歌念仏や和讃、踊念仏、大念仏、念仏狂言から盆踊にいたるまで、葬式と供養の必要が生み出した日本人の宗教文化であった。

このような宗教文化創造の原動力は、日本人の死者の霊魂の実在観と不滅観であったと私はかんがえている。日本の映画ぐらい葬式やお墓の出てくる国はすくないときいているが、これは日本人のセンチメンタリズムのためばかりでなく、死者や霊魂への関心が大きいことをしめすものだろうとおもう。したがって葬式というものは、欧米のように人生の通過儀礼として、一人の人間が社会から消えてゆく儀礼であるよりは、その霊魂をやすらかにするための宗教的実践であることが要求される。

それでは葬制にかかわる宗教的実践とは何かといえば、霊魂の実在と不滅を確認する修行であるとおもう。仏教各宗には加行《けぎょう》や修法、籠山《ろうざん》や回峯、坐禅や念仏行、抖擻《とそう》や荒行などの実践行がととのっている。これらはいま形式化したものが多いのであるが、もとは死にいたるまでの厳しい苦行であった。ということは行者一人の悟りのためというよりは、死の体験を通しての霊魂の確認にほかならなかった。よく修行者が頓死して地獄や極楽をめぐってくる蘇生譚が、古代・中世のみならず、近世になってもさかんに書かれたり、語られたりしている。智光・礼光の話や日蔵《にちぞう》（道賢上人）の話などはとくに有名であるが、これを単なる唱導のための作り話としたり、中国の説話の焼き直しとするのでは、あれほどつよく民衆の心をとらえる理由が説明できない。

これは修行の目的に霊魂の世界の確認をもとめるものがあり、その世界で肉親知人の死者に会ったり、ときには菅原道真のような有名人に会ったり、天皇や女帝に会ったりして、その消息を伝えるメディアム（霊媒）のはたらきをもとめられたからであろう。このように霊魂の世界に出入した人にして、はじめて地獄や極楽を語る資格があったのである。その体験なしに浄土を語っても、それはすべて嘘になってしまう。またそのような浄土を体認した人ならば、死者を浄土に往生させる能力があると信じられたのである。

したがって日本仏教が真の葬式仏教になるためには、僧侶が霊魂の実在と不滅を体験する宗教的実践を前提としなければならない。いま葬式仏教を自嘲する人は、葬式を執行しながらも、そこに霊魂の実在を確信できないことを表明した正直な人であるし、それにもかかわらず莫大なお布施をもらうことを後ろめたいと感ずる善良な人であるとおもう。

死者を拭く実鸞教

最近私は作家野間宏氏の旧作『わが塔はここに立つ』を読んで、日本仏教と葬制の問題に大きなヒントを得た。その一部は野間氏との対談（雑誌『短歌』五月号）に語ったことであるが、下級僧侶の葬送へのとりくみ方は、現在の仏教からは想像を絶するものがあったとおもう。

古代においては南都七大寺や二十五大寺などの国家仏教を担う官度僧は、天皇や貴族の葬送には関与したが、庶民のそれには私度僧や三昧聖《さんまいひじり》がこれにあたったらしい。官度僧の葬送関与

は、天武天皇十四年（朱鳥元年＝六八六）九月に天皇が崩御されて、殯宮《もがりのみや》を南庭に起《た》てたときで

甲子平旦、諸僧尼殯の庭に発哭《みね》たてまつる。

とある発哭は読経したことではないかとおもう。そして大宝二年（七〇二）に持統上皇の崩御にあたっては、大安・薬師・元興・弘福の四大寺で設斎し、またそのほか四天王寺、山田寺以下三十三寺で設斎したことが『続日本紀』に見える。これは大般若経を読んだり、僧を度したり、貧者に布施することなどであった。

しかしそのころ庶民の葬に関与したのは行基にしたがう私度僧集団だったらしく、後世の三昧聖（のちの隠坊）は行基の弟子、志阿弥《しあみ》の子孫という伝承をもっていた。志阿弥は私がすでにのべたように「沙弥《しゃみ》」ということで特定の個人ではなく、私度僧あるいは聖というものであった。この中には皇族や貴族の殯が廃されたために失業した、遊部《あそびべ》という葬送専業者が多く流入していたであろうという推定もかつてのべた。行基集団の一員で『日本霊異記』をあらわした聖《ひじり》景戒も、自身火葬をおこなった夢を記している。

こうした私度沙弥や聖の火葬や葬送の伝統は空也のときまであまり顕れないが、空也と空也僧集団でこれは顕在化し、蓮台野聖というようなものもあらわれてくる。これらは火葬や埋葬にもたずさわったのであるが、彼らが墓の側に住む墓堂が独立した坊や寺庵になったものもす

くなくないので、寺庵に墓地が付属し、行基開創の縁起ができたものと推定される。しかも彼らは独立した坊の主や寺庵の住職とはいっても下級僧侶の身分に甘んじなければならなかった。ところが法然や親鸞によって念仏教団ができると、他屋の坊主や庵主という身分でこの教団に流入したものとおもわれる。

原始真宗教団の二十四輩などを中核とする何々門徒という念仏集団も、私は単なる信仰のあつまりというよりも、葬式集団であったものとおもう。したがって野間宏氏の小説に出てくる実鸞《じつらん》教はお父さんの組織しておられた小教団で、信者の死体の世話までしたというのは、原始真宗教団の姿がのこったとかんがえられる。大体この実鸞教は秘密伝法や血脈相承をしたり、秘密の百日行をする秘事法門的念仏教団であったが、もっとも貧困な階級を教化対象として、信者が死ねば教主実鸞みずから死体を拭き清めて浄土へ送るという実践をしていた。

私はこれこそ原始真宗教団の葬送へのかかわり方だとおもうが、小説の中のこの壮絶な実践に感動したので、私は対談のときこの点を詳しくきいた。すると野間氏自身この実践の体験をもっているということなので、いよいよ念仏宗団と葬送のかかわりに確信をもつことができた。現在普通「湯灌《ゆかん》」というものは肉親の女性のするものになっているが、これを宗教者がしたとすれば、これほど尊い実践はない。これを僧侶の地位の向上とともにしなくなったが、逮夜《たいや》僧は湯灌のあいだ中、死者に向き合って読経しなければならないのは、その名残りであろう。

また一時代前までは葬式の導師は死者の頭髪をきれいに剃ったもので、これも引導得度授戒して、清信士（優婆塞）や清信女（優婆夷）にする儀式だと説明するけれども、死体を清めた名残りとかんがえられないことはない。いまはこれが一層簡略化されて剃刀を髪にあてるだけになってしまった。しかもほんとうに死者をお浄土に送ってやろうとおもうなら、その肉体も精神も清めてやるという慈悲心が発露すべきものであろう。実際にこのようなことは身の毛のよだつほど真剣な「往生させる」信念がなければできることでない。野間氏はこのような父を小説の中ではそれほど評価せず、

父親（実鸞）の思想を一言にしていうならば、骨組もなおそなわることのない貧弱なものであり、豊かな発想は何処にも見ることは出来なかった。そこに見るべきものがあるとすれば、それは貧困者にたいする、いつも火を噴きだしているといえる共感だった。この貧困者に対する共感によって父親は宗門を支え、宗門を拡げてきたのだが、それはすでに限界に達しようとしていたのだ。

と書いている。しかしこのような貧困者への共感は実鸞教という小教団だけでなく、念仏教団全体を支え、日本仏教そのものをも支えて来た。それが「死体を拭く」というまでの葬送へのかかわりをもって、空洞化しようとする「往生」を実践していた。小教団はなるほど神戸か大阪の貧民街の片隅のものであったかも知れないが、その信仰は日本仏教を掩《おお》うほど大きい。し

かもこのような実践的僧侶は日本仏教や念仏門の最底辺を支えて来たにもかかわらず、秘事法門や異端として遇せられ、いやしめられたのである。

17　巡礼・遍路の信仰と歴史

神の遊幸と巡礼

巡礼という宗教現象は日本だけのものでないことは、キリスト教徒のエルサレム巡礼、マホメット教徒のメッカ巡礼を見てもよくわかる。そうはいってもヨーロッパの巡礼がいかにすさまじいものであったかを、私も近年の旅行でつぶさに知ることができた。

中世はいわずもがな、現代でもヨーロッパの巡礼はさかんである。私が会ったアンドレ・エーム神父（トルコ系フランス人）は、アラブ紛争解決の祈りといって、徒歩でエルサレム巡礼をする運動をつづけている。中世にはエルサレム巡礼に代わる巡礼地として、ヨーロッパ中から巡礼者があつまった北スペインのサン・ティアゴ（サン・ジャック・コンポステル）へは、いまロンドンから毎日の航空便、パリから週二回の航空便があるほど人があつまる。南フランスのルールドも十九世紀半ばのマリア出現以来、もっとも人気のある巡礼地で、私が行った日にも一万人以上の行進を見ることができた。

こうした事実は、宗教の本質に、巡礼によって表現される何物かがあることをおもわせる。そこには世界共通の「巡礼の原理」とでもいうべきものがあるとおもわれるが、キリスト教の場合はジョナサン・サンプションの言うところでは、キリストとセイントの墳墓崇拝と、その遺物崇拝および奇蹟信仰がその原理だという(『巡礼―中世宗教の一面』一九七五)。そしてその目的は懺悔《さんげ》贖罪《しょくざい》と病気平癒の祈願が多かったとある。このような分析は、日本の巡礼と遍路をかんがえる上にも興味のあることで、病気平癒と懺悔滅罪の巡礼・遍路はたしかに日本にも多かったのである。

しかしヨーロッパの場合は、宗教裁判で巡礼贖罪が課せられた場合は記録にのこるが、日本ではそのようなことがない。罪の意識でひそかに巡礼に旅立ち、そのまま故郷へ帰らない場合が多く、行倒れても郷里へ通知しないでよいという但し書付きの通行手形を持っている。それは村々の庄屋の御用控にのこる程度で、ほとんど知られることがない。近世社会経済史の研究者はこうした御用控を見る機会も多いのだが、歴史というものは搾取とこれに対する農民の抵抗という歴史観を捨てないかぎり、こうした巡礼者にあたたかい眼をそそぐことはできないだろう。

巡礼は人間の「物の歴史」に対して「心の歴史」の一面である。大部分の庶民は政治史の権力闘争や、権力者の搾取をよそに、営々とはたらきながら「心の歴史」を築いて来た。「心」だけは誰も犯すことができなかったからである。その「心の歴史」は、村々の辻や路傍や広場に立てられた巡礼碑がものがたってくれる。西国三十三観音巡礼碑が多いのは当然だが、東国では坂東《ばんどう》三十三観音巡礼碑や、西国《さいごく》・坂東・秩父百観音巡礼碑が多い。それに四国八十八ヶ所霊場巡拝碑、出羽三山登山碑、金毘羅大権現、秋葉・愛宕大権現巡拝碑もすくなくない。そしてもっとも多いのは大乗妙典六十六部日本回国碑であって、どこの生国のものがどんな事情で回国に出たのかはわからないが、最後はその村に終焉の地をもとめて、特定の病気を治す誓願をのこして死んだものが多い。

また熊野詣も一つの大きな巡礼運動であった。従来は熊野詣といえば上皇方の熊野御幸ばかりが話題になり「蟻の熊野参り」は踏みつぶしてもよいように、庶民の熊野詣は相手にされなかった。まことに片手落ちな歴史であり、宗教観であった。むしろ貴族の熊野詣は、庶民の熊野詣に触発されて模倣したものだという歴史観が必要なのである。しかもこの熊野詣には、世の中でもっともめぐまれなかったハンセン病者を救うという、貴いヒューマニズムの発現があったことも注意しなければならない。

私は宗教というものは遊行《ゆぎょう》であり放浪であるとおもっている。それは一種の隠遁《エルミタージュ》であり、サンプションのいう遁世（The rejection of the world）である。その対極として一所定住の修道院や僧堂があるが、雲水は僧堂と放浪の両極を実践するところに、現世拒否の最高の姿勢が見られる。一遍の宗教も遊行の中でこそ生きているのであって、その後継者たちが一寺に独住すれば、その宗教は死んでしまう。

もともと神そのものが遊行し放浪したのである。ことに日本では神像のような偶像がなかったから、神は御杖代《みつえしろ》とよばれる巫女や聖《ひじり》に憑依《ひょうい》してあるいた。これを神の遊幸《ゆうこう》というが、この形態は現在でもイタコが霊の魂筥《たまばこ》を持ってあるくことにもつながっている。たとえ神籬《ひもろぎ》や磐境《いわさか》のような聖なる木や石があっても、神はそこに常在することなく、斎庭《まつりのにわ》に招かれたところに降臨するものであった。また神の遊幸は御杖代となる巫女や聖の託宣によるもので、その神意にしたがって移動したのである。

たとえば伊勢の天照大神は清浄なる皇女を御杖代としたので、はじめ崇神天皇の皇女豊鍬入《とよすきいり》姫《ひめ》命に憑依し、のちに倭姫《やまとひめ》命に代わった。したがって姫は神の託宣にしたがって大和笠縫《かさぬい》邑を出し宇陀の篠幡《ささはた》から丹波吉佐《きさ》宮、大和伊豆加志《いつかし》本宮、紀伊奈久佐《なくさ》浜宮、吉備名方《なかた》浜宮、大和弥《み》和御室《わのみむろ》嶺上宮などと巡り、やがて伊賀、近江、美濃の各地を経て尾張から伊勢にうつった。伊勢も桑名《くわな》野代宮、阿佐加《あさか》藤方片樋宮、飯野《いいの》高宮、伊蘇《いそ》宮を転々として、ようやく五十鈴《いすず》川上の現在地に鎮まったというのである。これを歴史地理的にたしかめることは困難であるが、天照大神が巫女に憑依して遊幸したと信じられたことはまちがいがない。

おなじように大師信仰の中の弘法大師も、霜月大師講の夜は信仰者の家々を訪れると信じられた。また四国八十八ヶ所霊場も、弘法大師遊幸の跡を巡るという信仰がもとである。このようなところから弘法大師像を船にのせて北九州の海岸を巡ってあるく大師信仰があったということであるが、私はまだ実際を調査していない。しかし弘法大師像を描いた幡を先頭に立てて、岡山県真庭《まにわ》郡内の八十八ヶ所を巡る大師講については、かつて報告したことがある（『日本民俗学大系』第八巻、拙稿「仏教と民俗」）。またおなじ報告の中で、私は茨城県行方《なめかた》郡潮来《いたこ》町の古高《ふったか》大師堂の大師巡りについてものべた。この大師堂の大師像は、村々の信者の背に負われて、村から村へと巡ってあるき、信者の家の縁先でまつりをうけながら三ヶ月は帰って来ない。その信者の増加にしたがって一体の大師像では信仰需要に応じきれないため、いまは三体になって、一体は茨城県内、一体は栃木県方面、一体は埼玉、群馬県方面を巡る。このように巡礼というものの起源は、まず神々の方から子孫や信者のあいだを巡ることからはじまった。ということは神の憑依者である宗教者の遊行、放浪が巡礼の最初の形態であったのである。

滅罪巡礼と熊野詣

一五七七（天正五年）に耶蘇《やそ》会の某パードレが博多からポルトガルの耶蘇会に送った通信が『イ

エズス会士日本通信』（『新異国叢書』２）に載っている。これは日本にも厳しい贖罪巡礼があったことをしめすもので、ちょうど四百年前の記録がわれわれの胸を打つ。このような庶民の信仰記録を日本の僧侶がのこさないで、異教の宣教師がのこしたことには、いささか恥かしいおもいがする。

異教徒（仏教徒）にして己の母を殺したる者、来世（地獄）において受くべき苦痛をこの世において受けんと欲し、日本の諸国を巡りて悔改めの数年を送り、また生命をも悪魔に捧ぐる誓を果さんため、当博多の市を選び、まづ徹夜断食祈禱を行ひ、その間七日はたえず起立して徹夜し、断食祈禱せり。その後、冬時寒気の最も厳しき時（寒中）に、市を十区に分ち、毎日一区を走り、住民某は冷水を器に充してこれを待ち、彼の同伴者は右の器を受取りて水をその身体に掛けたり。

というように、自分の滅罪巡礼ののちに、博多の町で代垢離《だいごり》の荒行をして、信者の滅罪のための苦行をした。そのあとで五昼夜のあいだ川の中に立って鐘を打ちながら念仏し、不眠不動断食断水の行をした。そして結局博多の沖に舟でこぎ出して、入水往生をとげた。

彼は袖および懐に石を入れ、また石を充したる袋をストラ（袈裟のごときもの）のごとく肩に掛け、悪魔の名（不動明王の真言）を唱へて海に飛込み、底に沈みて死したり。苦行者の同行は他の船に移り、彼を連行きたる船に火を放ちしが、各地方の人多数海陸より見物に集りたり。一人は九十歳、また一人は八十歳の人、苦行終了の前日信心を催し、苦行者と同行して一緒に死したり。彼等は神の作りし文字（真言）を一面に書きたる紙の白衣（経帷衣）を着しゐたり。予（某パードレ）がこのことを通信するは、暗黒の子等（回国修行者）が虚偽の救（仏教）のために、光明の子等（キリスト教の宣教師）が真の救（キリスト教）のためになすよりも多くのことをなすことを知らしめんがためなり。

とのべてこの回国修行者の苦行と捨身《しゃしん》に感動している。この「来世（地獄）において受くるべき苦痛をこの世において受けんと欲し」というのが、実は巡礼の原理を端的にあらわしたもので、罪業は死後に堕地獄の苦をうけるものと信じ、それを生きているうちにその苦をあらかじめ果たすことによって罪をほろぼそうと巡礼するのである。これが滅罪巡礼である。

したがって巡礼というものは苦痛を覚悟でおこなうもので、その苦痛が大きければ大きいほど、大きな罪が早くほろび、その代償として健康と長寿と幸福が得られるものと信じられた。熊野詣もそのようにしておこなわれたもので、熊野詣についてのもっとも古い記録である『いほぬし』（『群書類従』紀行部）には

いつばかりの事にかありけむ。世をのがれて、心のままにあらむと思ひて、世の中にききときく所々、をかしきを尋ねて心をやり、かつはたふとき所々拝みたてまつり、我身の罪をもほろぼさむとする人（増基法師）有りけり。いほぬしとぞいひける。神無月の十日ば

かり、熊野へまうでけるに、（中略）かくて社々（九十九王子）にさぶらひていのり申すやう、この世はいくばくにもあらず。水のあわ、草の露よりもはかなし。さきの世の罪をほろぼして、行末の菩提をとらむと思ひ侍る心ふかうて、（下略）

とあるのは、現世の罪業も前世の宿業もすべてほろぼすのが熊野詣であったことをあらわしている。この『いほぬし』は十一世紀半ばの増基法師の永承年間の熊野詣紀行と推定されるもので、まだ白河上皇の熊野詣はおこなわれなかった。『土佐日記』に次ぐ古い紀行文学で、増基はみずからを「いほぬし」とよんでいる。そして熊野詣は滅罪の巡礼であるとしているが、これは巡礼の苦行によって来世の堕地獄の苦を果たし、往生をたしかにするとともに、現世では余生が寿命長遠となり、富貴が得られるという信仰を背景としている。その苦行の誠心を証明し往生の確認をするのが熊野本宮の阿弥陀如来だと信じられ、そのために本宮を証誠殿《しょうじょうでん》という。

熊野詣がいかに罪と穢をほろぼす苦行であったかは、まず前行の「熊野精進屋」の参籠から、道々の業障懺悔《ごっしょうさんげ》の垢離取《こりと》りがこれをあらわしている。そして最後は音無川《おとなしかわ》を徒渉して旧社地の証誠殿へ「ぬれわらじの入堂」をし、そのまま夜を明かしているあいだに、阿弥陀如来から往生決定の託宣を得ようとした。ちかごろ出た栗田勇氏の「一遍上人」には本宮旧社地へは渡し舟にのってゆくと書いているが、この音無川は幅十メートルほどの浅い川である。私などは靴を脱いで、脛ぐらいまでの水を徒渉したが、江戸時代には橋がかけられて「ぬれわらじの入堂」の意味が忘れられた。

日本民族の罪業観は、仏教の輪廻による前世の罪業や、キリスト教の原罪などとちがって、自分が犯した罪もしくは、無意識のうちに犯した穢れ、あるいは父母や先祖の犯した罪の報いとして、現世に不幸をうけるという因果応報の罪業である。これは逆にすれば不幸をさけるためにはその罪業をほろぼせばよいのであって、その滅罪の方法の一つが巡礼であり熊野詣であった。その結果は来世には悪趣（地獄）に堕ちずに往生し、現世には福と寿をうける。この二つが熊野詣の目的であったので、中世の説経『小栗《おぐり》の判官《ほうがん》』には、熊野本宮に詣でたものは、杖を二本買って一本は熊野川へ流し、一本は杖について故郷へ帰る。

一本はおとなし川に流すれば、死して後めいど（冥途）におもむく時に、弘誓《ぐぜい》の船とうかぶ也。又一本つきてふもとに下向ましまさば、侍ならば所領を得る。なんぼう目出度き此つゑ也。

とあるように現当二世の幸福が約束された。ここに杖というのは卒塔婆の原始形態で、一本は滅罪の卒塔婆流しであり、一本はそれを熊野の神（本地阿弥陀如来）の依代《よりしろ》として奉じて帰ったもので、さきにのべた御杖代《みつえしろ》にあたるのである。

熊野詣に比較的知られることのなかったのがハンセン者救済である。現代では医学の勝利で、この不治とおもわれた病気が治り、その病原は細菌であることがわかった。しかし最近までこの病気は天刑病といわれて、先祖の罪の因果が子に報いたと信じられた。したがって滅罪によって病気の治癒を願うとともに、死後の安楽を得るために巡礼や遍路に出た。一方では遺伝を信じる社会からの逃避もあったが、信仰だけがこの病者の心の支えだったことはたしかである。最近まで四国八十八ヶ所の遍路にも、この気の毒な人々が見られたという。これを公然と救済したのが一遍の時衆教団であったが、その高い宗教的精神が忘れられて、僧尼混合集団であった時衆を、愛欲集団のように喧伝するものがあるのは、まことに遺憾である。

『一遍聖絵』には一遍の行くところ、かならず乞食とハンセン者の群が付いてまわった。興《こう》正《しょう》菩薩叡尊《えいそん》のハンセン病救済とちがって、いたるところの多数のハンセン者が時衆とともに移動巡礼したのである。そして時衆が熊野を聖地として勧進活動をするようになると、熊野がハンセン者救済の浄土と信じられることになり、九十九王子の険難を越えて土車《つちぐるま》にのったり、膝行《しこう》しながら本宮へあつまった。ことに本宮の湯の峯はハンセン病の治る温泉として宣伝され、これを説経するのが『小栗の判官』であった。そのために西熊野街道は、小栗街道とよばれるようになった。しかもこの街道ではハンセン者が土車にのって道傍におれば、誰彼なしに熊野の方へ引いてやったので、いつの間にやら熊野へ着いたという。山坂道は土車ごとかついでやる人もおったのだとおもう。これはきわめて功徳の多い信仰的行為（作善《さぜん》）であるとして、

此くるまを曳くものは、一曳引けば千僧《せんぞう》供養、二曳引けば万僧供養に成べし

と『小栗の判官』にはある。巡礼者のあたたかいヒューマニズムのあらわれとおもわれる。

回国聖と巡礼・遍路

巡礼のうちで滅罪巡礼の色彩のもっともつよいのが、六十六部回国であった。これは奈良時代から平安時代にかけての法華持経者の回国であるから、滅罪経典である法華経を如法に写経して、その一部ずつを日本六十六ヶ国の一之宮に納経するための回国であった。規模からいっても日本全土におよぶ大きな巡礼であり、納経するのも神社であるという点で、もっとも特色あるものとおもわれる。一遍の遊行もこの回国を念仏によって果たそうとしたものらしく、多くは諸国一之宮で踊念仏をともなう別時念仏会《べつじねんぶつえ》をもよおしている。

六十六部回国は鎌倉期以降は経聖《きょうひじり》とよばれて、『嘉之記』の康永二年（一三四三）条には

　四月十日、於二龍田宮一六十六部如法経供養在レ之、経聖乗弟子、舞楽供養也

とあり、永徳四年（一三八四）には鎌倉鶴岡八幡へ聖源房という経聖がおさめた金銅納札がのこっている（『大日本金石史』三）。このようにして法華経一部八巻を納経する代わりに納経札を一枚おさめるだけにかわった。この金銅納札は室町時代には紙札にかわったが、いまはその納札もおさめずに、納経帳に判だけをもらってあるく。それも般若心経一巻を読経することもなく、バスを待たしての集印帖判集め競争である。私の調査したものでは天文四年（一五三五）の奥

書のある但馬出石《たじまいずし》町惣持寺千手院本尊の胎内勧進奉加帳に

本願、六十六部十穀　西林坊

脇本願　菊蔵、智善、聖行徳

とあった。

江戸時代にはとくに信仰の厚い六十六部もないではなかったが、多くは故郷に住むことのできない罪をもったものが回国に出た。これはまったく乞食の放浪者であったが、長年の放浪の結果、法力を得て人の病を治したり、予言や卜占《ぼくせん》をするようになり、信者ができると一ヶ所に定着した。多くは地蔵堂や観音堂に住みこみ、「日月晴明、風雨順時、大乗妙典六十六部回国供養塔」という石塔を立てて、村人の祈禱や相談に応じながら一生を終った。これは隠れた庶民信仰の歴史であるが、従来まったく放置されていた。しかしちかごろはこれに注目する郷土史家も出て来たので、回国者の全貌があきらかにされる日があるであろう。私はこの六十六部回国聖ですぐれた神像仏像の彫刻をのこした木喰行道《もくじきぎょうどう》の生涯を『微笑仏』（昭和四十二年刊）に書いたことがあるが、回国の苦労をかさねるあいだに心境は高まり、信仰は深まり、やがて晩年には悟りの境地に入ってゆく。ちかごろ『修験木喰』という書が出たが、木喰行道は修験でも山伏でもなく、回国遊行者である。そして木食行をした山伏や回国者は無数にあるのであるから、彼の僧名の行道を付けなければ、木食だけでは普通名詞になる。ただ行道は木喰の字をつかうので区別はできるが、木食円空とはいわないのであるから、木喰行道は「行道」で通るようにしなければならない。柳宗悦氏が「木喰」といったからといって、その誤りをいつまでも踏襲する愚はくりかえさない方がよいとおもう。

観音霊場三十三所巡礼は熊野詣とほぼおなじ時代に、おなじような信仰表出としておこったが、名山霊嶽を巡る優婆塞《うばそく》・禅師は奈良時代からあった。清和天皇も落飾後に名山を抖擻《とそう》したことがあきらかなので、花山法皇が那智千日籠りと三十三所巡礼をしたことは信じてさしつかえない。これは平安末期には百観音詣や百塔詣のような巡礼ともなり、室町時代にはじまった坂東三十三観音や秩父三十四観音とあわせて、江戸時代には西国・坂東・秩父百観音巡礼がさかんになった。

四国八十八ヶ所遍路もその起源は平安時代にさかのぼる。従来室町時代起源説が一般的だったが、平安末期の流行歌（今様）をあつめた『梁塵秘抄』には「四国の辺路《へじ》」が出る。

我等が修行せしやうは、忍辱《にんにく》袈裟をば肩にかけ、又笈《おひ》を負ひ、衣はいつとなくしほたれて、
四国の辺路をぞ常に踏む

という今様がそれで、「へぢ」とよむ。これを佐々木信綱博士の校訂では「遍路」としているが、これは「辺路」の方が正しいことは、『今昔物語』（巻三十一）に

通㆓四国辺路㆒僧、行㆓不㆑知所㆒、被㆑打㆓成馬㆒語第十四

という説話があるので証明できる。これに

四国ノ辺地ト云ハ伊予讃岐阿波土佐ノ海辺ノ廻也

とあるので辺路の意味はあきらかであるが、熊野詣にも大辺路、中辺路があるので、私は人里はなれた辺鄙な道ということであろうとおもう。それはともかくとして、はじめは主として海辺を巡りながら苦行した修行が、やがて弘法大師信仰とむすんで八十八ヶ所霊場となったものとおもわれる。そしてその普及には高野聖の介在があって、弘法大師とともに遍路する同行二人の信仰ができ、これに滅罪や通過儀礼の信仰が加わっていったものということができる。

18　一遍と神祇信仰

熊野と諸国一之宮

一遍の宗教の特色としては、遊行と賦算《ふさん》、および踊念仏と神祇《じんぎ》信仰をかぞえるのが常である。一遍はいうまでもなく念仏聖であり、捨聖《すてひじり》であるのに、神祇信仰にこだわるのは念仏聖らしくないが、そうすると一遍の信仰系譜は法然や親鸞の専修《せんじゅ》念仏とどう異るのであろうか。

法然も親鸞もたしかに神祇を軽しむべからずと、弟子を誡《いまし》めている。しかしこれはその教団に法然、親鸞の念仏は神祇を必要としないと理解するものがあったことをしめすものである。事実、専修念仏をつきつめれば、神祇信仰は雑行雑修である。そして専修念仏にもっとも尖く対立するのは修験道であるから、専修念仏に忠実なものならば、ことさらその神祇信仰をとりあげるはずはない。

ところが一遍は遊行のはじめに熊野に参詣する。中世の熊野は修験道の一大中心であるのに、一遍は熊野権現の神勅によって、念仏の疑団を解決した。熊野本宮の御祭神の本地がいかに阿弥陀如来だといっても、証誠殿《しょうじょうでん》を管理するのは山伏である。一遍が証誠殿の御前で祈請をこらしていると、御殿の戸を押し開いて出て来て一遍に神勅を告げたのは、白髪の頭に長頭巾《ながときん》をかけた山臥であった。このとき長床に山臥三百人ばかり居ったのが、首を地につけて礼敬したので、これは権現であるとおもったというのであるが、おそらく熊野では権現の神託は山伏の中の巫祝《ふしゅく》が証誠殿の中で承って、神託をもとめるものに告げたのであろう。こののち熊野権現は永く時宗の念仏擁護の神明となるのである。

一方、一遍は十六年の遊行のあいだに諸国一宮に参詣する。そこでときには踊念仏を奉納するのであるから、一遍の念仏は神明のよろこびたまう法楽の念仏だったのであろう。まず建治二年（三十八歳）の九州修行は、大隅一宮の大隅正八幡宮に参詣し、同年には安芸一宮の厳島大明神に参詣した。東国遊行では弘安五年（四十四歳）に伊豆一宮の三島大明神に参り、弘安九年（四十八歳）には京都石清水八幡宮に参って、八幡大菩薩の託宣を得た。その託宣文は

往昔出家名法蔵　　得名報身住浄土
今来娑婆世界中　　即為護念念仏人

とあったというのであるから、ここでも八幡神は時宗の念仏擁護の神となる。そしてこのとき

山下に踊屋を設けて踊念仏をしたことは、詞書にはないけれども絵巻物の絵によってたしかめることができる。

また弘安十年（四十九歳）には播磨の松原八幡宮に詣でて、有名な念仏和讃を作製した。同年に備後一宮吉備津神社と安芸宮島に参詣して、どちらでも舞楽の秘曲を見せてもらう。これは聖絵の巻三に、熊野から故郷に帰った建治元年ごろに「三輩九品の念仏を管弦の遊」でおこなったというように、一遍の念仏は音曲的なものであったこととあわせて、単なる往生だけの念仏でなかったことをしめすものである。したがって一遍の念仏を、単純な専修念仏で割切ることができないのはあきらかであろう。一遍はまた正応元年（五十歳）には伊予大三島に渡り、伊予一宮の三島大明神に詣で、翌正応二年正月には神に仕える供僧の託宣で、桜会の大念仏大行道をして、大行道のあいだに一遍自身も殺生禁断の神託を得た。

一遍と修験道

しかし一遍の思想形成にもっとも大きな影響をあたえたのは、三十二歳（文永七年）のとき還俗生活から再出家して、善光寺詣をしたのちに籠った菅生岩屋《すごうのいわや》である。ここには菅生寺があったが、同時に野口明神と白山大明神がまつられていた。菅生寺はいま海岸山岩屋寺と名を変えて、四国八十八ヶ所霊場第四十五番となっている。そして奥之院は逼割《せりわり》禅定と鎖禅定の修験行場で、その山頂に白山大明神社がある。『一遍聖絵』の絵はこの山の風景を活写しているが、その中央のもっとも高い峰が奥之院で、その右が金剛界嶽でその下に寺がある。そしてもっとも左の峰が胎蔵界嶽になる。その右の峰は竜灯松の嶽である。

この寺の成立と地形から見て、菅生岩屋に籠るということは、いまの本堂の上の仙人窟に籠り、毎日金剛界嶽と胎蔵界嶽を「巡り行道」して、奥之院白山社に詣でることであろう。そして白山社は白山三所になぞらえて別山社（別山大行事）があるので、頂上白山社は御前峰《ごぜんほう》（白山妙理権現）、いま高祖社（役行者社）といっているのは太汝社《おおなんじ》（越南知《おなんじ》権現）がまつられていたであろうとおもう。そうするとここで一遍は白山修験の作法にしたがって、毎日の修行をおこなったものと推定される。

私もこの行場へ入って見て、その危険で厳しい行場であることにおどろいた。白山の御前峰にあたる最高所へ登るには二十一階の木の梯子があるが、上に登っても立つところはないので、峰を取り巻いて取り付けられた円形の鉄柵から垂れた十本ほどの鉄鎖につかまりながら、峰を一周するようになっている。これが修験行場に多い行道岩（平等岩）の行道で、顚落の危険を覚悟して一心不乱に巡らなければ奥之院を修行したことにならない。幸いなことに一昨年私が登ったときには、台風でこの梯子が落ちていたので、登らないで済んだ。しかしたとえ梯子があっても私は降参して登らなかったであろう。『一遍聖絵』を見ればわかるように、一遍の時代にもこの峰への梯子はかけられていたのであるから、一遍の菅生岩屋籠りには、毎日この行道岩の行をしていたのである。この時代には一般信者の四国霊場の遍路もあったことは、聖絵の図にお供四名を連れた男女二人の白衣の遍路が、描かれているのでわかる。この人々も奥之院の白山社までは登れないので、菅生岩屋の参籠《さんろう》修行者に代参を依頼した光景である。

菅生岩屋（『一遍聖絵』・清浄光寺〈遊行寺〉蔵）

菅生岩屋が修験道信仰の山であったことは、一遍の念仏が神祇信仰と両立することとの基礎条件を暗示する。したがってこの山の修験道信仰を見ると、『一遍聖絵』（巻二）はこの寺のいまは失われた縁起を詳しく載せている。これによると多くの修験寺院の開創に狩人が関与するように、安芸国（土佐の安芸郡か）の狩人が山中に光物を見て観音をまつることから創まるが、次にこの山の巌窟で修行するのは土佐国の女仙人である。この仙人は女性の身ながら法華経を持誦《じじゅ》したので、法華三昧を成就し飛行自在の身を得たとある。この仙人の窟籠りしたのが聖絵の仙人堂である。この仙人の往生窟も奥之院の白山社の直下にあり、この厳しい行場も仙人の開いたものであろう。

また聖絵に「又四十九院の岩屋あり、（仙人の）父母のために極楽を現じ給へる跡あり。三十三所の霊崛あり。斗擻《とそう》の行者霊験をいのる砌《みぎり》なり。凡《およそ》奇巌怪石の連峰にそばだてる月、法身常住のすがたをみがき、陰条（枝）陽葉の幽洞にしげれる風、妙理恒説の韻をしらぶ。」と名文を連ねたのは、この山が奇巌怪石の連峰とともに、多数の霊窟幽洞をもった窟籠りの修験の山であったことをあらわしている。四国最高峰の石鎚連峰の南の登山口にもあたるので、石鎚修験の一派でもあったかもしれない。この山の「四十九院の岩屋」とか、「三十三所の霊窟」というのはいまの本堂（不動堂）と岩屋寺庫裡の上にそびえる雄大な金剛界嶽に多数の痕をのこす巌窟であったらしい。この巌壁はもろい砂礫凝灰岩《されきぎょうかいがん》なので、風化崩落とともに窟は浅くなり、窟と窟をつないだ行道路はかすかに痕跡をのこすにすぎないのが、下から見えるのである。その中でもっとも大きい窟には阿弥陀石像の窟と、石造五輪塔の窟があるけれども、いまはこの窟に近づいてたしかめる術はないようになっている。それらの中には「こけら経」を出した窟があったというから、ちょうど羽前の山寺立石寺のような供養のために、「こけら経」や経木塔婆を洞窟におさめる信仰があったのであろう。「父母のために極楽を現じ給へる跡」というのは、そのような洞窟で、これも修験道信仰の一面であるから、修験道の浄土信仰と念仏信仰が発生するのである。

修験道と浄土信仰が別物とかんがえるのは常識の誤りであって、浄土と地獄の信仰と伝承をもたない修験道の山はないといってよい。したがっていまも山念仏を唱えながら入峰《にゅうぶ》登山する山は、大峰山、羽黒山、石鎚山、妙高山などがあり、川をへだてて娑婆と浄土または地獄を分ける信仰の山もある。私は一遍が再出家発心のはじめに白山信仰の菅生岩屋をえらんだ理由は、一遍が文永八年に善光寺に詣でて「二河《にが》の本尊」を得て帰り、これを掛けて三年の春秋を送ったことに関係があるであろうとおもう。これは伊予の窪寺の籠居で、ここから菅生岩屋に入るのである。

同年秋のころ、予州窪寺といふところに、青苔緑蘿の幽地をうちはらひ、松門柴戸の閑室をかまへ、東壁にこの二河の本尊をかけ、交衆をとどめて、ひとり経行し、万事をなげすててもはら称名す。四儀の勤行さはりなく三とせの春秋をおくりむかへ給ふ。彼の時己心《こしん》領解《りやうげ》の法門とて、七言の頌をつくりて、本尊のかたはらのかきにかけ給へり。其詞云

十劫正覚衆生界　一念往生弥陀国

十一不二証無生　国界平等坐大会

とあって、善導の『観経疏《かんぎょうしょ》』散善義によって描かれた二河白道《にがびゃくどう》の図を本尊としたことの意味をかんがえて見なければならない。

一遍はこれについて何ものべていないけれども、私の見るところでは、これも白山信仰に関係があったとおもわれる。これを詳しくのべることは短文で尽し得ないが、長寛元年（一一六三）

に成立したことのあきらかな『白山之記』には、二河白道を意識していたとおもわれる「一橋」があり、これを渡るには「余念無く、敢て横目せず偏に権現を念じて渡ら」なければならないとある。しかもこれに白布を敷いて「布橋《ぬのはし》」としたらしく、これが白道であったろう。これを渡って山の他界（あの世）に入り、地獄の責苦をうけ、やがて浄土に救済される宗教行事を「白山《しらやま》行事」とよんだのは、これが白山から出たことを推定させるものである。そしてこれを立山修験が継承して「布橋」をつくり、「布橋大灌頂《だいかんじょう》」を江戸時代末までメインエヴェントとして、秋彼岸におこなって来たことについては、私はすでに「布橋大灌頂と白山行事」（『山岳宗教史研究叢書』10、「白山・立山と北陸修験道」所収）に書いたので再説しない。

一遍が「二河白道」の掛軸を本尊としたことは、このような白山修験道のたくみな念仏勧進の施説《せせつ》によほど感動したのであろう。そのためにこれを本尊として三年の観想を凝らし、やがて白山信仰のある菅生岩屋にうつって、厳しい修験の窟籠りと行道の苦行を体験したものと推定される。

一遍の念仏系譜と神祇

一遍の念仏と熊野および神祇信仰との関係は、遊行に出るまでの基礎修行である修験行を無視してはかんがえられない。私は日本の念仏の伝統に、山岳宗教の禅定と結合した専修念仏があったものと推定している。この専修念仏は雑行雑修をしないという意味ではなくて、余念雑念なく一心不乱に念仏を唱えて無念無想になり、阿弥陀如来と同体となる即身成仏、もしくは正覚を成ずることである。これが実際には天台の四種三昧の中の「常行三昧《じょうぎょうざんまい》」の念仏の目的であったのだから、こちらの専修念仏こそオーソドックスだったのである。

私はこの伝統を修験道的専修念仏と名付けているが、これがはっきりした形をあらわすのは近世になってからで、その代表が六年の窟籠り専修念仏行の結果、慶長二年十月十五日に即身成仏して、阿弥陀如来と同体になった弾誓《たんせい》である（『箱根町誌』第三巻、拙稿「弾誓の生涯と宗教」参照）。しかしこの伝統は初期真宗教団にも見られるのであるから、一遍がこれを体験しようとした可能性は十分にある。

真宗教団で修験道の先達《せんだつ》になりながら、専修念仏を実践したのは、親鸞の長子善鸞であって、『最須敬重《さいしゅきょうじゅう》絵詞』（五）には

守《から》ノ殿（執権貞時）ノ御浜出《はまいで》トテ（中略）ソノ中ニカノ大徳（善鸞）モクハハラレケルガ、聖人（親鸞）ヨリタマハラレケル无碍光《むげくわう》如来ノ名号ノイツモ身ヲハナタレヌヲ頸ニカケ、馬上ニテモ他事ナク念仏セラレケリ

とあり、『慕帰絵詞』（四）もおなじ事をとりあげて「无碍光如来ノ名号バカリヲカケテ、一心ニ念仏セラレケリトゾ」と、余念雑念のない専修念仏を行じていた。また親鸞の孫の唯善《ゆいぜん》も修

験となって「真言ノ教門ヲウカガヒ、兼テハ修験一道ニ歩《あゆみ》テ山林ノ抖藪ヲタシナマレケルガ」と絵詞に書かれている。したがってこれも伯父の善鸞にならって修験道的専修念仏を行じたらしい。

しかしこの伝統は真宗教団内では異端となったので、秘事法門化するが、絶えず庶民信仰の底流として流れていて、浄土宗捨世派や弾誓流専修念仏として発現する。そしてこの人々の事蹟には神祇信仰の伝えられるものと、そうでないものがあるけれども、たとえば弾誓であれば佐渡の檀特山《だんとくさん》窟で念仏成道《じょうどう》し、「西清王法国光明満正弾誓阿弥陀仏」となるためには、五社の明神の助けがあった。すなわち弾誓が毎日の水垢離《ごり》を取っていると、伊勢大神宮、熊野権現、八幡大菩薩、住吉明神、春日大明神の五社の神明があらわれて、神道の秘奥をさずけ、換骨の法をおこなったと伝記にある。すなわち弾誓の背筋を割って凡血を出し、神水を頂に洒げば元の体に復して心眼が開けたという。

これは修験道の本質が神祇信仰にあって、その神祇を本地の仏菩薩明王として拝んだり、経典や真言陀羅尼をもって法楽したりするだけである以上、神祇をあがめその冥慮を仰ぐことは当然のことである。修験道には即身成仏して大日如来や不動明王と同体になり、あるいは阿弥陀如来と同体になるより前に、神と同体となって現人神《あらひとがみ》として験力《げんりき》を発揮し、奇蹟をおこない、予言託宣をする信仰と実践がある。これは窟籠り精進潔斎、水垢離とともに、禅定をおこない、一心不乱に余念なく「万事を放下《ほうげ》して」真言なり念仏なりを唱えるのである。この実践を念仏でおこなうのが修験道的専修念仏であった。

一遍の初期の修行にこの修験道があったことは、一遍の念仏を他の専修念仏と異質のものとし、熊野において念仏成道して、その後の神祇信仰の念仏をつくりあげた基礎になったものとおもう。

解説――『日本仏教と庶民信仰』

豊島　修

〈一〉

このたび五来重先生が、雑誌『大法輪』の一九六七年九月号から一九八五年二月号の、一八年間に掲載されたうちの一八本の論考を、『日本仏教と庶民信仰』と題して一冊にまとめられることになった。もちろんご存命であれば、いずれも加筆改稿して一冊にされたと思われるが、今はそれができないので、私が本書の「解説」を担当して、読者の便宜をはかることにしたい。

五来重先生といえば、早くから日本仏教史学研究の一分野である「日本仏教民俗学」の学問を提唱された、先駆者として名高い。それは外来宗教（文化）としての仏教が日本に伝来して、どのように日本人の精神生活に受け入れられたのか、その歴史的・宗教史的要因と実態内容を、体系的に構想されたからである。その研究対象の大綱と成果については、「日本仏教民俗学の構築」（『五来重著作集』第一巻所収、法蔵館、二〇〇八年）に収められており、鈴木昭英氏の「解説」が付されている。さらに先生は一九七五年前後から、新たに「日本宗教民俗学」という学問に移行され、日本仏教のみならず、より広い日本宗教全般の研究に進まれている。それは「先生の学問研究の進化の結果」と見るべきもので、「民俗に根ざした日本宗教の宗教的・社会的機能と形態、その歴史と文化を研究」することを目的としたからである（前掲著作集、第一巻、鈴木昭英氏の「解説」）。

まず日本宗教民俗学の学問成果について、修験道史研究を例にとってみよう。早くは『熊野詣—三山信仰と文化』（一九六七年、淡交社）や『山の宗教—修験道』（一九七〇年、淡交社）の単行本があり、いずれも修険道の重要な問題点を提示して、多方面に大きな影響を与えた。本書に収められた「2　修験の山々を往く—大峯山と出羽三山の神秘」（一九七三年）も、そのころの早い論考である。さらに「12　山の薬師・海の薬師」（一九七七年）、「13　霊山と仏教」（一九七七年）、「14　山岳信仰と弥勒菩薩」（一九七八年）なども、日本宗教民俗学の立場から論じた修験道史研究の成果の一部である。こうした研究の前後、すなわち一九七五年から十年間をかけ、山岳宗教史・修験道史研究を体系化した『山岳宗教史研究叢書』一八巻（一期六巻、二期一二巻、名著出版）の刊行につながった。そして修験道・修験道史研究は学会の市民権を得たが、とくに第二期の成果は、五来先生の功績に負うところが大である。

また本書のテーマである『日本仏教と庶民信仰』の「庶民信仰」という問題は、後年、先生が日本仏教民俗学研究を回顧された「仏教民俗学の二十五年」（前掲著作集、第一巻所収）という講演要旨に述べられている。それによると、仏教民俗学の研究対象の分類には、一、仏教年中行事、二、仏教法会、三、葬墓習俗、四、仏教講、五、仏教芸能、六、仏教伝承、七、仏教俗信が構想されたが、このほか八、修験道、九、庶民信仰、などの項目が加えられねばならないとする。この修験道や庶民信仰は仏教民俗学研究からはみ出してくる問題であり、仏教民俗学研究から宗教民俗学研究へ進化しなければならなかったことが理解される。本書は、先生の提唱された学問・思想が発展していく過程で、それぞれ発表されたものであり、それを一冊にまとめられたことは意義深い。先生の問題意識が広がり、発展していった足跡をたどることができる。そこでつぎに、本書のタイトルである『日本仏教と庶民信仰』の関わりについて、少し考えてみよう。

〈二〉

六世紀中ごろに伝来した仏教は、当初から上部構造の「国家仏教」（学僧・文化人のエリート仏教）として受容された。しかし古代以来、もうひとつの下部構造である「庶民仏教」（聖・常民の民衆仏教）の普及・伝播がおこなわれたことは、あまりよく知られていない。それは民間信仰的仏教を担った無名の聖（ヒジリ）や修験・山伏などの民間宗教者の活躍によって、しだいに庶民信仰的仏教へ変容していった。こうした古代以来の聖宗教者を系譜的に見れば、奈良時代の行基とその集団から平安初期の弘法大師・空海、同中期の市聖空也、鎌倉時代の時宗の開祖である一遍（智真）などが、聖の偶像的存在として文献や絵画史料にのこったのである。さらに近世初期に活躍した弾誓上人（浄土宗捨世派）と、「円空仏」の彫刻で知られる近世初期の山伏円空、あるいは右の弾誓上人の系譜に属して、同じ彫刻の「木喰仏」で名高い同後期の木喰行道などの木食遊行聖も、各時代において、聖の勧進性を特色として、畿内の都市や地域民衆の仏教教化に活躍している。

本書の「1　関西仏教伝説三十三ヶ所」（一九六七年）の論考にも、すでにそうした聖宗教者にふれている。すなわち「六　蟹満寺の蟹」では、東大寺にあつまる念仏聖の存在が指摘されるのは、大変驚きである。また「一二　三十三間堂棟木の由来」では、浄瑠璃の発祥に寺院や仏像、あるいは高僧の奇蹟談を唱導として、説経する説経僧や勧進僧の関与を述べている。さらに「二三　粉河寺と童男行者」では、西国巡礼霊場の粉河寺の縁起が、庶民信仰的寺院の成立を語る貴重な伝説を含むことなどの主張にあらわれている。これは先生が指摘し、聖のもつ隠遁性・苦行性・遊行性・呪術性・集団性・世俗性・勧進性など、多くの性格（五来重著『増補高野聖』角川書店、一九七五年、初版は一九六五年）につながる問題である。

ともあれ上記の論考から、彼ら聖が日本仏教の真髄を示して、現実的に人びとを救う「慈悲の実践者」であったことを述べるのである。こうした三十三ヶ所の関西仏教伝説ひとつを例にとっても、聖のもつ庶民信仰、つまり仏教や神道の宗派をもたない日本人の宗教には、根源的な民俗信仰があることを主張するのは、大変興味深い。

このほか先にふれた「2　修験の山々を往く」（一九七三年）では、畿内の古い霊山である大和吉野の大峯山と、東北の霊峯の一つ出羽三山の神秘を通して、修験道という宗教は、「日本人の心」を庶民信仰に集約した宗教であることを指摘する。その中心は崇拝対象の「山そのもの」であり、それを「心のふるさと」と論じるのは、先生の修験道史研究が庶民信仰を根底においているからであろう。さらにこの問題で私が大いに共感するのは、「18　一遍と神祇信仰」（一九八五年）における、一遍と修験道の関わりについて述べた論考である。よく知られるように、一遍は文永七年（一二七〇）の三十二歳のとき、還俗生活から再出家する。この意図が何故であるかは大きな問題であるが、一遍は信濃国の善光寺参詣から、のちに故郷である伊予国の「菅生岩屋」（もと菅生寺、現海岸山岩屋寺、四国八十八ヶ所霊場第四十五番）に参籠したことを記す記述は、大変興味深い。

この山の風景を見た人が恐ろしいと感じるほど精緻に描かれた『一遍上人絵伝』（「一遍聖絵」巻二、「日本の絵巻20」所収）の絵と、その詞書を参考にすると、まず菅生岩屋の中央に聳える高い峯は「奥之院」を指す。この奥之院には逼割《せりわり》禅定と鎖禅定の修験道行場があり、菅生岩屋に参籠することは、大峯山のほか諸国の修験道行場に多い「行道岩」（平等岩）をめぐる、「めぐり行道」の苦行の意である。しかも山頂には、白山大明神社が祭祀されていることから、一遍は本来、白山修験が実践していた修験道の作法にしたがい、毎日の「行道修行」を実践していたと推測される。これは「一遍の念仏と熊野および神祇信仰」という難問に、ひとつの答えを示すものであろう。すなわち一遍が諸国の遊行に出発するための「基礎修行」（前行としての修行の意）として、菅生岩屋の修験行を実践していたことが暗示される。

修験道の究極の目的は「即身成仏」にあり、大日如来や不動明王を本尊とするのはそのためであるが、そののち一遍は熊野本宮に参籠して、熊野権現から託宣をうける。これが有名な「熊野成道《じょうどう》」であるが、本宮の本地仏・阿弥陀如来と同体になる以前に、一遍は神＝権現と同体となり、「現人神《あらひとがみ》」として身体につけた「験力《げんりき》」を発揮するのである。そのため諸国遊行中に民衆から祈願を求められると、一遍は「予言託宣」をおこない、「奇蹟」をおこすのである。

こうした「信仰と実践」が、一遍の行動にあったことを論じているのは、大変重要であろう。一遍の遊行の論理を仏教思想だけで理解するのではなく、修験道史研究の立場から見直す必要性を求めているからである。

〈三〉

このほか本書には、先生でなければ論じられない見解が多く述べられているのも、特徴の一つである。たとえば「5　日本仏教と民間信仰」（一九七四年）では、日本の庶民仏教は民間信仰（民俗信仰）に対応する形で成立し、下級僧の聖がそれを担ったことを「行基と民間信仰的仏教」の項目で、日本人の葬制と墓の問題を中心に述べている。さらに「8　遊行の聖たち」（一九七五年）では、「宗教的な罪」のために生命を捨てる。あるいは罪の自覚のうえに、「罪ほろぼし」を目的とした宗教的実践行を聖たちがおこなっている。その具体例が、海の彼方の観音浄土を目指す「補陀落渡海」の実践行である。しかもこの指摘を文献的にみると、その中心霊場は平安中期以来、紀伊熊野の那智の浜から実践された海洋宗教の一形態であったことが、今日の宗教民俗学（修験道史）研究の有力な仮説となっている。

このような事例を通して、日本人には「恥の文化」とことなり、「罪の文化」があることを強調するのは興味深い。また「10　日本人の先祖供養観」（一九七六年）では、サブタイトルに「仏教以前からのうけとめ方」とあり、日本人は死者の霊魂（荒魂）への恐怖的性格から、社会的災害などの災いがおこらないように、荒魂を鎮魂する呪術信仰から出発したことを述べている。それはあくまで霊魂の実在を認めることが、庶民信仰の前提になると主張する。他方、仏教は個人の悟りを目的としている。しかし仏教以前の庶民信仰では、「社会全体」とともに、「集団全体」で往生を期することを根底に成立していたという指摘も、大いに参考となろう。

このほか述べなければならない論考は多い。これを要するに、本書は先生の早い時代の仏教民俗学研究から、宗教民俗学研究に移行する前後の問題が中心となっている。そこに見られる基本的な性格は、民間信仰（庶民信仰）的仏教の歴史であり、それを担った聖の歴史である。しかも多様な信仰形態から、各時代の民衆が庶民信仰的仏教に何を期待したのか、さらには庶民層の宗教とは何かを学ぶうえで、本書は読者に与える影響が大きいと思う。本書を手に取って、学習する機会の一助にしていただきたいものである。

（京都女子大学教授）

〈初出誌〉「大法輪」

1 関西仏教伝説三十三ヶ所 （一九六七年九月号）
2 修験の山々を往く—大峯山と出羽三山の神秘 （一九七三年六月号）
3 無宿・放浪の仏教 （一九七四年七月号）
4 説経から「語り物」へ （一九七四年九月号）
5 日本仏教と民間信仰 （一九七四年一二月号）
6 仏教と芸能の世界 （一九七五年二月号）
7 僧侶の肉食妻帯 （一九七五年六月号）
8 遊行の聖たち—「もう一つの生き様、死に様」 （一九七五年七月号）
9 日本の観音信仰—愛と力のほとけ （一九七六年三月号）
10 日本人の先祖供養観—仏教以前からのうけとめ方 （一九七六年九月号）
11 高野山の浄土信仰と高野聖 （一九七六年一〇月号）
12 山の薬師・海の薬師 （一九七七年七月号）
13 霊山と仏教 （一九七七年八月号）
14 山岳信仰と弥勒菩薩 （一九七八年二月号）
15 日本仏教と呪術 （一九七八年五月号）
16 日本仏教と葬制 （一九七八年八月号）
17 巡礼・遍路の信仰と歴史 （一九七八年一〇月号）
18 一遍と神祇信仰 （一九八五年二月号）

【著者略歴】

五来　重（ごらい・しげる）

1908年　茨城県に生まれる
1932年　東京帝国大学文学部印度哲学科卒業
1939年　京都帝国大学文学部史学科卒業
1942年　高野山大学教授
1955年　大谷大学教授
1962年　文学博士
1978年　大谷大学名誉教授
1980年　勲三等瑞宝章受賞
1993年　逝去

【主要著書】

『元興寺極楽房　中世庶民信仰資料の研究』（1964年、法藏館）、『高野聖』（1965年、角川書店）、『五来重宗教民俗集成』（1995年、角川書店）、『五来重著作集』全12巻・別巻1（2007～09年、法藏館）、『日本人の地獄と極楽』（2013年、吉川弘文館）、『葬と供養』（2013年、東方出版）ほか多数

日本仏教《にほんぶっきょう》と庶民信仰《しょみんしんこう》

2014年6月25日　初版第1刷発行

著　者　五来　重
発行人　石原大道
印刷・製本　株式会社　ティーケー出版印刷
発行所　有限会社　大法輪閣
東京都渋谷区東2-5-36　大泉ビル2F
TEL　(03) 5466-1401(代表)
振替　00130-8-19番
http://www.daihorin-kaku.com

ISBN978-4-8046-1362-8　C1039

つの時代、どんな社会にも変わりようのない生き方であると言えるでしょう。

Q 「荒行《あらぎょう》」は何のためにするのか?

仏教には、仏さまにこちらから近づこうとする道と、救いの手に委《ゆだ》ねようとする二つの道が示されています。救いの道を行くなら自力のはからいは捨てなければなりませんが、近づこうとすれば、そこに相応の修行が求められるのです。

日蓮宗の荒行とは、十一月一日から翌年二月十日までの寒《かん》百か日間を水行《すいぎょう》・写経・読経を修する行をいっています。

その起源は、日蓮聖人の直弟子《じきでし》であった日像《にちぞう》が寒中百日の苦行を行なったことに求められるのですが、現在の形になったのは江戸期に日蓮宗の祈祷《きとう》が盛んに求められたことから、その祈祷法を伝える場として荒行堂が定着したものといわれています。

荒行がめざすものは、寒百か日の修行を通して自我を滅除《めつじょ》し、清浄な身となって仏の智慧と慈悲そして信の力をたくわえることで、仏となる道をめざすとともに、そうして身につけた力は苦悩する人々の救いのために尽くすのです。

Q 日蓮があちこちに流されたのはなぜ?

仏教が生きている人のための教えであるかぎり、人が生きている現実社会を離れて仏教はないのです。

人の暮らしは国のありようによって大きく左

右されます。国のありようは、時の為政者の姿勢と無関係ではありません。

世の乱れは人の乱れ。もし、為政者に正しい理念が失われ、社会が混乱し、人々に不安と動揺が走れば、たちまち世は乱れてしまいます。

そこで日蓮聖人は、お釈迦さまの正しい教えが今を生きる人々、とりわけ為政者の中にその教えがなければ悪世から人々を救い出すことができないと考えたのでした。

しかし、日蓮聖人のそうした主張は、時の為政者や諸宗の人々の反発を買いこそすれ容認されることはありませんでした。

かくして、日蓮聖人は流罪《るざい》の身となったのですが、それはひとえに、日蓮聖人が現実の人々の苦悩から逃げずに向きあったゆえなのです。

Q なぜ法華経《ほけきょう》だけを重んじるのか？

本当に人々の救いとなる真実の教えとは何なのか――。

日蓮聖人のいちばんの疑問は、仏教はお釈迦さまが説かれた教えであるにもかかわらず、そのお釈迦さまがないがしろにされ、諸宗それぞれにさまざまな仏さまを仰《あお》いでいるのはなぜなのか、ということでした。

「釈迦如来は我等衆生《しゅじょう》のためには、親なり、師なり、主なり」（南条兵衛七郎殿御書《なんじょうひょうえしちろうどのごしょ》）

これが日蓮聖人にとってのお釈迦さまでした。

そのお釈迦さまが永遠のいのちをこの世にと

どめ、一切の生きとし生けるものを等しく仏にさせたいとの誓願を抱いてこの世に現われたのだという真実の救いをありのままに示しているのは、この法華経のほかにない。法華経こそ、末法《まっぽう》の世を救ってくれる教えであり、これこそがお釈迦さまの教えの真髄ではないのか――。

すなわち、日蓮聖人が願ったのはお釈迦さまの仏教を回復することであり、そのためにはお釈迦さまの教えの真髄である法華経でなければならないと確信したからなのです。

Q 地方の漁師の子であった日蓮が、なぜ比叡山《ひえいざん》で勉学できたのか？

「私は安房国《あわのくに》の片海の海人《あま》（漁師）の子として生まれ、十二歳のとき、同じ東条郷《とうじょうのごう》のうちにある清澄寺《せいちょうじ》に上って学問をはじめた」と、日蓮聖人は自らその出自をふり返っています。

古い伝記などを見ると、あるいは武士の子であったとか、在地の有力者の子であったというようなさまざまな推測がなされてきましたが、しかし、日蓮聖人は一貫して「海人の子」「民が子」と語って終生変わることはありませんでした。

そんな、一介の漁師の子であった日蓮聖人が、十二歳にして清澄寺に上って勉学することができたのはなぜなのか。これには間に入って世話する人があったのではないかと言われています。その有力な存在として、「日蓮の父母等が恩をこうむった人」（清澄寺大衆中《せいちょうじだいしゅちゅう》）といわれた領家《りょうけ》の尼《あま》の名があげられています。

領家の尼は、清澄山のある東北庄を管理していたのですが、地頭《じとう》との裁判になったとき、日蓮聖人はこの領家の尼の側に立って勝利にみちびいたともいわれています。

いずれ、そうした人々の心を動かしたのは日蓮聖人の篤《あつ》い向学心にあったことは言うまでもありません。

Q なぜ題目《だいもく》を唱えるのか？

ある人が日蓮聖人に、次のように訊ねました。

「法華経の意味もさっぱりわからず、ただ南無妙法蓮華経とお題目を一日に一遍《ぺん》、一か月に一遍、一年、十年、あるいは一生の間にただ一遍唱えるだけで、悪の道に行かずに仏になることができるのですか」と。

この問いに、日蓮聖人はこう答えるのです。

「その通りです」と。

たとえば、梅の実を見ただけで、口の中におのずから唾液が広がってくるように、法華経を信じて、その題目を唱えさえすれば、知らず知らずに、その功徳は心身に広がって、悪の道におちることからまぬがれることができるのだと言うのです。

さらに、法華経の一文字一文字には、法華経のすべての功徳が含まれるのであって、お題目を一遍でも唱えるなら、枯れ草が春夏の陽の光をあびて花を咲かせ、実を稔《みの》らせるように、菩《ぼ》提心《だいしん》の花を咲かせ、成仏の実を結ぶことができるのだといい、お題目を唱えることがそのまま成仏することなのだと説かれるのです。

Q 日蓮が他宗を激しく批判したのはなぜ？

文永五年（一二六八）の閏《うるう》正月、高麗《こうらい》の使者によって蒙古《もうこ》の国書がもたらされました。

このことをいち早く耳にした日蓮聖人は、さきに『立正安国論《りっしょうあんこくろん》』において警鐘を鳴らしした予言の的中を確信するのです。

国を安んずるには正しい教えに依らなければならない。それにはお釈迦さまを唯一絶対の仏と仰ぎ、そのお釈迦さまの真実の救いを説かれた法華経の教えを信じ、それを実践するのでなければ、他国からわが国を守ることも、平穏な社会を実現することもできないと日蓮聖人は警鐘を鳴らしつづけたのですが、諸宗の人々はまるで耳をかすことなく、国の乱れ、社会の不安、人々の苦悩を見すごしていたことから容赦のない批判を浴びせたのでした。

そのことは、結果として激しい「諸宗攻撃」のように見えるのですが、日蓮聖人の「真意」は、あくまでも「人々の苦悩を見過ごしてはならない」ということを主張することにあったのです。

なお、日蓮聖人が行なったのは、あくまでも言葉による「批判」であって、暴力的な行為などは受けることはあっても仕掛けることは一切なかったということにも注目するべきです。

Q 霊山浄土《りょうぜんじょうど》と極楽浄土《ごくらくじょうど》の違いは？

仏さまにはそれぞれの仏国土《ぶっこくど》、すなわち浄土が考えられています。極楽浄土は阿弥陀さまの

霊鷲山（インド・ラジギール）

浄土であり、霊《りょう》山《ぜん》浄土とはお釈迦さまの浄土なのです。

そもそも霊山とは、インドのマガダ国の首都王舎《おうしゃ》城《じょう》（今のラジギール）の東北に横たわる山で、山頂の岩が鷲《わし》の姿に見えることから、聖なる鷲の山という意味で霊鷲《りょうじゅ》山《せん》（霊山）と称されたのでした。お釈迦さまは晩年の八年間をこの山で過ごし法華経を説かれたことから、日蓮聖人は、この山に深い意義を認め、お釈迦さまの信仰世界の全体を称して「霊山浄土」と呼んだのでした。

すなわち、霊山浄土は法華経の行者が住まいする浄土であり、一心に法華経の信心を貫き、法華経のために身命を惜しまず広めるなら、生きているときはむろん、死んでからのちも霊山浄土でお釈迦さまにまみえることができると説いたのでした。

Q 同じ法華経を重んじる天台宗《てんだいしゅう》との違いは？

比叡山《ひえいざん》に延暦寺《えんりゃくじ》を開いて日本天台宗の開祖となった伝教大師《でんぎょうだいし》最澄《さいちょう》と法相宗《ほっそう》の徳一上人《とくいつしょうにん》との間に、わが国の仏教史上に知られた論争があります。

伝教大師が、法華経の教えによって、すべての人々は本来平等に仏になれる性質（仏性《ぶっしょう》）を有しているのであり、だれもが仏になれるのだと主張したのに対して、人は先天的にそれぞれ異なった性質を具《そな》えているから、仏になれる者となれない者とがいると譲らなかったのが徳一上人でした。

この論争を通して、伝教大師はいよいよ法華経への信を深め、法華経の教義を学問的に確立していったと言われています。

日蓮聖人は、むろん伝教大師を師と仰いで法華経に帰依したのですが、日蓮聖人は法華経を学問として学ぶこともさることながら、法華経の教えを自ら実践し、そこから日々の暮らしの中で苦悩する人々を救済するための教えとして広めていったのでした。

「法華経を余人《よにん》のよみ候《そうろう》は、口ばかり、ことばかりよめども心はよまず。心はよめども身によまず。色心《しきしん》二法《にほう》共にあそばされたるこそ貴く候《そうら》へ」（土籠御書《つちろうごしょ》）

これは佐渡へ流される前夜、鎌倉の土籠《つちろう》（土でできた牢屋）に囚《とら》われの身となっている愛弟子日朗《にちろう》に書き送った手紙ですが、ここで日蓮聖人は、法華経を読むことは、法華経が説く教えのままに生きることでなければならず、口ばかり、言葉ばかりでは読んだことにはならないのだと述べています。

あるいは、ここに記した「余人」とは、天台の人たちを思い浮かべていたのでしょうか。

また、比叡山はあらゆる仏教の存在意義を認め、のちに日本の仏教総合大学といわれるようになるのですが、これに対して、日蓮聖人は生涯、法華経を唯一絶対の教えとして貫いたことは承知のところです。

Q なぜ政治問題に積極的なのか？

日蓮聖人にこのような言葉がございます。

「一切衆生の同一の苦はことごとくこれ日蓮一人の苦と申すべし」（諫暁八幡抄《かんぎょうはちまんしょう》）

日蓮聖人の生涯はこの一言に尽きる――と、考えます。人々の悲しみに共鳴、共感し、その苦しみを共有して、現世の苦悩に立ち向かい、身命をなげうってそれと取り組むことが、日蓮聖人の法華経の真実をしるす信仰実践のあかしにほかなりませんでした。

人の世の悲しみ、苦しみ、国の乱れから目をそむけて、どうして往生や成仏があるだろうか。世俗の国家のために仏の教えがあるのではない。正しい仏の教えが樹立されるために、汚れ乱れた国と人心のあやまちを正さなければならないのだと。

「汝《なんじ》早く信仰の寸心《すんしん》を改めて速かに実乗《じつじょう》の一善《いちぜん》に帰せよ」（立正安国論《りっしょうあんこくろん》）

早く信仰の心を改めて、速やかに真実の大乗の教えである法華経の唯一の善に帰依なさるがよい――。

前《さき》の執権北条時頼《しっけんほうじょうときより》に向かってつきつけたこの諫《いさ》めの言葉も、ひとえに「一切衆生の苦しみを、自分の苦しみとしてうけとめた」からにほかなりませんでした。

日蓮聖人は政治問題に積極的だったのではなく、人々を苦しみから救済するために、真に平和で安穏な社会を実現するために、現実の政治の問題を見すごすことができなかったということなのです。

Q なぜ日蓮宗から出た新興宗教が多いのか？

戦後の混迷の中で、驚異的に発展をとげた新興宗教の多くが、日蓮系に属していたのは、創価学会を除くほとんどの教団が霊友会を母胎として生まれたという発展的な理由もさることながら、やはりこれは日蓮聖人の人間的な魅力にあったのでしょう。

現実の世界で悩み苦しむ人々がひたすら日蓮聖人の教えについてゆこうとしたのは、いわゆる教義や思想というよりむしろ、触れればそのぬくもりが伝わってくるような人間性にあったといえましょう。ひとたび論敵に向かうときは勇猛で容赦のなかった日蓮聖人が、ふりかえって苦悩する人々に接するときは、驚くほどこまやかに、心に染みる気遣いを見せるのです。

さらに、そうした現実の苦悩からの救いがお題目「南無妙法蓮華経」を唱えることで実現できるという、平易な教えにあったことも見逃すことができません。

Q 日蓮宗と創価学会との違いは？

日蓮聖人が亡くなってのち今日まで、法華経や日蓮聖人の教えに対するさまざまな見解の相違から、弟子信者の間で何度となく分裂や独立の歴史を重ねてきました。おそらく、これからも繰り返されることでしょう。そこに歴史的時間の流れの長短はあるものの、日蓮宗も創価学会も人や時代の状況に合わせて、紆余曲折《うよきょくせつ》を重ねてきたのです。

たとえば、かつて創価学会が日蓮門下の中の「富士派」といわれる「日蓮正宗《しょうしゅう》」に属する信徒団体の一つであったときは、日蓮宗との考え方の違いを語るとき、すなわち日蓮宗と日蓮正宗との「教義」の相違――たとえば日蓮宗はあくまでもお釈迦さまを「本仏《ほんぶつ》」として重んじ、日蓮聖人はお釈迦さまの「使い」であると位置づけるのに対し、日蓮正宗は日蓮聖人が「本仏」であるとする、など――が盛んに論じられたものでした。

しかし、創価学会が日蓮正宗から離脱している今は、その方法は必ずしも有効的ではないといわれています。では、何をどう比較すればよいのでしょうか。

一つ気になることがあります。

創価学会の方すべてがそうだというわけではむろんありませんが、創価学会の人たちと接していると、しばしば妙に落ち着かないものを感じることです。どうやら彼らの言動に煽《あお》られることにあるようです。かつてのように理論武装して集団でやってくるようなことはありませんが、しかし、その頃の姿勢は今も受け継がれ、何ごとによらず挑発的であることが、大教団にもかかわらずその存在を軽いものにしているように思えてならないのです。

日蓮宗と創価学会の違い、それはたとえば身《み》延山《のぶさん》（日蓮宗の総本山）のような霊跡《れいせき》の存在があるかもしれません。つまり、身延山のような霊跡がかもしている霊性や歴史的な存在が、日蓮宗の深遠な背景となり、存在の重さとなっているような気がいたします。存在の重さは教えの重さにつながってはいないでしょうか。

付録

日本仏教史略年表

五三八	宣化3	百済の聖明王、仏像と経論を日本に献じる。
五七四	敏達3	聖徳太子生まれる。
五八四	敏達13	司馬達等の娘・島女、出家して善信尼（日本最初の比丘尼）となる。
五九三	推古1	聖徳太子、摂政となる。四天王寺建立。
五九四	推古2	仏法興隆の詔が発せられる。
六〇四	推古12	聖徳太子、憲法十七条を制定。
六〇七	推古15	法隆寺創建。
六一五	推古23	聖徳太子『三経義疏』完成。
六二二	推古30	聖徳太子、示寂。
六五三	白雉4	道昭入唐、玄奘に学ぶ。
六六〇	斉明6	道昭帰国、元興寺に住して法相宗を伝える。
六六九	天智8	藤原鎌足、山階寺（後の興福寺）を創建。
六八〇	天武8	天武天皇、皇后の病気平癒のため薬師寺建立を発願。初めて宮中と諸寺で『金光明経』を講ずる。
六八五	天武13	家ごとに仏舎をつくり礼拝させる（家の仏壇のはじまり）。
七〇〇	文武4	道昭、示寂し、栗原で火葬される（火葬のはじまり）。
七一八	養老2	道慈、唐から帰国、三論宗を伝える。
七四一	天平13	国ごとに国分寺・国分尼寺を置く詔が発せられる。
七四三	天平15	聖武天皇、盧舎那仏（東大寺大仏）建立を発願。
七五二	天平勝宝4	東大寺大仏開眼供養。
七五四	天平勝宝6	唐僧鑑真来日し、律宗を伝える。
七五五	天平勝宝7	東大寺戒壇院建立。
七五九	天平宝字3	鑑真、唐招提寺を創建する。
七六一	天平宝字5	下野薬師寺、筑紫観世音寺に戒壇がもうけられる。
七六三	天平宝字7	鑑真、示寂。
七六七	神護景雲1	最澄、滋賀に生まれる。

七七四	宝亀5	空海、讃岐に生まれる。
七八八	延暦7	最澄、比叡山寺を建立。
八〇四	延暦23	最澄、空海、入唐。
八〇五	延暦24	最澄、帰国する。空海、長安寺恵果より密教の大法をさずかる。
八一七	弘仁8	空海、高野山開創に着手する。最澄『照権実鏡』を著し法相宗の徳一と論争。
八二二	弘仁13	最澄、示寂。比叡山戒壇勅許。
八二八	天長5	空海、綜藝種智院を創立。
八三五	承和2	空海、高野山で入定。
八三八	承和5	最後の遣唐船で常暁、円仁ら入唐。
八五三	仁寿3	円珍、入唐。
八五四	仁寿4	円仁、比叡山座主職につく。
八五九	貞観1	三井園城寺落慶。円珍長吏となる。
八六六	貞観8	最澄に伝教大師、円仁に慈覚大師とおくり名される。
八六八	貞観10	円珍、天台座主となる。
八七六	貞観18	聖宝、醍醐寺を創建。
九二一	延喜21	空海に弘法大師とおくり名する。
九二七	延長5	円珍に智証大師とおくり名する。
九三八	天慶1	空也、京都で念仏をすすめる。
九八五	寛和1	源信、『往生要集』を著す。
九九三	正暦4	山門・寺門の対立。円珍門下は三井の園城寺に移る。
一〇五二	永承7	この年より末法の年に入ったと信じられた。藤原頼通、宇治の別荘を平等院とし、翌年、阿弥陀堂（鳳凰堂）を落慶。
一〇九五	嘉保2	覚鑁、肥前に生まれる。
一一〇五	長治2	藤原清衡、平泉に中尊寺を建立。
一一一七	永久5	良忍、融通念仏を感得。
一一二四	天治1	良忍、京都で融通念仏を唱える。
一一四〇	保延6	覚鑁、高野山をのがれ根来山に移る（新義真言宗）。
一一四一	永治1	栄西、備中に生まれる。
一一四三	康治2	覚鑁、示寂。

一一四七	久安3	法然、比叡山で出家。皇円につき天台教学を学ぶ。
一一六八	仁安3	栄西、入宋。重源とともに天台山に登る。同年、栄西、重源帰国。
一一七三	承安3	親鸞、生まれる。
一一七五	承安1 安元5	法然、専修念仏を唱え、黒谷を去り西山広谷に移り、ついで東山吉水に住む。
一二〇〇	正治2	道元、京都に生まれる。
一二〇一	建仁1	親鸞、法然の弟子となる。
一二〇七	承元1	法然は土佐、親鸞は越後へ流罪となる。
一二一二	建暦2	法然、示寂。
一二一五	建保3	栄西、示寂。
一二二二	貞応1	日蓮、安房国に生まれる。
一二二三	貞応2	道元、明全と入宋。
一二二四	貞応3	親鸞『教行信証』を著す。
一二二七	安貞1	道元、帰国し曹洞禅を伝える。

一二三九	延応1	一遍、伊予に生まれる。
一二四六	寛元4	道元、大仏寺を永平寺と改め上堂を修す。蘭渓道隆、宋より来朝。
一二五三	建長5	日蓮、はじめて題目を唱え、鎌倉に布教開始（唱題立宗）。道元、示寂。
一二六二	弘長2	親鸞、示寂。
一二七一	文永8	日蓮、佐渡に流罪。
一二七四	文永11	日蓮、流罪を赦される。日蓮、身延山に退隠。一遍、熊野本宮証誠殿に参籠し神示を受ける。
一二七六	建治2	一遍、時宗を開く。
一二八二	弘安5	日蓮、武蔵国池上で示寂。
一二八九	正応2	一遍、示寂。
一三二一	元亨1	瑩山紹瑾、諸岳寺を総持寺と改め住す。
一三二五	正中2	夢窓疎石、南禅寺に住す。
一三四二	興国3 康永1	幕府、五山十刹の制をしく。
一四三九	永享11	日親、将軍義教を諫めて信徒三十六

		人と共に捕えられ拷問を受ける（永享法難）。
一四七四	文明6	一休宗純、大徳寺住持となる。
一四七九	文明11	蓮如、京都山科に本願寺建立。
一五〇六	永正3	一向一揆、諸国に蜂起する。
一五七一	元亀2	織田信長、比叡山を焼打ちする。
一五九六	文禄5	玄宥、智積院開基（新義真言宗智山派）。
一六一七	元和3	天海、助言して家康を日光に改葬し、東照宮（輪王寺）を建立。
一六二五	寛永2	天海、江戸上野に東叡山寛永寺を建立、第一世となる。
一六四〇	寛永17	幕府、宗門改役を置き、寺請・宗旨人別帳をつくらせる。
一六四八	慶安1	天海版大蔵経が完成し刊行される。
一六五四	承応3	隠元隆琦、来日する。
一六六一	寛文1	隠元、宇治に黄檗山萬福寺を創建。
一六八一	天和1	鉄眼道光、黄檗版（鉄眼版）大蔵経を刊行。
一七〇八	宝永5	白隠慧鶴、信濃の道鏡慧端（正受老人）に参ずる。
一七二三	享保8	鳳潭、京都松尾に華厳寺を建て、華厳宗を復興。
一七四五	延享2	富永仲基、『出定後語』を著し、仏典の批判的な研究をする。
一七七四	安永3	良寛、出家する。この頃、慈雲『十善法語』を著す。
一七九七	寛政9	慈雲河内高貴寺に戒壇をもうけ、正法律の根本道場と定める。
一八〇四	文化1	慈雲、示寂。この頃、良寛、越後に五合庵を造り住す。
一八六八	明治1	キリシタン禁制の高札。神仏分離令発布。各地に廃仏毀釈おこる。
一八七二	明治5	大教院が設立される。高野山、比叡山の女人禁制が解かれる。修験道を廃し天台、真言両宗に帰属させる。

一八七六	明治9	一宗一管長制が布達される。西本願寺の島地黙雷・赤松連城・東本願寺の現如法主・石川舜台ら渡欧する。転宗転派の自由が許され、諸派別立おこる。東本願寺の南条文雄・笠原研寿、渡英し、マックス・ミュラーにつき梵語仏典の研究をはじめる。
一八八七	明治20	井上円了、哲学館を設立。
一八九四	明治27	日清戦争勃発。諸宗、従軍布教使・慰問使を派遣。
一八九五	明治28	清沢満之、京都白川で東本願寺改革運動をはじめる。
一八九七	明治30	鈴木大拙、渡米し、仏典の英訳・著述に活躍をはじめる。河口慧海、チベット旅行に出発。
一九〇二	明治35	大谷光瑞ら、第一回中央アジア探検に出発。
一九〇四	明治37	日露戦争勃発。

一九一一	明治44	西田幾多郎『善の研究』を著す。
一九一四	大正3	11月、第一次世界大戦勃発。
一九一六	大正5	倉田百三『出家とその弟子』出版。
一九一八	大正7	この頃から大正デモクラシー高まり、仏教界も影響をうける。
一九二〇	大正9	山崎辨榮、光明会をつくり念仏行の普及につとめる。
一九二一	大正10	『国訳大蔵経』（二九巻）刊行。
一九二二	大正11	中野達慧編『日本大蔵経』（四八巻）。
一九二三	大正12	高楠順次郎・渡辺海旭ら『大日本仏教全書』（一五一巻）刊行了。『大正新脩大蔵経』全百巻の刊行開始。
一九三四	昭和9	友松円諦・高神覚昇、真理運動を展開。
一九四一	昭和16	太平洋戦争勃発。
一九四五	昭和20	8月15日、終戦。新憲法公布、信教の自由が保障される。
一九五一	昭和26	日本印度学仏教学会発足。宗教法人法公布。

【本書執筆者一覧（五十音順）】

青山《あおやま》 俊董《しゅんどう》　愛知専門尼僧堂堂長

朝野《あさの》 倫徳《りんとく》　茨城・遍照山阿弥陀寺副住職／なあむ☆サンガ代表

網代《あじろ》 裕康《ゆうこう》　大本山室生寺副住職

狐野《この》 秀存《しゅうぞん》　大谷専修学院長

小松《こまつ》 庸祐《ようゆう》　大阪・法樂寺住職／滋賀・正樂寺住職

杉田《すぎた》 寛仁《かんじん》　長野県伊那市・護国寺住職／詩人

杉谷《すぎたに》 義純《ぎじゅん》　大正大学理事長／寛永寺一山圓珠院住職

関口《せきぐち》 道潤《どうじゅん》　一宮市・恵林寺住職

互井《たがい》 観章《かんしょう》　新宿・経王寺住職

直林《なおばやし》 不退《ふたい》　相愛大学教授／滋賀・浄宗寺住職

中島《なかじま》 教之《きょうし》　栃木・護法寺住職

林田《はやしだ》 康順《こうじゅん》　大正大学教授

藤本《ふじもと》 淨彦《きよひこ》　佛教大学教授／浄土宗総合研究所所長／山口・西蓮寺住職

藤原《ふじわら》 東演《とうえん》　静岡・宝泰寺住職

村上《むらかみ》 太胤《たいいん》　法相宗大本山薬師寺副住職

山田《やまだ》 俊尚《しゅんしょう》　東京・目黄不動尊最勝寺前住職

吉村《よしむら》 暲英《しょうえい》　融通念佛宗宗務総長・勧学林学長

本書は、月刊『大法輪』平成22年1月号特集「日本仏教各宗の教えと生き方」、同23年4月号特集「日本仏教各宗の疑問に答える」を再編集し、まとめたものです。

知っておきたい 日《に》本《ほん》仏《ぶっ》教《きょう》各《かく》宗《しゅう》派《は》 ――その教えと疑問に答える

平成26年3月20日　初版第1刷発行

編　者　大法輪閣編集部
発行人　石原大道
印刷所　三協美術印刷株式会社
製　本　株式会社 越後堂製本
発行所　有限会社 大法輪閣
〒150-0011 東京都渋谷区東2-5-36 大泉ビル2F
TEL　(03) 5466-1401(代表)
振替　00130-8-19番
http://www.daihorin-kaku.com

ISBN978-4-8046-1359-8　C0015　Printed in Japan